Rechtsanwalt
Geedo H. Paprotta

300 URTEILE über Deutschland

300 URTEILE über Deutschland

Rechtsanwalt
Geedo H. Paprotta

Vom alltäglichen Wahnsinn
in deutschen Gerichten

riva

Bibliografische Information der Deutschen Nationalbibliothek
Die Deutsche Nationalbibliothek verzeichnet diese Publikation in der Deutschen Nationalbibliografie. Detaillierte bibliografische Daten sind im Internet über https://dnb.de abrufbar.

Für Fragen und Anregungen
info@m-vg.de

Wichtiger Hinweis
Ausschließlich zum Zweck der besseren Lesbarkeit wurde auf eine genderspezifische Schreibweise sowie eine Mehrfachbezeichnung verzichtet. Alle personenbezogenen Bezeichnungen sind somit geschlechtsneutral zu verstehen.

Originalausgabe
1. Auflage 2025

Türkenstraße 89
80799 München
Tel.: 089 651285-0

Redaktion: Redaktionsbüro Diana Napolitano, Augsburg
Umschlaggestaltung: Sonja Stiefel
Umschlagabbildung: Geedo Paprotta; AdobeStock/hvostik16, agrus
Satz: Kerstin Stein
Druck: ScandBook, Litauen
Printed in the EU

ISBN Print 978-3-7423-2913-4
ISBN E-Book (EPUB, Mobi) 978-3-7453-2678-9

Für meine Mama, die unheimlich gern zuschaut, wenn ich bei Gericht verhandle

Inhalt

Vorwort

Sie glauben, ich sei Anwalt, weil ich Paragrafen so aufregend finde? Oder weil ich mich gern herumstreite? Unfug. Manchmal bin ich deshalb gern Anwalt, weil ich echte Begeisterung dabei spüre, ein Rädchen im gewaltigen Getriebe des freiesten, fairsten und menschlichsten Rechtssystems des Planeten zu sein – dem vereinten Europa. Außerdem gibt es da eine Sache, die mich jeden Tag aufs Neue motiviert, mir meine schwarze Robe überzuwerfen. Wenn Sie jetzt hoffen, diese eine Sache, das sei mein Glaube an das Gute im Menschen oder gar, dass die Gerechtigkeit immer siegt, dann muss ich Sie noch einmal daran erinnern: Ich bin Anwalt, kein Pfarrer. Nein – wovon ich hier schwärme, das nennen wir Juristen »die Lebenswirklichkeit«. Mit jedem Aktendeckel, den ich aufschlage, in jedem Schriftsatz, den ich diktiere, bei jedem Gerichtstermin, zu dem ich nach Luft schnappend in den Sitzungssaal poltere, weil ich keinen Parkplatz gefunden habe, geht es um die Lebenswirklichkeit. Um Thriller, Dramen, Lovestorys und Pornos. Um bisweilen dermaßen absurde Geschichten, dass sie sich kein Poetry-Slammer auf Amphetamin so zusammenfantasieren könnte. Fälle, die nur das wahre Leben verhandelt. Paragrafen spielen da nur am Rande eine Rolle.

Seit vielen Jahren schreibe ich, meistens montags, eine Kolumne für meine heimische Tageszeitung, in der ich einer erstaunten Leserschaft von den abenteuerlichen Grenzerfahrungen berichte, denen wir Juristinnen und Juristen vor Gericht ausgesetzt werden. Und ich finde, auch Sie sollten die Wahrheit über den alltäglichen Wahnsinn in deutschen Gerichten endlich erfahren.

Lesen Sie! Lernen Sie! Staunen Sie! Fürchten Sie sich! Sie haben natürlich recht. Ich übertreibe maßlos. Oder? Ganz sicher sind Sie sich nicht, stimmt's? Das liegt daran, dass ich als Anwalt gelernt habe, dass man einen Fall nur auf eine Weise verlieren darf: wahnsinnig überzeugend!

Rechtsanwalt Geedo Hendrik Paprotta

AMEISEN

27 Ameisen sind ein ziemlich ärmlicher »Befall«

Allein hierzulande bei uns sollen mehr als 190 Ameisenarten herumkreuchen, habe ich gelesen. Also, damit Sie mich richtig verstehen: nicht 190 Ameisen, sondern ganze Arten, die dann wiederum Hunderttausende Völker bilden und aus jeder Ritze und jedem Winkel hervorkrabbeln. Schon irgendwie grässlich. Naturfreaks kommen trotzdem beim Thema Ameise aus dem Schwärmen gar nicht heraus. Allerdings wäre es um unsere Welt kadavertechnisch wohl tatsächlich übel bestellt, wenn die »Waldpolizei«, wie man diese emsige Kollektivintelligenz gern verniedlicht, nicht für saubere Verhältnisse sorgte. Aber die Ameise hat eben nicht nur Freunde hierzulande. »Wenn sie ja im Wald bliebe …«, wendet so mancher ein und verstreut frustriert Backpulver in seiner Küche. Dass die Tierchen davon explodieren, ist übrigens eine Großstadtlegende.

Ein Mann aus Nordrhein-Westfalen zog wegen einer, so beschrieb er es jedenfalls, Ameisenplage biblischen Ausmaßes in seiner Wohnung gegen seinen Vermieter vor Gericht. Bei einer solchen Pest, da sei eine kräftige Mietminderung angezeigt, trug der Gepeinigte dem Kölner Amtsrichter vor. Und der Mann konnte in der Tat mit verstörenden Details aufwarten. Er hatte nämlich Buch geführt über das Ungeziefer – und zwar akribisch: Bereits im Juni, da habe er an sieben Tagen jeweils eine beziehungsweise zwei Ameisen beobachtet, fand sich darin notiert. Im Juli sah er an drei Tagen jeweils eine bis zwei Ameisen. Im August konnte er an zwei Tagen vereinzelt Ameisen in seinen Wohnräumen verzeichnen und im September, da sah er an einem einzigen Tag sogar drei Ameisen, an einem weiteren Tag immerhin zwei. Im Oktober dann die totale Eskalation: binnen vierundzwanzig Stunden vier Ameisen in der

Wohnung! Selbst im November immer noch an drei Tagen jeweils eine Ameise. Der Amtsrichter hatte mitgezählt und merkte enttäuscht an, das wären ja dann insgesamt kaum 27 Stück gewesen? Doch davon ließ der fleißige Buchhalter sich keineswegs beeindrucken. Es handle sich doch ganz offenkundig um Späherameisen! Lediglich eine Vorhut, die eine größere Invasion vorbereite, mutmaßte er sachkundig. Doch er überzeugte das Gericht nicht. 27 Ameisen? Das sei noch lange kein »Befall« und damit sei auch keine Mietminderung drin, lautete das Urteil. Da musste er die Invasion wohl abwarten (Az. 213 C 548/97).

Auch ein anderer Mieter, der sich mit seinem Vermieter vor dem Amtsgericht Köpenick über Ameisen stritt und deshalb die Miete gekürzt hatte, zog den Kürzeren. Er begehrte die Beseitigung einer dichten Efeuwand an der Fassade des Mietshauses. Wie die Piraten über die Takelage eines Segelschiffs drangen über diese die kleinen Biester in sein Schlafzimmer. Doch das Gericht zeigte sich von seiner ökologischen Seite: Wenn's ein Baum wäre statt einem Efeu, dann kämen die Viecher ja ebenfalls herein und Bäume vor dem Fenster wird man vor Gericht so gut wie nie los. Warum sollten für eine baumgleiche Efeuwand andere Regeln gelten? Und überhaupt: So ein paar Ameisen, so das Gericht, die gehören doch zum Glücksgefühl einer grünen Großstadt einfach dazu (Az. 12 C 384/12).

Wenn man gegen das Getier zu Hause nicht mehr ankommt, dann hilft wohl nur noch die Flucht, das dachte sich vielleicht eine sechsköpfige Familie aus Deutschland, als sie auf Menorca ihr Hotelzimmer bezog. Aber statt Erholung erwartete die Urlauber dort unerträglicher Fäkalgestank, weshalb sie ein neues Zimmer verlangten. Das bekamen sie auch. Aber das neue Zimmer war schon bewohnt. Von Ameisen – und zwar deutlich mehr als 27. Klogestank oder Ameisen? Wer im Urlaub vor dieser Wahl steht, dem geben wir doch mal 10 Prozent Rabatt auf den Reisepreis, urteilte das Amtsgericht Köln (Az. 133 C 56/05). Wissen Sie übrigens, was die Bibel über Ameisen sagt? »Geh hin zur Ameise, du Fauler, sieh ihre Wege und werde weise« (Sprüche 6,6).

ANGST

Die nackte Angst vor unanständigen Kötern

Angst, das ist so ein uraltes Menschheitsgefühl. Dabei hat es die Natur damit vermutlich sogar gut gemeint. Ich schätze mal ins Unreine, dass Steinzeitmenschen mit chronischer Angststörung nur halb so oft von Säbelzahnmonstern gefressen wurden wie ihre draufgängerischen Kollegen, die die Miezekatze nur mal streicheln wollten. Angst macht uns nämlich hellwach. Sie aktiviert den Kampf-und-Flucht-Modus in uns und kann daher unser Leben retten.

Gerade aber, weil die Angst als Urzeitgefühl nicht mehr so recht in unsere moderne Welt passt, ist es völlig nachvollziehbar, dass ein Mann vor dem Amtsgericht München einen Nachbarn in seiner Wohnanlage verklagte. Konkret ging es um diesen einen Nachbarn mit dem Hund, der sollte seine Bestie doch gefälligst mal an die Kette legen. Der Kläger räumte offen ein, er habe eine Heidenangst vor dem Vieh!

Bei genauerer Befragung ergab sich allerdings, dass es dann doch nicht die vermutete klassische säbelzahntigermäßige Angst vorm Gefressen- oder zumindest Gebissenwerden war. Der Kläger hatte eher die Sorge, von dem Vierbeiner grob belästigt zu werden. Und in der Tat, stellen Sie sich doch einmal vor, wie das aussieht, wenn so ein Tier sich einem sabbernd und röchelnd an die frisch gemangelte Bundfaltenhose klammert und beginnt, daran munter herumzurammeln.

Der verklagte Hundehalter reagierte entsetzt: Aber der tut doch keinem was! Doch das Gericht verwies auf das allgemeine Rücksichtnahmegebot zwischen Nachbarn. Allein die berechtigte Angst vor dem wilden Tier begründe durchaus bereits ein Recht, dessen Anleinung zu verlangen. Da müsse es gar nicht erst zum Äußersten kommen (Az. 484 C 18498/12 WEG).

Was dem einen die Angst vor einem potenziell unanständigen Köter, das ist des anderen Angst vor einer potenziell schadhaften Hüftprothese. Denn das ist ja das Perfide an der Angst: Es muss gar nicht unbedingt was passieren, es treibt uns schon den kalten Schweiß auf die Stirn, daran zu denken, was alles passieren könnte.

Als drei besorgte Frauen aus den Medien erfuhren, dass die bei ihnen zeitgleich verbauten drei Hüftprothesen ein ungewöhnlich hohes Verschleißrisiko aufwiesen, da kriegten sie es eben mit der nackten Angst zu tun. Und für eben diese Angst wollten sie Schmerzensgeld vom Hersteller der Hüftprothesen. Das Landgericht Freiburg gab ihnen recht und stützte sich dabei auf das Produkthaftungsgesetz: 25000 Euro Schmerzensgeld sollte das nächtliche Hin- und Herwälzen mit kaltem Schweiß schon wert sein. Und weil Richter beileibe keine Angsthasen, sondern eher pragmatisch sind, gab's obendrauf noch den Austausch der Prothesen – auch wenn diese akut eigentlich keinerlei Probleme bereitet hatten. Außer der Angst eben, der nagenden, der unerträglichen (Az. 1 O 460/11).

Eine Angst, die fast so klassisch ist wie die vor Säbelzahntigern, ist die Angst, mit einem Flugzeug abzustürzen. Statistiken, die glaubhaft belegen, dass Fliegen um ein Vielfaches sicherer sei als Autofahren, helfen einem da auch nicht wirklich weiter. Physik hin, Ingenieurwissenschaften her – dass so ein riesiger, tonnenschwerer Vogel aus Metall, vollgepumpt mit Sprit, sich am Himmel halten kann, das ist mit dem gesunden steinzeitlichen Menschenverstand, der noch immer unser vertrauenswürdigster Ratgeber in Alltagsfragen ist, schlicht unvereinbar. Dieser und andere Gedanken trieben eine Frau um, die ein Ticket für ein solch unvorstellbares Abenteuer gebucht hatte – einen Linienflug. Als es so weit war, da kriegte sie auf einmal eiskalte Füße und wollte ihre Reiserücktrittsversicherung als Notbremse ziehen. Doch die wollten nicht zahlen. Flugangst, das sei ja gar keine richtige Krankheit. Das daraufhin angerufene Amtsgericht Andernach ließ sich auch von der Hausärztin der Klägerin nicht davon überzeugen, dass es sich bei der »psychisch-physischen Dekompensation der Klägerin« um eine unerwartet schwere Form einer Panikerkrankung handle. Daraus schlossen die Richter vielmehr, dass sich hier eben das typische Risiko eines Angsthasen beim Buchen einer Flugreise verwirklicht habe (Az. 6 C 1238/96).

Einen Trost gibt uns zumindest Salvador Dalí mit ins Leben: »Habe keine Angst vor der Perfektion – du wirst sie nie erreichen«.

AUTOMATEN

Die wahren Autokraten

Kürzlich war ich durstig. Sie wissen ja - schlimmer als Heimweh. Um meinen Durst zu stillen, wandte ich mich an einen freundlichen Getränkeautomaten und warf eine Münze hinein, um eine Flasche Mineralwasser zu erwerben. Leider gefiel dem Automaten meine Münze wohl nicht, er spuckte sie unverdaut einfach wieder aus. Auch eine alternative Münze, die ich ihm offerierte, lehnte der Automat dankend ab. Gott sei Dank hatte ich mit der dritten Münze Glück und konnte mich am Ende dieses Abenteuers an einer Flasche voll frischem Nass erquicken.

Heutzutage wird ja viel über voll automatisiert elektronisches Maschinendenken philosophiert und da stellte ich mir natürlich auch als Jurist die Frage: Wie wird unser Alltag aussehen, wenn die Automaten dermaleinst die Weltherrschaft übernehmen sollten? Parkautomaten zum Beispiel! Mit einem solchen Exemplar musste sich das Oberlandesgericht Hamm beschäftigen. Ein parkwilliger Autofahrer warf 50 Cent in die Maschine ein, um ein Billett zu lösen. Doch das Gerät verhielt sich genauso unentschlossen wie mein Getränkeautomat. Ganz unterschiedliche geduldig und liebevoll dargebotene Münzen lehnte das Biest kategorisch ab. Entnervt legte der Autofahrer deshalb am Ende seine Parkscheibe statt des Tickets unter die Windschutzscheibe – und kassierte prompt einen Strafzettel. Das Oberlandesgericht entschied: Solange der Automat nur eigenwillig ist, aber er ansonsten noch Lebenszeichen zeigt, müsse man ihm so lange Münzen einwerfen, bis er irgendwann eine akzeptiert. Der Automat hat also immer recht (Az. 3 Ss Owi 576/05).

Was aber, wenn der Automat so künstlich intelligent ist, dass er bescheißt? Auch so was gibt es nämlich. Das Amtsgericht Dortmund hat solch eine räuberische Apparatur dazu verurteilt, 200 Euro wieder auszuspucken. Konkret war es ein »Bankomat«, da wundert einen freilich nichts mehr. Und zwar einer, wo man gleichermaßen Geld einzahlen und abheben kann. Warum sollten die Automaten der Bankster auch seriöser sein als ihre Herren? Der Kläger hatte gutgläubig 450 Euro hineingesteckt, aber auf seinem Konto wurden ihm davon nur 250 Euro gutgeschrieben. Typisch, möchte man fast aufstöhnen. Ein vom Gericht bestellter Gutachter hat die fiese Masche unter die Lupe genommen und ihre üble Gesinnung bestätigt. Zahlen, also das Konto ausgleichen, musste natürlich nicht die Blechkiste, sondern die Bank. Wo hingegen der Blechdackel die 200 Euro durchgebracht hat, das blieb sein unheimliches Geheimnis (Az. 405 C 5828/11).

Auch der Verwaltungsgerichtshof Baden-Württemberg hat leidenschaftlich betont, dass Automaten sich hierzulande nicht alles erlauben dürfen. Im Zentrum des Interesses stand dort ein »Rohmilchautomat«. Nein, keine Kuh! Vielmehr eine Maschine, die nur so tut, als ob. Die Richter, wahrlich keine Milchgesichter, betonten, dass ein solch sensibles Produkt wie »frische Milch« (solche nämlich behauptete der dreiste Automat zu spenden) gemäß § 17 Tierische-Lebensmittel-Hygieneverordnung nur dort verkauft werden dürfe, wo das echte Tier das weiße Gold spendet – also direkt im Erzeugerbetrieb und nicht etwa, wie es der betroffene Bauer geplant hatte, irgendwo dort, wo besonders viele zahlungskräftige Städter sich tummeln und es auf die schnelle Milch abgesehen haben (Az. 9 S 1273/13).

Solange in unseren Gerichten noch Richter die Urteile auswerfen, müssen wir die Herrschaft der Automaten nicht fürchten. Bis irgendwann der erste Urteilsautomat installiert wird. Halten Sie lieber eine ausreichende Zahl an Münzen bereit!

BALLSPIELE

Saublöd – und auch noch scheißgefährlich!

Ich will jetzt auf keinen Fall auf dümmlichen Klischees über Lehrer herumreiten, deshalb bleibt mein Informant anonym. Anwaltsehrenwort. Er ist nämlich Lehrer, ein älterer Jahrgang und unterrichtet unter anderem das Fach »Sport«. Angesprochen auf das Thema Unterrichtsvorbereitung erläuterte er mir einmal hinter vorgehaltener Hand: »Ich werfe am Anfang der Stunde einen Ball in die Turnhalle und komme erst am Ende der Stunde wieder.« Er nannte das »Schwellenvorbereitung«. Vermutlich ein Einzelfall? Eventuell hat er ja übertrieben. So faul können Lehrer doch wirklich nicht sein.

Sicher ist abgesehen davon eines: Tief in uns Menschen muss es eine genetische Disposition dafür geben, die uns für blöde Ballspiele begeistert. Und wo solche Leidenschaften hinführen, das wissen wir alle: natürlich vor Gericht. Ballspielen ist ja auch so was von gefährlich! Da stand zum Beispiel dieser Siebenjährige vor dem Oberlandesgericht Nürnberg. Er hatte mit einem Kumpel herumgebolzt, obwohl der Papa seines Kumpels ihm das gerade eben noch ausdrücklich verboten hatte. Der Vater hatte sogar an die Vernunft der Jungs appelliert: weil doch dort an der Garage als Außenbeleuchtung gläserne Laternen herumhingen. Vergeblich. Sie kennen vielleicht »Murphys Gesetz«? Es wird gern falsch zitiert mit der Prämisse: »Es geht immer alles schief«. Tatsächlich aber besagt Murphys Gesetz in Wahrheit wesentlich konkreter: »Alles, was in der Theorie schiefgehen kann, wird auch in der Praxis schiefgehen.« Jetzt raten Sie mal, was passiert ist? Klar: rechte Flanke gegen eine der Glaslampen, gefolgt von einem Splitterregen. Nun sagt Murphys Gesetz ja aber, dass wirklich alles schiefgehen wird, was schiefgehen kann, nicht etwa nur ein Teil. Deshalb sah der Kumpel gerade im Moment des Volltreffers in Richtung der Lampe und ein Splitter erwischte ihn. Und wo? Murphy sagt: natürlich, genau im Auge! Die Richter beim Oberlandesgericht waren knallhart: Ein Siebenjähriger weiß beim Ballspielen bereits ganz genau, wo der Hase läuft, oder juristisch formuliert – er ist ausreichend einsichtsfähig. Zudem wusste der Bengel ja, dass es verboten war. Das ihm ausreichend bekannte Risiko verwirklichte sich wegen seines grob fahrlässigen Handelns. Und deshalb haftete der Knirps mit 10 000 Euro Schmerzensgeld, also etwa 35 Jahre Taschengeld (Az. 5 U 130/06).

Dieser Fall ist natürlich eine haarsträubende Ausnahme, wie das Oberlandesgericht Oldenburg uns an anderer Stelle verdeutlicht. Bei einer Konfirmationsfeier wurde ein Tennisball herumgeworfen. Ausgerechnet der Konfirmand selbst, 13 Lenze jung, prellte einem seiner erwachsenen Gäste den Ball voll in die Visage. Versehentlich – angeblich. Murphys Gesetz verwirklichte sich natürlich auch hier in voller Tragweite: Die Brille des Mannes brach, die Brillentrümmer verletzten sein Auge. Und natürlich wollte der Gast jetzt ebenfalls 10 000 Euro. Das Gericht befand jedoch: Wenn man sich ballspielenden Kindern aussetzt, muss man jederzeit mit allem rechnen. Die Richter kannten Murphy wohl persönlich. Klage abgewiesen (Az. 6 U 170/15).

Abschließend noch der Klassiker: Nervig lärmende Kinder kicken einen Fußball in Nachbars Garten. Und jetzt? Dürfen die einfach so über den Zaun klettern und ihn sich wiederholen? Ein Kind würde vermutlich antworten: »Klar, aber so, dass es der fiese Nachbar bloß nicht sieht!« Das Landgericht München II hingegen sagt: brav klingeln und den Nachbarn um Rückgabe des Balles bitten. Selbst wenn es ein schrecklich böser Nachbar ist, vor dem alle Kinder Angst haben. Das Gericht ergänzte allerdings etwas an dieser Stelle nicht ganz Unwesentliches, vermutlich hatten die Richter eigene Erfahrungen aus der Kindheit in das Urteil einfließen lassen: Der Nachbar ist in diesem Fall auch verpflichtet, den Ball herauszugeben (Az. 5 O 5454/03).

BATTERIEN

Notstrom für den Herzschrittmacher

Atomstrom aus der Steckdose ist so was von out. Genauso wie Verbrennungsmotoren. Der moderne Mensch setzt auf Batterien. Im Idealfall auf Akkus. Selbst Psychologen und Fitnessgurus reden davon, bei uns sei hin und wieder »der Akku leer«. Man könnte also durchaus sagen, dass wir die mobilen kleinen Energiequellen regelrecht ins Herz geschlossen haben.

Vor dem Amtsgericht München jedenfalls wurde ein Fall verhandelt, in dem das quasi buchstäblich so war. Da hatte ein Mann nämlich einen batteriebetriebenen Herzschrittmacher in der Brust. Dummerweise keinen Akku, denn sonst hätte er vermutlich gar nicht vor Gericht gestanden. Die Sache war nämlich die: Der Mann hatte eine Reise nach Teneriffa gebucht. Doch kurz vor Reiseantritt war die Batterie leer. Also nicht im Sinne der Fitnessgurus, da wäre Teneriffa garantiert genau das richtige Ladegerät gewesen. Nein – es war der Herzschrittmacher. Und um da die Batterie zu wechseln, braucht man dummerweise nicht nur einen kleinen Kreuzschlitz-Schraubendreher, sondern zusätzlich ein komplettes Krankenhaus-OP-Team. Und das idealerweise ganz schnell. Aus der Traum vom Palmenstrand. Zum Glück hatte der Mann eine Reiserücktrittsversicherung. Als er dort allerdings die Stornokosten für seine abgebrochene Teneriffa-Reise eingereicht hatte, winkten die Versicherungsleute ab. Und auch das Amtsgericht München zeigte in der Schrittmachersache ein kaltes Herz: Zahlen müsse die Versicherung nur im Fall einer unerwarteten, schweren Erkrankung. Ein Batteriewechsel gehöre da nicht dazu (Az. 242 C 37052/05).

In Sachen Batterien scheint speziell das Amtsgericht München ziemlich unter Strom zu stehen. Diesen Mann mit der Autobatterie jedenfalls hat man ebenfalls mit einer Klageabweisung nach Hause geschickt. Dabei hatte der arme Teufel wirklich Pech. Ein Loch in der Fußbodenmatte und obendrein noch verätzte Finger. Die Geschichte muss ich Ihnen erzählen. Dieser Kerl hatte sich im Baumarkt eine Autobatterie gekauft und sie im Fußraum seines Autos transportiert. Beim Bremsen war das Teil umgekippt, ein ordentlicher Schluck ätzender Batteriesäure schwappte heraus und begann sofort, die Fußmatte zu zerfressen. Kein schöner Anblick! Um das Schlimmste zu verhindern, packte der Mann beherzt zu. Doch im nächsten Augenblick hatte er die Löcher fressende Brühe auch schon an den Fingern. Er wollte dafür Schadenersatz und Schmerzensgeld vom Baumarkt haben. Doch die Richterin zeigte ihm auf der vermaledeiten Batterie einen kleinen Aufkleber. Ein beredtes Bildchen, das selbst des Lesens Unkundige auf die verborgenen Gefahren im Inneren des Kraftspenders überdeutlich hinweist. Wer lesen kann, findet zudem seitlich auf der Batterie die in großen Lettern verfasste Ermutigung, das Teil um Gottes willen nur ganz vorsichtig und bitte stets aufrecht stehend zu transportieren. Ein klarer Fall von »selbst schuld« (Az. 121 C 26450/06).

Der Bundesgerichtshof wiederum hatte es mit ferngesteuerten Akkus zu tun und fand die Vorstellung so unheimlich, dass er ihre Nutzung glatt verboten hat. Genau genommen war es so: Ein Vermieter von E-Autos hatte in seine Fahrzeuge eine Funktion eingebaut, die es ermöglichte, die Batterien seiner Stromer aus der Ferne einfach auszuknipsen – und zwar dann, wenn der Kunde seine Automiete nicht pünktlich bezahlt. Das E-Auto bleibt dann natürlich sofort stehen. Zugegebenerweise eine verblüffend wirksame Methode, an die fällige Miete zu erinnern. Und der Kunde dürfte sich darüber eigentlich auch nicht beschweren, denn er hat es ja ausdrücklich im Mietvertrag unterschrieben – irgendwo im Kleingedruckten jedenfalls. Doch der Bundesgerichtshof empfand es als »unangemessene Benachteiligung von Verbrauchern«, jemandem quasi mitten auf der Autobahn beim Überholvorgang aus heiterem Himmel den Saft abzudrehen, und befand, dass man so einen Hammer laut § 307 BGB keinesfalls einfach so unauffällig im Kleingedruckten verstecken darf. Deshalb wurde die Fernabschaltung der Batterie höchstrichterlich deaktiviert (Az. XII ZR 89/21).

Gehören Sie eigentlich auch zu den Leuten, die die Knöpfe auf der Fernbedienung fester drücken, wenn die Batterien schwach werden?

BAUSTELLEN

Die schmutzige Kehrseite des Reichtums

Wenn man sich umsieht, möchte man glauben, dass unsere Republik sich ununterbrochen im kompletten Umbau befindet. Ganze Stadtviertel werden da quasi ausgetauscht. Man kommt auf Autobahnen kaum einen Kilometer vorwärts, ohne im nächsten Baustellenstau festzustecken. Allerorten ragen Kräne in den Himmel und alle Nachbarn scheinen gerade zu renovieren. Baustellen, auch eine der schmutzigen Kehrseiten des Reichtums. Natürlich gibt es eine ganze Reihe von Berufsgruppen, die gerade dank dieser regen Bauaktivitäten zu Wohlstand gelangen. Sie denken an Bauunternehmer? Ich denke an Juristen! Oder glauben Sie etwa, so eine Großbaustelle geht ohne kostspieligen Streit über die Bühne? Wo gehobelt wird …

Vor dem Landgericht Coburg zum Beispiel. Da verklagte ein Mann eine Baufirma, die sein Haus umgebaut hat. Dummerweise hatten die im ersten Obergeschoss direkt vor der Eingangstür die Zwischendecke entfernt und da klaffte nun ein metertiefer Schlund, nur durch ein paar Bretter abgesichert. Auf der anderen Seite des Abgrunds, neben der Tür, da hing sein Briefkasten. Wie auch immer dieser Teufelskerl von einem Postboten es geschafft hat, er hat die Post dort hineingesteckt und das war eine Herausforderung, die wollte der Kläger unbedingt annehmen. Er beugte sich also weit über die Kluft … noch ein kleines Stückchen weiter … Beim Sturz in das Loch brach er sich alle Knochen. 25 000 Euro Schmerzensgeld verlangte er dafür von der Baufirma. Das Argument seines Anwalts: mangelnde Baustellenabsicherung. Aber das Landgericht verfolgte einen verblüffend pragmatischen Ansatz und fragte: »Wer bitte ist denn so lebensmüde, dass er sich freiwillig über ein überdeutlich sichtbares, gewaltiges, wahnsinnig tiefes Loch beugt und nicht damit aufhört, bis er endlich hineinfällt?« Ergänzend führte das Gericht aus: Wenn eine offensichtliche Gefahrenquelle so unmissverständlich und eindeutig für sich spricht, muss sie wirklich nicht auch noch extra gekennzeichnet werden. Klage abgewiesen (Az. 22 O 107/14).

Apropos tiefes Loch: Da war dieser Radfahrer, der es wirklich eilig hatte, weil es schon dämmerte und er dringend heimwollte. Ist doch klar, er nahm die Abkürzung durch die Baustelle. Ja, da waren schon ein oder zwei Warnschilder, aber der Graben dahinter – der war nicht extra abgesichert. Sie kennen das Kinderlied *Hoppe, hoppe, Reiter*? Der Radfahrer jedenfalls fiel in den Graben, verletzte sich, schrie und verlangte Schmerzensgeld von der Baufirma. Das Oberlandesgericht Hamm allerdings warf dazu nun folgende interessante Frage auf: Was zum Teufel hat eigentlich ein Radfahrer in finsterer Nacht mitten in einer durch Schranken und Verbotsschilder gesperrten Baustelle verloren? Eben – gar nichts! Und wieder: Klage abgewiesen (Az. I-9 U 135/13)!

Jetzt glauben Sie vermutlich, diese Bauleute könnten sich alles erlauben? In München nicht. Da gab es nachts an der Rehwiese diesen heftigen Sturm und der wehte ein stählernes Bauzaunelement durch die Luft, als wär's Papier. Das schwere Teil krachte direkt auf einen schicken, nagelneuen Audi. Der Fahrer verklagte die Baufirma, aber Sie wissen ja, wie es am Bau zugeht: Die verwiesen auf irgendeinen schlampigen Subunternehmer, der angeblich unqualifiziert am Bauzaun herumgebastelt hatte. »Na und?«, fragte der Amtsrichter. Wer die Baustelle betreibt, ist auch für deren Sicherheit verantwortlich. Und er ist verantwortlich für seine Subunternehmer. Und er bezahlt dann auch die Rechnung für die Reparatur des Audi. »Basta!« (Das ist kein überliefertes Originalzitat des Amtsgerichts München – Az. 251 C 15396/16).

Im Übrigen gilt für Baustellen die bewährte Devise: Guter Pfusch ist immer noch besser als schlechte Arbeit.

BEDIENUNGSANLEITUNGEN

Gesunder Menschenverstand hilft da am allerwenigsten

Ich persönlich bin ein ganz großer Freund intuitiver Benutzeroberflächen. Anders formuliert: Ich hasse es, Bedienungsanleitungen zu lesen. Ich rede mir regelmäßig ein, einem Gerät auf den ersten Blick anzusehen, wie man es zusammenbaut und benutzt. Das hat mir schon viel Kritik, bisweilen Spott, vor allem aber Schaden eingebracht. Aber ich bin da beratungsresistent. Umso mehr möchte ich Ihnen dringend ans Herz legen: Eifern Sie mir in meinem eitlen Fanatismus nicht nach – lesen Sie lieber die Anleitung. Und glauben Sie bloß nicht, mit gesundem Menschenverstand käme man um diese anstrengende Lektüre herum.

Ein Mann, einer wie ich, über dessen Schicksal der Bundesgerichtshof zu befinden hatte, beging diesen fatalen Fehler. Er ging in einen Baumarkt und erwarb dort ein »Heißwasser-Untertischgerät«. Sie wissen nicht mal, was das ist? Ging mir genauso. Ich musste es googeln. Was, Sie glauben, ich würde es Ihnen jetzt erklären? Googeln Sie schön selbst, wenn Sie neugierig geworden sind. Ich erzähle Ihnen inzwischen, was passiert ist: Die kuriose Maschine, also dieses Unterwasser-Heißtischgerät, hatte seinen Weg in den Baumarkt direkt aus dem Reich der Mitte gefunden, »made in China«. In der Verpackung fand sich ein entsprechend exotisch formulierter Beipackzettel. Doch der Mann tat es mir gleich: Er ignorierte das Papier und installierte einfach das Gerät. Dabei missachtete er insbesondere die folgenden Zeilen: »Installation ist von einem Fachmann vorzunehmen« und »Gerät ist vor Inbetriebnahme mit Wasser zu befüllen«. Die Strafe folgte auf dem Fuß und es kam knüppeldick: Nicht nur, dass das Gerät nicht funktionierte, das erwartet man ja insgeheim irgendwie fast immer – nein, es explodierte! Wegen der dabei erlittenen Verletzungen zog der Mann vor Gericht. Das Landgericht Dessau-Roßlau jedoch wies seine Klage in erster Instanz ab. Das Oberlandesgericht Naumburg hielt die Klage in nächster Instanz für gerechtfertigt, denn das Gerät habe ja offensichtlich einen Konstruktionsfehler. Der Bundesgerichtshof wiederum zeigte in der letzten Runde einen Hang zu gesundem Menschenverstand und argumentierte sinngemäß: »Mit Wasser befüllen?! Du Superheld - wenn du die Bedienungsanleitung nicht liest, dann brauchst du dich nicht zu wundern, wenn das Teil explodiert! Lern was draus.« Und so wurde die Klage schlussendlich abgewiesen (Az. VI ZR 1/12).

Wo wir gerade über exotische Formulierungen in Bedienungsanleitungen sprechen: Das Oberlandesgericht Frankfurt hatte zu entscheiden, ob solcherlei Verbalinjurien wie Bedienungsanleitungen, bei denen sich jedem Deutschlehrer die Zehennägel hochrollen, nicht eigentlich wegen psychischer Gewalt vor den Strafrichter gehören (nur Spaß, darüber hat das Oberlandesgericht natürlich nicht wirklich nachgedacht) - oder ob sie im Gegenteil urheberrechtlichen Schutz genießen (das hat man ernsthaft in Betracht gezogen)? Die Richter erkannten in der entscheidungsrelevanten Anleitung für eine Autohebebühne scheinbar die ganz große Kunst, jedenfalls aber eine »persönlich geistige Schöpfung«. Selbige sei »neu und geistvoll«. Was mehr braucht's für Weltliteratur? So ein (Hebe-)Bühnenstück genießt mithin den vollen Schutz geistigen Eigentums im Sinne des Urheberrechts (Az. 11 U 18/14)!

Nicht nur Goethes Faust also kann uns erklären, was die Welt (und die Ikea-Aufbewahrungskombi »Vihals«) im Innersten zusammenhält.

BEFANGENHEIT

Mit befangen, mitgehangen

Unlängst habe ich nicht schlecht gestaunt, als ich Post vom benachbarten Amtsgericht bekam: Kurz vor einem seit Langem geplanten Verhandlungstermin erreichte mich die Nachricht über eine »Selbstanzeige« der zuständigen Richterin wegen »Besorgnis der Befangenheit«. Was hatte sie angestellt? Nun, die Richterin hatte tatsächlich zufällig, quasi in letzter Sekunde, bemerkt, dass sie mit dem gegnerischen Rechtsanwalt (also aus meiner Perspektive) eventuell derzeit verheiratet sein könnte. Möglicherweise. Gerade in einem langen Eheleben kann einem so etwas freilich mitunter auch einmal kurzfristig entfallen. Gut, dass sie es dann ja doch noch bemerkt hat.

Eines jedenfalls ist klar: Die berechtigte Erwartung an maximaler Unvoreingenommenheit, die man einem Gericht entgegenbringen darf (deshalb wird die Göttin Justitia mit verbundenen Augen dargestellt), ist ohne Zweifel getrübt, wenn die Richterin und der gegnerische Kollege am Abend vorher gemeinsam das Essgeschirr abgespült haben. »Befangenheit« nennt sich das. Darüber liest man sonst eher in der Zeitung, wenn über große Strafprozesse berichtet wird. Da gehört es ja quasi zum guten Ton, dass zu irgendeinem Zeitpunkt die Verteidigung theatralisch schnaubend einen Befangenheitsantrag gegen den linken beisitzenden Richter abfeuert. Doch auch im ganz normalen gerichtlichen Alltagsgeschäft sind manchmal nicht alle Beteiligten so neutral, wie sie es vielleicht gern wären.

Das Oberlandesgericht Stuttgart musste über so einen Fall entscheiden. Wegen Streitereien über eine Beweisfrage war, wie häufig, ein Sachverständiger befragt worden und einer der beteiligten Anwälte war mit dem Ergebnis der Begutachtung erkennbar unzufrieden. So ist das immer. Langatmig zerpflückte er deshalb die Ausführungen des Experten und irgendwann sah man den Zeigefinger des Gutachters ganz langsam zu seiner Schläfe wandern und sanft dagegen tippen. Sachverständige sind halt auch nur Menschen und Anwälte können einen tatsächlich bisweilen ganz schön auf die Palme bringen. Dummerweise hatte der aufgebrachte Advokat die allzu menschliche Geste bemerkt. Das Resultat: ein Mordsgetöse! Und: »Rübe runter« beim Sachverständigen, im übertragenen Sinne. Jedenfalls wurde er zu Recht als befangen abgelehnt – also faktisch gefeuert (Az. 8 W 388/13).

Beim Oberlandesgericht München wiederum stand ein Richter vor dem Richter und wehrte sich gegen den Vorwurf der Befangenheit. Konkret vorgeworfen wurde ihm die Uhrzeit, zu der er einen Gerichtstermin angesetzt hatte. Er habe sich doch nur einen kleinen Scherz erlaubt, verteidigte er sich. Nun gut, ob eine Verhandlung vor dem Familiengericht über die Rechte einer alleinerziehenden Mutter der richtige Ort für Scherze ist? Wohl eine Geschmacksfrage. Ob man allerdings ausgerechnet einen solchen Termin dann auch noch am 11. November um 11:11 Uhr durchführen muss? Das hat mit Geschmack nicht viel zu tun, beschwerte sich die Klägerin – die sich zu Recht zum Narren gehalten fühlte. Das Oberlandesgericht befand jedoch, gerade die überempfindlichen Verhandlungen bei Familiengerichten seien eine besonders geeignete Bühne für Humor und Gelassenheit – der Befangenheitsantrag wurde abgelehnt (Az. 26 AR 107/99).

Bei so viel Humorlosigkeit kann einem als Richter natürlich schon mal die Lust vergehen. Laut sagen sollte man das allerdings besser nicht! Vor dem Oberlandesgericht Naumburg landete einer, der es dann doch gesagt hatte. Konkret hatte der Richter einem Beklagten das Wort abgeschnitten, mit dem Hinweis, er habe »weder Zeit noch Lust, sich mit einem Sachvortrag zu befassen, der unerheblich ist«. Oh weh, der Anwalt des Beklagten hatte natürlich alles mitnotiert und ging sofort petzen. Keine Zeit? Und nicht mal Lust? So was geht bei einem Richter ja schon mal gleich gar nicht, befand das Oberlandesgericht. Da könnte ja glatt der Eindruck entstehen, der Prozess sei von vornherein für die Katz! Das begründe wahrlich den Verdacht der Unsachlichkeit und Befangenheit (Az. 10 W 12/14).

Das Amtsgericht Kehl erklärte sogar einmal auf einen Streich gleich Richterin und Staatsanwalt in einer Strafsache gleichzeitig für befangen – weil auch diese beiden (bis dahin scheinbar unbemerkt?) miteinander verheiratet waren. Ein wohl weit verbreitetes Problem in der Justiz (Az. 5 OWi 304 Js 2546/14).

Vor dem hessischen Landessozialgericht scheiterte ein Rechtsanwalt allerdings mit einem Befangenheitsantrag gegen zwei Richterinnen. Er trug nämlich grundlegendes Misstrauen gegen jedwede Art von Frauensperson vor, nachdem seine Ehefrau ihm angeblich Hörner aufgesetzt hatte, und wünschte sich eine ausschließlich männlich besetzte Richterbank. Der Antrag wurde jedoch zurückgewiesen: Das Geschlecht des Gerichts sei kein geeigneter Ablehnungsgrund (Az. L 5 V 1038/01).

Rechtsanwälte übrigens dürfen durchaus »befangen« sein, ja sollen es sogar – solange es zugunsten des eigenen Mandanten ist.

BELEIDIGUNG

»Zufrieden wie das Loch vom Plumpsklo«

Es gibt so Sachen, die sagt man halt einfach nicht, das gebietet der Anstand. Zum Beispiel sagt man zu einem Herrn im Anzug nicht, dass der ganz schön spannt am Bauch, es sei denn, man ist Herrenschneider. Darüber hinaus gibt es freilich auch Sprüche, die nicht nur der Anstand verbietet, sondern auch das Gesetz, und zwar in den Fällen, wo Rüpelhaftigkeit die Grenze zur Schmähung überschreitet. Bisweilen eine durchaus diffizile Frage.

Das Oberlandesgericht München hatte es zum Beispiel mit einem Gentleman aus dem Allgäu zu tun, der nach dem Konsum von nicht weniger als sechs Gläsern Whisky mit seinem Wirt in Streit geriet. Letzterer rief darauf die Polizei und mit denen zankte der Schluckspecht sich dann gleich weiter. Dabei fiel gegenüber einer Polizeibeamtin der Satz: »You are completely crazy!« (Das schottische Malzgetränk ließ den Bayern wohl in fremden Zungen fluchen.) Das Amtsgericht

Kaufbeuren zeigte sich versiert in Fremdsprachen und sah in dem Ausspruch durchaus eine Beleidigung nach § 185 StGB, die 15 Tagessätze zu 90 Euro Buße nach sich zog. Das Oberlandesgericht jedoch sah die Sache anders: Der Whiskyfreund hätte offenkundig doch gar nicht die Polizistin persönlich, sondern vielmehr das ihm in dieser düsteren Stunde ganz allgemein entgegengebrachte Misstrauen anprangern wollen – das aber sei doch allemal von der Meinungsfreiheit gedeckt und verdiene keine Strafe (Az. 5 OLG 13 Ss 535/14).

Ganz ungewöhnlich massiven Gebrauch von ihrer »Meinungsfreiheit« machte eine junge Juristin aus Nordrhein-Westfalen während ihrer Justizausbildung. Die Dame wollte einmal Rechtsanwältin werden. Auf dem langen, steinigen und paragrafenüberwucherten Weg dorthin war sie ausbildungshalber vorübergehend auch einem Staatsanwalt zugeteilt worden. Was zwischen den beiden vorgefallen sein mag, überlasse ich Ihrer Fantasie. Jedenfalls ließ die Frau ihrem Ausbilder folgende schriftliche Botschaft per E-Mail zukommen: »Sie sind ein provinzieller Staatsanwalt, der nie aus dem Kaff rausgekommen ist, in dem er versauert. (…) Mit Ihrem Leben und Ihrer Person sind Sie so zufrieden wie das Loch vom Plumpsklo (…) Als Sie mich vor sich hatten, sind Sie vor Neid fast verblasst (…)« Wie sich herausstellte, war in diesem Fall die Äußerung allerdings dann doch nicht mehr ganz von der Meinungsfreiheit gedeckt und die Dame wurde wegen Beleidigung rechtskräftig verurteilt. Dummerweise führte das auch noch dazu, dass sie fünf Jahre lang nicht die begehrte Anwaltszulassung bekam. Streitbar, wie sie war, rief sie den zuständigen Anwaltsgerichtshof in Hamm an und protestierte. Doch die dort in eigener Sache richtenden Advokaten urteilten, nun ja, wie das Loch vom Plumpsklo: Nach der Bundesrechtsanwaltsordnung sei die Zulassung zu versagen, wenn eine sich eines Verhaltens schuldig gemacht habe, das sie unwürdig erscheinen lasse, den Beruf der Rechtsanwältin auszuüben (Az. 1 AGH 25/15).

Welche Konsequenzen hat dann eigentlich die »Mutter aller Beleidigungen«? Schauen wir es uns an: Der Fahrer eines Logistikzentrums wurde von einem Kunden zu Unrecht beschuldigt, dessen viel zu enge Hofeinfahrt beschädigt zu haben – obwohl er die Einfahrt mit Bravour gemeistert hatte. Der Lkw-Fahrer ließ sich eine solche Kränkung seiner Trucker-Ehre nicht bieten und nannte den zickigen Meckerkunden mehrfach … na ja … eben »Arschloch«. Dafür wurde der Fahrer prompt von seinem Boss gefeuert. Zu Unrecht, wie sich vor Gericht herausstellte. Der Mann erhob nämlich Kündigungsschutzklage, und das Landesarbeitsgericht Schleswig würdigte ausdrücklich, wie großartig der Fahrer in diese unheimlich enge Einfahrt hineingekommen war und wie kleinkariert der Kunde gewesen sei. Da war »Arschloch« ausnahmsweise quasi schon mal angemessen (Az. 4 Sa 474/09).

BELOHNUNG

Oder war es doch eher eine Bestechung?

Wenn einer alles richtig macht, fleißig ist, sich Mühe gibt und dabei auch noch freundlich bleibt, was bekommt so jemand dann? Wie bitte, einen Tritt in den Allerwertesten, sagen Sie? Na, wer wird denn gar so pessimistisch in die Welt blicken? Ich wollte ja eigentlich auf »Belohnung« hinaus. In der Schule ist es noch einfach: Da gibt's ein Fleißsternchen und bei Haustieren wirkt ein Leckerli als Belohnung Wunder in der Erziehung. Komplizierter wird es da schon bei Kleinkriminellen.

Ein Polizist aus Bremen, der im Bereich Betäubungskriminalität eingesetzt wurde, hatte vielleicht Kinder und Haustiere und stellte sich deshalb die Frage, wie er Leute in vergleichbarer Weise belohnen könnte, die ihm beim Aufspüren von Rauschgiftdelikten hilfreiche Tipps gaben. Dafür entwickelte er eine ganz simple und pragmatische Methode: Immer, wenn er eine Ladung Marihuana hochgenommen hatte, zweigte er ein bisschen davon ab. Nicht für sich! Er war einer von den Guten. Den Braven. Der Stoff war für seine zwielichtigen, fleißigen Helferlein. Als Fleißsternchen, als Leckerli! Sechs

Jahre ging das gut, dann flog der Beamte auf. Das Landgericht Bremen verurteilte ihn wegen unerlaubter Abgabe von Betäubungsmitteln in Tateinheit mit Strafvereitelung im Amt und etlicher weiterer Delikte zu einer hohen Geldstrafe. Außerdem sollte der Mann aus dem Polizeidienst entfernt werden. »Untragbar« sei so einer für die Bremer Polizei! Doch das Verwaltungsgericht Bremen offenbarte seinen Glauben an das Gute im Menschen. Ganz offensichtlich habe dieser Polizist doch hier die ernsthafte Absicht gehabt, an die »dicken Fische« heranzukommen, und er sei davon überzeugt gewesen, für eine gerechte Sache zu kämpfen. Ausnahmsweise wurde er daher mit einer zweiten Chance belohnt: Weil er ansonsten eine blütenweiße Weste hatte, durfte er sich den Sheriffstern der Freien und Hansestadt wieder dranheften (Az. D K 148/12).

Eine wichtige Regel muss freilich bei Belohnungen unbedingt beachtet werden: Die Belohnung sollte im richtigen Verhältnis zur »guten Tat« stehen, sie darf also weder zu üppig noch zu mickrig sein. Wenn ein Vater (steinreicher Zahnarzt) seinen 18-jährigen Sohn zum Beispiel dazu überredet, auf sein komplettes zukünftiges Millionenerbe zu verzichten, und der Sohn als »Belohnung« für diesen Verzicht einen, mit Verlaub, eher mickrigen Sportwagen (Nissan GTR X) erhält, so gibt das nicht nur Anlass dazu, Sorgenfalten bezüglich des Eltern-Kind-Verhältnisses der Beteiligten zu entwickeln. Nein, das Oberlandesgericht Hamm sah hier auch eine sittenwidrige und demnach unwirksame Vereinbarung. Zwischen dem Verzicht des Filius und der »Belohnung« dafür bestünde ja wohl doch ein ganz erhebliches Ungleichgewicht (Az. 10 U 36/15).

Es gibt natürlich auch Fälle, in denen »Belohnungen« eigentlich bei genauer Betrachtung einfach nur Bestechungsversuche sind – und daher schlicht verboten. Dazu zählt das Oberlandesgericht Hamm auch solche Fälle, in denen Unternehmen ihren Kunden Geld anbieten, wenn diese ihnen eine positive Bewertung im Internet hinterlassen, ganz egal, ob sie eigentlich wirklich zufrieden sind. Eine Firma hatte per E-Mail geworben: »Schreiben Sie Ihren kurzen persönlichen Erfahrungsbericht über uns auf einem der nachstehend genannten Portale und erhalten Sie jeweils einen 25-Euro-Druckgutschein!« Das, so die Richter, sei nichts anderes als wettbewerbswidrige Irreführung von Verbrauchern zum Zwecke der verbotenen Schleichwerbung (Az. 4 U 48/13).

Und was sagte der kluge Wilhelm Busch zum Thema Belohnung? »Ausdauer wird früher oder später belohnt. Meistens aber später.«

BERUFSRANKING

Anwälte fast gleichauf mit Mitarbeitern von Telefongesellschaften

Woran merkt man, dass ein Rechtsanwalt lügt? Seine Lippen bewegen sich! Mieser Witz. So was geht wirklich unter die Gürtellinie. Feuerwehrmann müsste man sein, nicht Rechtsanwalt. Es gibt nämlich nicht allzu viele Berufe, um die es in puncto öffentliches Ansehen mieser bestellt ist als um den des Advokaten. Dazu gibt es sogar streng wissenschaftliche Erhebungen. Während Feuerwehrleute bei 94 Prozent der Bevölkerung das höchste Ansehen genießen (dBB Bürgerbefragung öffentlicher Dienst 2024), sind wir Rechtsanwälte auf 24 Prozent Ansehen abgestürzt (Institut für Demoskopie Allensbach, 2013). Nur Politiker oder Mitarbeiter von Versicherungen und Telefongesellschaften schneiden noch mieser ab, aber das ist kein wirklicher Trost, nicht wahr?

Angeblich soll es übrigens in den Vereinigten Staaten um das Ansehen von Anwälten sogar noch desaströser bestellt sein. Ich habe in amerikanischen Anwaltskreisen folgenden Witz gehört: In vielen medizinischen Forschungslabors ist man zwischenzeitlich davon abgekommen, Tierversuche an Ratten durchzuführen. Man verwendet dafür jetzt statt der Ratten Rechtsanwälte. Das hat zwei schlagende Vorteile: Ratten haben gelegentlich moralische Skrupel, im Gegensatz dazu sind Anwälte für eine kleine Belohnung bereit, wirklich alles zu tun. Außerdem werden die Testreihen nicht dadurch verfälscht, dass die Wissenschaftler Sympathie oder Mitleid entwickeln, was gegenüber Ratten regelmäßig passiert ist. Anwälte kann eben wirklich niemand leiden – auch wenn sie leiden.

Als besonders ungerecht empfinde ich die Tatsache, dass Rechtsanwälte und Richter exakt die gleiche langjährige Ausbildung absolvieren. Richter aber genießen in der Bevölkerung ein formidables Ansehen: Nach der bereits zitierten Bürgerbefragung werden sie von 70 Prozent der Bevölkerung wie Buddhas verehrt (Piloten kriegen nur 63 Prozent). Was haben die, was wir Anwälte nicht haben? Ähnlich unverdient das hohe Ansehen von Ärzten und Architekten, obgleich der Beruf des Rechtsanwaltes doch viel älter ist, wie folgendes Gespräch verdeutlicht: Ein Arzt, ein Architekt und ein Anwalt streiten in ihrem Rotarier-Club über das Alter ihrer Berufe. Der Arzt ist felsenfest überzeugt, dass er den ältesten Beruf hat: »Gott schuf Eva zu Anbeginn der Menschheit, indem er von Adam eine Rippe nahm. Also muss Gott ja wohl ein Chirurg gewesen sein und Chirurgen sind Ärzte!« Der Architekt hält forsch dagegen: »Bevor er den Menschen ersann, schuf Gott erst die Welt, denn davor war nur das Chaos. Gott, der Weltenbauer, war also der erste Architekt.« Der Anwalt zieht grinsend an seiner Zigarre und erwidert: »Alles richtig, meine Herren. Erst das Chaos, dann die Welt, dann der Mensch. Und was glauben Sie wohl, wer das Chaos erschaffen hat?«

Möglicherweise kommt der schlechte Ruf der Anwälte natürlich auch daher, dass sie so unverschämt teure Rechnungen stellen? Ein Mann geht in eine Kanzlei und fragt den Rechtsanwalt nach den Gebühren für eine Auskunft: »Drei Fragen 1200 Euro«, antwortet der Anwalt. »Das ist doch ziemlich teuer, oder?«, fragt der Mann. »Ja«, antwortet der Anwalt. »Und wie lautet Ihre dritte Frage?«

Okay … Zwei noch zum Schluss: Frage: Würden Sie einem Anwalt die Füße küssen? Antwort: Kommt darauf an, wie hoch er hängt! Und was ist, wenn zehn Rechtsanwälte bis zum Hals im Sand stecken? Dann hat der Sand nicht gereicht.

BIENEN

Ihr Reinigungsflug ist einfach nur eine Riesensauerei

»Rettet die Bienen« – erinnern Sie sich noch? Da standen die kleinen Honigsammler plötzlich in Bayern auf der großen politischen Bühne. Und es hat sich gezeigt, dass Maja und ihre Freundinnen sich in der menschlichen Bevölkerung einiger Beliebtheit erfreuen. Wenn eine Angelegenheit sehr stark politisch ist, so wie seinerzeit die Bienen, dann dürfen Sie davon ausgehen, dass das auch starke juristische Auswirkungen hat. Aber eines sage ich Ihnen gleich: Bei Gericht werden die Bienen bei Weitem nicht so gefeiert wie in Umfragen zur Biodiversität. Spätestens, wenn so ein liebliches Bienchen Ihnen nämlich seinen grausamen Stachel tief ins weiche Fleisch rammt und dann heftig pumpend ihr brennendes Gift in die Wunde träufelt, werden Sie vielleicht, ähnlich wie der Landwirt vor dem Amtsgericht Brandenburg a. d. Havel, noch einmal darüber nachdenken, ob Sie die Bienen wirklich retten wollen. Der arme Kerl wollte doch nur eine Fuhre Schafsmist abladen, da kam diese Vertreterin der Gattung »Apis« herangesummt und stach ihm grundlos direkt mitten ins Gesicht. Das sei dann explosionsartig angeschwollen, klagte er – und es tat höllisch weh. 300 Euro Schmerzensgeld hätte er dafür schon gern vom benachbarten Imker bekommen. Aber das Gericht befand: Bienenhaltung in einer dörflichen Gemeinde im ländlichen Bereich, das sei doch wohl eher ortsüblich und nicht als »wesentliche Beeinträchtigung« anzusehen. Wer auf dem Land lebt, der muss mit Bienen schon klarkommen (Az. 34 C 146/16).

Aber die kleinen Tierchen stechen leider nicht nur, sondern haben auch noch andere lästige Eigenschaften. Vor dem Landgericht Dessau-Roßlau klagte einer, dessen Nachbar hatte nicht weniger als 16 Bienenvölker. Im Frühjahr machen die, mehr oder minder alle gleichzeitig, ihren sogenannten »Reinigungsflug«. Und das ist genau das Gegenteil von dem, wonach es klingt. Eine Riesensauerei nämlich. Das, was die lieben Bienchen da nämlich »reinigen«, ist ihr Darm. Und wie das aussieht, wenn 16 Bienenvölker gleichzeitig fliegend aufs Klo gehen, das kann man sich lebhaft vorstellen. Da ist die Toilettenpause bei der UNO-Vollversammlung in New York Kinderfasching dagegen. Irgendwie verständlich also, dass der Kläger sich gegen diese … mit Verlaub … Bienen-Kack-Orgie zur Wehr setzte. Stichwort »frische Wäsche an der Leine im Garten«. Aber auch er wurde damit abgeschmettert, dass dies eben das natürliche Verhalten der beliebten Insekten sei und so ein Ereignis auf dem Land einfach zum Gesamterlebnis dazugehöre. Zumal jede einzelne Biene ja nur einen ganz winzigen Klecks hinterlasse und der Spuk ja auch rasch wieder vorbei sei. Außerdem könne der Imker ja auch nichts dagegen tun – die Viecher fliegen hin, wo sie wollen. Der Kläger hingegen könne in dieser sensiblen Phase des Bienenjahres ja die Wäsche vorübergehend im Keller trocknen (Az. 1 S 22/12).

Was bleibt? Verreisen, wenn die Bienen kreisen? Hilft auch nicht. Eine Frau klagte, weil ihre Clubanlage im Urlaub von einem Bienenschwarm heimgesucht worden war. Nach zwölf Stichen brach sie den Urlaub entnervt ab und verlangte Schadenersatz vom Reiseveranstalter. Doch das Landgericht Frankfurt am Main wies die Klage ab: Bienen seien kein »spezifischer Reisemangel«, sondern gehören, so die Richter, eher zum allgemeinen globalen Lebensrisiko. Einschließlich Bienenstich (Az. 2/24 S 433/98).

»Maja fliegt durch ihre Welt – zeigt uns das, was ihr gefällt.«

BIER

Ob Jesus Wasser wohl auch in Bier verwandeln konnte?

Ob Jesus sich an einem lauen Sommerabend gern gemeinsam mit seinen Jüngern ein kühles Helles genehmigt hat, verrät uns die Bibel nicht. Dort ist lediglich von Wein die Rede. Denkbar erscheint es allerdings durchaus, denn das »Heilige Land« hat eine beachtliche Brautradition. Die älteste weltweit bekannte Brauerei wurde vor rund 13 000 Jahren in der sogenannten Rakefet-Höhle im heutigen Israel unterhalten, der dortige Braubetrieb wurde allerdings nach meinem Kenntnisstand noch vor Beginn der modernen Zeitrechnung eingestellt. Wundert mich nicht, die Konkurrenz ist bärenstark. Oder besser gesagt löwenstark. Was hier nicht als Anspielung auf eine bestimmte Biermarke verstanden werden soll, zumal die sich ohnehin zwischenzeitlich fest in amerikanischer Hand befindet. Nein, ich spreche auf das bajuwarische Wappentier an. Würde man eine spontane Umfrage dazu durchführen, an einem beliebigen Ort der Welt, wo es denn wohl das süffigste, das urigste, das leckerste und vor allem das beste Bier gibt … Ich könnte mir durchaus vorstellen, dass die Rakefet-Höhlen, genau wie Amerika, weniger häufig erwähnt werden als Bayern.

Diese Überlegungen scheinen eine nicht unerhebliche Rolle gespielt zu haben, als die Richter des Europäischen Gerichtshofes im Jahr 2009 darüber zu befinden hatten – ganz nüchtern (hoffe ich) –, was es denn mit dem bayerischen Bier eigentlich so auf sich habe und vor allem: wo es genau herkommt. Sie schütteln ungläubig den Kopf – aus Bayern halt? Nun, die Frage der »geschützten geografischen Angabe« (g. g. A.) spielt für den erfolgreichen Verkauf eines Produktes eine bedeutende Rolle und da geht es weniger um Geschmack als vor allem um Exklusivität (ein anderes Wort für Geld).

Jeder würde doch vermutlich seinen Gerstensaft gern als »bayerisches Bier« betiteln? Weil es sich dann einfach besser verkauft. Nach der Entscheidung des Gerichtshofs der Europäischen Union, Urteil vom 02.07.2009 (Az. C-343/07), darf das aber halt nur derjenige, der auch wirklich auf bayerischem Boden braut. Wobei damit, rein juristisch gesehen, leider immer noch nicht alles gesagt ist, respektive alles gesagt werden darf.

Eine unbestreitbar bayerische Brauerei aus dem Allgäu zum Beispiel hatte ihr Bier als »bekömmlich« betitelt. Doch auf dieses Fässlein hat der Bundesgerichtshof auf Antrag eines Verbraucherschutzverbandes gleich wieder einen Deckel gesetzt: Der Begriff »bekömmlich« könnte von den naiven und leichtgläubigen Verbrauchern doch allzu leicht als »gesund« missverstanden werden, also als gut verträglich, auch bei dauerhaftem Konsum, und davon dürfe man bei Getränken ab 1,2 Volumenprozent Alkohol wirklich nicht ausgehen. Weil's auf Dauer halt »b'suffa« macht, wie man in Bayern sagt (Az. I ZR 252/16).

Auch andernorts in Deutschland wird natürlich nicht überall schlechtes Bier gebraut. Wirklich schlecht bekommen ist es allerdings einem Mann, der sich die »Waterkant« mit einem friesisch herben Bier geben wollte. Es verwundert zwar, dass er das »ungewöhnliche Aroma« erst bemerkte, als die Flasche schon halb leer war. Da aber jedenfalls stellte er endlich den massiven Schimmel im Getränk fest. In der Nacht darauf sei es ihm wahrlich übel ergangen, schilderte er seine Lage dramatisch vor dem Landgericht Oldenburg. Man hatte ihm daraufhin vor den gestrengen Augen des Gerichts zur Wiedergutmachung sogar eine Brauereiführung angeboten. Der Mann wollte jedoch lieber ein süffiges Schmerzensgeld, was ihm die Richter allerdings verweigerten. Ein paar Stunden Übelkeit? Das sei nicht mehr als eine Bagatelle. Dafür gibt's kein Schmerzensgeld. Was die Richter nicht hinzufügten: Bier und Übelkeit sind nicht selten zwei Seiten derselben Medaille. Hätte er halt doch besser die Brauereibesichtigung genommen (Az. 16 T 687/13).

Schlussendlich möchte ich die Warnung wiederholen: Bier beinhaltet Alkohol und der macht uns nur selten zu besseren Menschen, oder anders formuliert: »Melkt der Bauer seinen Stier, trank der Trottel zu viel Bier.«

BRIEFUMSCHLAG

Hochzeit, Steuer, Tod – ein ganzes Leben in einem Umschlag

Jetzt möchte ich über eine wahnsinnig altmodische Sache plaudern, die trotzdem jeder kennt: den Briefumschlag. Warum wahnsinnig altmodisch? Na ja, weil heute doch jeder seine Post per E-Mail oder irgendwie anders elektronisch mit seinem Smartphone versendet, anstatt sie umständlich einzutüten. Und warum kennen wir den Briefumschlag trotzdem alle? Klar, weil lästige Werbung, Post vom Finanzamt und Bußgeldbescheide uns nach wie vor auf Papier in Briefumschlägen ins Haus flattern wie Harry Potters Einladung zum Schulbesuch nach Hogwarts. Ein paar besonders schöne Beispiele für diese archaische Zustellalternative gibt es natürlich auch. Liebesbriefe zum Beispiel, oder später dann die Einladung zur Hochzeit, zur Taufe, zum runden Geburtstag. Ganz am Ende der Korrespondenz werden auch Todesbenachrichtigungen üblicherweise in einen Umschlag mit schwarzem Rand gesteckt.

Wo wir schon bei Briefen und dem Tod sind: Auch Testamente stecken ja oft in einem Briefumschlag. In Stuttgart allerdings ging ein Erblasser noch einen Schritt weiter. Vielleicht war es der sprichwörtliche Geiz der Schwaben? Jedenfalls verzichtete er darauf, sein Testament auf eigenem Papier zu verfassen und dieses dann in einen gleichfalls papiernen Umschlag zu schieben. Vielmehr hinterließ er seinen letzten Willen gleich direkt auf dem Kuvert, konkret nämlich folgende Botschaft: »Meine Erben sind nicht würdig, meine Grundstücke zu besitzen.« Nett, der Alte! Aber das wussten die Erben sicher schon zu seinen Lebzeiten. Was die enterbten Kinder allerdings viel mehr interessierte: Ist so was denn rechtswirksam? Natürlich auf keinen Fall, urteilte das Oberlandesgericht Stuttgart. Wenn ein letzter Wille so »ungewöhnlich« verfasst wird, muss man ganz genau hinschauen. Und so ein wütendes Gekritzel auf einem Briefumschlag, das sieht ja doch eher wie eine spontane Unmutsäußerung aus und nicht wie ein ernst gemeintes Testament. Die Kinder wurden somit entgegen dem zickigen Wunsch des Erblassers nicht nur Besitzer, sondern sogar Eigentümer der väterlichen Grundstücke (Az. 8 W 341/14).

Es gibt Briefe, denen erkennt man ihre Wichtigkeit bereits am Umschlag an. Da gibt es die erwähnten Exemplare mit dem schwarzen Rand, aber auch solche in fröhlichem Gelb. Die kommen meist vom Gericht und nennen sich »Postzustellungsurkunde«. Heben Sie den gelben Umschlag unbedingt auf, da steht nämlich ein handschriftliches Datum drauf, das möglicherweise für die Berechnung von Fristen noch wichtig werden könnte. Was aber, wenn ein Brief umschlagsmäßig nur so tut, als sei er wichtig, und in Wahrheit ist es doch nur lästige Reklame? Das Kammergericht Berlin jedenfalls attestierte einem solch dreisten Exemplar mit dem reißerischen Aufdruck »Zustellungs-Hinweis: vertraulicher Inhalt, nur vom Empfänger persönlich zu öffnen! Eilige Terminsache!« (in Wahrheit steckte ein Katalog mit Nahrungsergänzungsmitteln drin), dass es sich hier um eine illegal getarnte Werbesendung und somit einen Wettbewerbsverstoß handelte (Az. 5 U 7/14).

Einen ganz besonderen Briefumschlag sollte ein Postbote in Flensburg zustellen. Allerdings entschied er sich anders, nachdem er an dem Kuvert geschnuppert hatte und einen penetranten Cannabisgeruch feststellen musste. Anstatt die betörende Sendung in den Briefkasten des Adressaten zu werfen, ging der Postbote dann doch lieber zur Polizei. Die rissen den Umschlag natürlich neugierig auf, fanden darin sieben Päckchen mit Drogen und kassierten den Empfänger sogleich ein. Doch das Amtsgericht Flensburg intervenierte: Das Aufreißen des Briefes stellte eine unentschuldbare Verletzung des Postgeheimnisses dar. Und weil der Brief nie hätte geöffnet werden dürfen, durften auch die sieben Päckchen nicht als Beweise beschlagnahmt werden. Ob die Polizei sie wieder in den Umschlag gesteckt und zugestellt hat, ist mir nicht bekannt – ich halte es allerdings für unwahrscheinlich (Az. 480 Gs 261/23).

BRILLEN

Bestimmungsgemäßer Einsatz nur am Körper

Angeblich tragen zwei Drittel der Deutschen eine Brille. Wenn Brillenträger also beleidigt werden, muss das ja dann wohl vom verbleibenden Drittel ausgehen. »Vierauge« oder »Brillenschlange« erscheint da doch etwas altbacken und eher fantasielos. Aber »Intelligenzprothese«, »Gesichtsbrezel« oder »Wimpernschutzscheibe« finde ich als Brillenträger fast ulkig.

Schluss mit lustig ist natürlich, wenn Brillen vor Gericht landen, zum Beispiel beim Landgericht Hildesheim. Da hatte ein Mann sich von seinem Augenarzt (der Fachbegriff lautet Ophtalmologe) eine Brille verschreiben lassen, weil ihm im Leben die nötige Klarheit fehlte. Doch kaum hatte er die Sehkrücke auf die Nase geschoben, da begann ihm der Schädel zu brummen. Er hätte natürlich den dafür verantwortlichen Knick in der Optik einfach nachjustieren lassen können, aber wir Männer halten dann doch lieber heldenhaft den Schmerz aus - und jammern. Als das Jammern die Kopfschmerzen nach immerhin zwei Jahren immer noch nicht beseitigt hatte, suchte der Brillenträger Rat beim Fachmann. Allerdings nicht etwa bei einem Augenarzt oder vielleicht wenigstens bei einem Heilpraktiker, nein – er brachte die Nebenwirkungen seiner Sehhilfe zu einem Rechtsanwalt. Der sollte diesem betriebsblinden Ophtalmologen mal ordentlich die Brille putzen, in Form eines Schmerzensgeldes, das sich sehen lassen kann. Das vom Advokaten angerufene Landgericht befand sodann sogar, dass so eine unscharfe Brille durchaus dem Sehvergnügen abträglich sei, und die Kopfschmerzen sprächen die klare Sprache eines ärztlichen Behandlungsfehlers. Aber zwei Jahre warten? Das ist definitiv zu lange. Da hätte sich die Sehkraft längst weiter verändert, kein Mensch könne den ursprünglichen Fehler des Augenarztes jetzt noch nachvollziehen. Wenn schon, dann hätte er sofort klagen müssen. Nur so hätten die Richter und Gutachter in der Sache auch klare Sicht auf das Problem gehabt. Klageabweisung (Az. 1 S 57/08).

Auch in München hatte ein Brillenträger es mit einer Art medizinischer Fehlleistung zu tun. Die Schmerzen, die ihn in ein Krankenhaus gebracht hatten, waren allerdings nicht am Kopf aufgetreten, sondern am anderen Ende. Konkret ging es darum, dass er eine Koloskopie erdulden musste, Sie wissen schon, quasi mit dem Ofenrohr ins Gebirge … und dazu hatte man ihm eine Vollnarkose verpasst. Nach erfolgreicher Durchleuchtung seiner Eingeweide setzte die OP-Schwester dem Herrn seine Brille wieder auf die Nase und empfahl ihm, lieber noch eine Weile im Aufwachraum liegen zu bleiben. Der ungeduldige Mann aber stand sofort wieder auf, taumelte dann allerdings aufgrund der Nachwirkungen der Sedierung doch ein wenig und die Brille fiel herunter. Knacks. Den Schaden verlangte er natürlich von der Klinik ersetzt, denn in seinem Zustand hätte man ihm ja wohl unmöglich eine Brille aufsetzen dürfen – er sei ja noch völlig plemplem gewesen! Das Landgericht München I allerdings entschied, dass die Fürsorgepflicht der Krankenschwester so weit nun doch nicht ginge. Sie hätte nicht damit rechnen müssen, dass der Kläger »durch unkontrollierte Bewegungen sein Eigentum schädigt« (Az. 31 S 9676/07).

Ebenso scheiterte eine Brillenträgerin vor dem Sozialgericht Karlsruhe. Sie hatte einen fatalen Fehler gemacht: Ihre Brille saß nicht auf der Nase, sondern steckte in der Handtasche. Kein Wunder also, dass sie auf dem Heimweg von der Arbeit stürzte. Die Kosten der dabei zerbrochenen Brille verlangte sie von der Berufsgenossenschaft ersetzt. Doch das Gericht verneinte einen Arbeitsunfall, weil »das

Hilfsmittel« (also besagte Intelligenzprothese) bei Eintritt des Unfallereignisses nicht »bestimmungsgemäß am Körper eingesetzt gewesen sei« (Az. S 1 U 3461/13).

Einer geht noch. Er: »Du siehst besser aus, wenn du keine Brille trägst.« – Sie: »Du siehst auch besser aus, wenn ich keine Brille trage.«

BÜRGERMEISTER

Die schweren Bürden

Zu den traditionell besonders ehrbaren Berufen gehört in meinen Augen der des Bürgermeisters. Man muss schon dankbar sein, dass es Leute gibt, die sich das antun. Oder würde es Ihnen gefallen, jahrelang kein freies Wochenende zu haben? Während Spitzenfußballer oder Hollywoodstars für den annähernd vollständigen Verlust ihres Privatlebens wenigstens Millionengagen einstreichen, ist das Salär eines Bürgermeisters in Anbetracht dessen, dass er nie einfach mal unerkannt zum Bäcker gehen kann, ohne sofort von »seinen« Bürgern mit Wünschen und Anregungen behelligt zu werden, durchaus überschaubar.

In jüngerer Vergangenheit kommt es darüber hinaus immer häufiger auch zu verbalen oder gar tätlichen Übergriffen auf Gemeinde- und Stadtoberhäupter. Wobei das, was man über den brutalen Angriff auf den Bürgermeister einer Gemeinde in Baden-Württemberg vom Bundesgerichtshof zu lesen bekam, einen doch eher zum Kopfschütteln veranlasst. Als besagter Rathauschef die Polizei an einem Juliabend aus seinem Büro anrief, sah alles danach aus, als sei ein brutales Attentat auf den Mann verübt worden. Die Tür zum Rathaus war mit Holz verkeilt, ein böser Drohbrief forderte ihn zur Amtsaufgabe auf und dann knallte auch noch ein Molotowcocktail gegen den Schreibtisch. Dramatische Szenen! Wie sich allerdings sehr bald herausstellte, hatte der Bürgermeister das alles selbst inszeniert, gemeinsam mit einem

Komplizen. Das Motiv blieb im Dunkeln. Sicher ist allerdings – und vom Bundesgerichtshof bestätigt –, dass das schwäbische Gemeindeoberhaupt wegen Vortäuschens einer Straftat zu 180 Tagessätzen verurteilt wurde. Und seine Bürger wählten sich danach dann doch lieber einen besser geeigneten Meister (Az. 1 StR 156/13).

Nicht erfunden waren die Beleidigungen, die der Feuerwehrchef von Weidenthal gegenüber seinem Bürgermeister vom Stapel gelassen hatte. Das Ganze begann damit, dass die Weidenthaler Wehr peinlich verspätet zu einer Großübung angerückt war. Der Feuerwehrführer verkündete der Presse, das läge nur daran, dass der Bürgermeister seiner Feuerwehr kein Telefon bezahle. Was er zu erwähnen vergaß: Den Telefonanschluss hatte der Feuerwehrchef höchstpersönlich gekündigt. Als noch weitere ehrrührige Behauptungen dazukamen, bekämpfte der Rathauschef »Feuer mit Feuer« – indem er den Feuerwehrführer … feuerte. Der zog bis vor das Oberverwaltungsgericht Rheinland-Pfalz. Doch die Richter löschten den Mut des übereifrigen Brandbekämpfers und entschieden: Ein Feuerwehrführer, der seinen Vorgesetzen dermaßen in Misskredit bringt und dessen Autorität so dreist untergräbt, darf ohne Weiteres entlassen werden (Az. 7 A 11087/10.OVG).

Nun ist so ein Bürgermeister natürlich ein durch und durch politischer Mensch. Ein »Homo politicus« – sonst würde man diesen Job sicher nicht freiwillig antreten. Da verwundert es wenig, wenn ein Gemeindechef aus seinem politischen Herzen keine Mördergrube macht und seine Meinung bei jeder Gelegenheit unverblümt an den Bürger bringt. Warum nicht auch im Weihnachtsgrußwort des Mitteilungsblatts der Verbandsgemeinde Langenlonsheim? Aber da hat dann die Kommunalaufsicht den Weihnachtsfrieden gestört und festgestellt, dass das Grußwort weniger nach Evangelium klingt, sondern eher nach Wahlkampfwerbung. Und das sei ein klarer Verstoß gegen die »Neutralitätspflicht« eines Bürgermeisters. Neutralität ist vielleicht die schwerste Bürde, die das Bürgermeisteramt mit sich bringt (Az. 1 L 56/11.KO).

BUS

»An dem Bus komm ich locker vorbei!« – und andere letzte Worte

Ich staune ja immer wieder, wie Busfahrer das schaffen, diese gewaltigen Ungetüme durch den Dschungel der Städte zu manövrieren. Trotzdem bleibt es bei einem Verkehrsteilnehmer dieser Größenordnung nicht aus, juristische Fragen aufzuwerfen. Da schrie der Fahrgast ganz hinten im Bus zum Fahrer: »Das war aber schon rot!« Der Busfahrer brüllte zurück: »Hier vorn noch nicht, Klugscheißer!« Diesen Konflikt konnten die Beteiligten noch unter sich ausmachen. Bei der nächsten Geschichte allerdings musste das Oberlandesgericht Hamm sich einmischen und eröffnete seine Rechtsausführungen mit einer salomonischen Erkenntnis: Wird der Fahrgast eines Busses beim Ausstieg durch ein vorbeifahrendes Auto verletzt, können alle Beteiligten – Fahrgast, Busfahrer und Autofahrer – für den Unfall verantwortlich sein. Um das zu erkennen, hätten wir das Oberlandesgericht Hamm jetzt nicht wirklich gebraucht, oder? Passiert war Folgendes: Aufgrund eines Karnevalsumzugs hatte der besagte Bus schon länger im Stau gewartet. Eine junge Frau drängelte, sie wolle dann doch lieber aussteigen. Der Busfahrer gab sich als Gentleman und öffnete die Tür, ohne aber die Warnblinkanlage anzumachen. Gerade in dem Moment rollte der Verkehr wieder an und ein ungeduldiger Pkw erwischte die ungeduldige Frau. Zum Glück nur am Fuß. Jetzt wird immerhin klar, warum die Richter befanden, dass Busfahrer, Fahrgast und Autofahrer sich hier die Schuldtorte aufteilen mussten (Az. 11 U 108/17).

Auch das Kammergericht Berlin hatte es mit einem Bus zu tun, der angehalten hatte, allerdings an einer regulären Haltestelle. Wobei das nicht ganz stimmt. Er fuhr eigentlich schon wieder los. Das bemerkte ein Radfahrer, der gerade von hinten kam, und dachte sich vermutlich: Ach, der ist so riesengroß, bestimmt fährt der ganz wahnsinnig langsam! Jedenfalls versuchte der Radler, den Bus noch waghalsig zu überholen. Aber Busse sind nie »wahnsinnig langsam« und so war auch der besagte Bus doch wesentlich schneller als gedacht. Das konnte nicht gut gehen. Also Schadenersatz und Schmerzensgeld? Mitnichten! Das Gericht erläuterte dem Radfahrer zunächst, dass öffentliche Verkehrsmittel beim Anfahren und Einordnen in den fließenden Verkehr gegenüber dem Individualverkehr grundsätzlich Vorrang haben. Auch gegenüber Radlern. Auf die Frage, was man denn machen soll, wenn der Bus mitten während des Überholvorgangs aus seiner Haltestelle herauskommt, gab das Gericht einen brandheißen Tipp: den Überholvorgang einfach mal abbrechen (Az. 29 U 18/14).

Das Amtsgericht Hannover beschäftigte sich mit Ereignissen aus dem Inneren eines Busses und verewigte sich resümierend mit einer wahrlich denkwürdigen Aussage, die wir unbedingt in uns nachwirken lassen sollten: »Schläge ins Gesicht eines Fahrgastes überschreiten die Grenzen der Ausübung des Hausrechts im Bus.« Ja, ich denke, dem wird jeder hier uneingeschränkt zustimmen, oder? Erläuternd führte das Gericht weiter aus: Faustschläge gegen Fahrgäste würden das »Schikaneverbot« überschreiten. Konkret hatte ein Busfahrer in Hannover gegen 23:45 Uhr einem weiblichen Fahrgast der Linie 700 an der Haltestelle Steintor zweimal ins Gesicht geschlagen. Grund: »Überbelegung des Busses«. Die Klägerin erlitt eine Verletzung des Nasenbeins, eine HWS-Distorsion sowie Prellmarken und Schürfwunden. Das Gericht hat schmerzensgeldhalber für den Busfahrer ein erhöhtes Beförderungsentgelt von 500 Euro festgesetzt (Az. 502 C 9056/13).

Wussten Sie übrigens, dass trotz der hier geschilderten Risiken Busse eines der CO_2-sparsamsten Verkehrsmittel sind? Da nimmt man doch gern mal eine gebrochene Nase in Kauf.

CABRIO

Oben ohne mit riesiger Schleife

Plötzlich ist er dann immer da. Also mehr oder weniger jedenfalls. Ich rede vom Sommer. Was man in unseren Breitengraden eben so nennt. Er muss sich halt immer ein bisschen warmlaufen. Begleitet wird die am heißesten ersehnte Jahreszeit von allerlei Wunschträumereien. Urlaub, Sonnencreme, Hängematte. Dolce far niente, wie unsere in Sachen Sommer deutlich erfahreneren italienischen Nachbarn es treffend charakterisieren. So stellen wir uns das doch vor, oder? Sollte einer jetzt zusätzlich darüber nachdenken, zwischen sonnendurchfluteten Hügeln bei relaxter Musik mit dem Cabrio zu cruisen, möchte ich allerdings zu bedenken geben, dass der Sommer durchaus seine juristischen Tücken hat, jedenfalls wenn er im Cabrio daherkommt.

Zunächst einmal sollte man nie zögern, sich die Frage zu stellen, wem das Cabrio eigentlich gehört. Und wenn es mit einer riesigen Schleife geschmückt war, und man hat Ihnen die Zündschlüssel direkt in die Hand gedrückt? Und da glauben Sie also gleich an ein Geschenk? Reichlich naiv, wenn ich das anmerken darf. Dasselbe übrigens hatte sich auch dieser ältere Knabe vor dem Oberlandesgericht Schleswig-Holstein eingebildet. Ein Oldtimer-Cabrio, gut und gern 50 000 Scheine wert. Ursprünglich hatte dieser Wagen in der Garage seiner Lebensgefährtin ein tristes Dasein gefristet. Eines Tages aber, genau zu seinem 60. Geburtstag, fuhr der Schlitten poliert und chromblitzend, mit besagter riesiger Schleife geschmückt, am Arbeitsplatz des Klägers vor und die Lebensgefährtin legte ihm zärtlich die Schlüssel in die Hand. Also einen der Schlüssel zumindest. Den anderen, den hatte sie behalten – genauso übrigens wie den Fahrzeugbrief. Darüber machte sich der Mann allerdings erst nach der Trennung Gedanken, als er nämlich gern weiter mit dem schönen Auto durch den Sommer gecruist wäre. Seine Ex nahm es ihm aber einfach wieder weg. Sie hatte ja den Zweitschlüssel. Die Richter trafen dazu eine bemerkenswerte Entscheidung: Nur weil etwas mit einer Schleife zum Geburtstag übergeben wurde, bedeutete das noch lange nicht, dass es ein Geschenk ist. Hört, hört – das rückt Weihnachten in ein ganz neues Licht! Wenn ich etwas im Wert von 50 000 Euro als Geschenk betrachten will, so die obersten Richter an der Waterkant, sollte ich sicherheitshalber noch einmal genau nachfragen. Und tatsächlich war bei juristisch penibler Betrachtung das konkrete Wort »Geschenk« während der Übergabe des Autos nicht wirklich gefallen und so musste der arme Kerl tatsächlich den Schlüssel wieder abgeben (Az. 3 U 69/11).

Wenig Spaß hatte auch der Käufer eines Mini-Cooper-Cabrios. Zwar war er immerhin wirksam Eigentümer des gebrauchten Traumes geworden – als er allerdings die erste sommerliche Spritztour unternehmen wollte, entdeckte er ganz fiese Flecken auf dem Faltdach und da hat er gleich schon die erste Herbstdepression gekriegt. Als der Verkäufer das unsommerlich fleckige Cabrio dann nicht einmal reumütig zurücknehmen wollte, musste das Landgericht Coburg Pannenhilfe leisten. Die Richter befragten einen Gutachter und der erklärte: Spuren auf faltbaren Stoffdächern? Die sind doch ganz normal. Cabrios sind eben schmuddelige Verkehrsteilnehmer. Wer oben ohne mag, der muss mit Flecken leben (Az. 12 O 851/05).

Womit man als Cabrio-Fan normalerweise nicht leben muss, das sind ständige, penetrante Polizeikontrollen. So was allerdings passierte dem Fahrer eines gebraucht erworbenen Rolls-Royce-Corniche-Cabrios. Der Fall ging bis zum Bundesgerichtshof hinauf, weil der Mann das Auto unbedingt wieder loswerden wollte. Das Problem war, dass die Kiste zwar technisch tipptopp war – allerdings hatte das Oberklassecabrio einen schweren »Rechtsmangel«. Genau genommen war es international zur Fahndung ausgeschrieben worden, denn es bestand der unbestätigt mafiöse Verdacht auf Diebstahl und Hehlerei. In halb Europa war die Polizei deswegen ganz scharf darauf, den Rolls Royce nur mal kurz zu stoppen – und dann auch gleich wieder fahren zu lassen. Der Bundesgerichtshof entschied: Das beeinträchtigt den Fahrkomfort wirklich dermaßen unangemessen stark, da heißt es dann doch: Dach zu und Geld zurück (Az. VIII ZR 234/15).

CHINA

Wenn am anderen Ende der Welt ein Sack Reis umkippt

Es gibt Leute, die sagen, es interessiere sie nicht, wenn in China ein Sack Reis umfällt. Oder ein Fahrrad. Das kommt so als spaßige Redensart daher, ist aber eigentlich eine ausgemachte Dummheit. Genauso unsinnig wie das alte Kinderbücherklischee, in China hätten die Menschen gelbe Haut. Ein Land von Leberkranken, oder was? Nein: Gelbe Haut haben nur die Simpsons und die wohnen bekanntlich in Springfield und nicht in Guangzhou. Und wenn heute in Chongqing (falls Sie davon auch noch nie gehört haben – das ist vielleicht die größte Megacity der Welt) ein Sack Reis umfällt, dann kann das gefährliche seismische Auswirkungen auf die internationalen Warenterminbörsen haben. Und wenn in Chengdu (ebenfalls mehr als 15 Millionen Einwohner) ein E-Bike umkippt, unterbricht das vielleicht ratzfatz die internationalen Lieferketten. Gefühlt kommt nämlich irgendwie fast alles, was wir Verbraucher hierzulande so verbrauchen, aus dem sogenannten Reich der Mitte. In Anbetracht dieser größtmöglichen Relevanz ist es eigentlich nicht besonders hilfreich, dass wir gar so wenig über Land und Leute wissen (und uns gleichzeitig über »die Amis« lustig machen, weil die bisweilen angeblich Austria und Australia nicht auseinanderhalten können). Noch weniger hilfreich ist es natürlich, Menschen aus China mit Menschen aus anderen asiatischen Nationen einfach mal gleichzusetzen oder sie gar zu verwechseln.

Das musste eine deutsche Fluggesellschaft vor dem hessischen Landesarbeitsgericht auf die harte Tour herausfinden. Bei der Airline gab es eine Richtlinie für japanische Flugbegleiter. Die durften in den ersten beiden Jahren ihres Dienstes nur auf Japan-Flügen eingesetzt werden, so lange, bis ihre Deutsch- und Englischkenntnisse gut genug für andere Flugstrecken waren. Der Betriebsrat stimmte zu. Als man die Regelung allerdings pauschal einfach mal auch auf chinesische Mitarbeiter anwenden wollte, gab es dann doch Ärger. Die Gewerkschaft fand nämlich, in Japan und in China lebten doch bereits bei sehr oberflächlicher Betrachtung grundverschiedene Leute. Die Airline blieb stur. Vermutlich stellte man sich dort ganz Asien weiterhin so gelb wie die Simpsons vor? Am Ende zeigte sich das Landesarbeitsgericht dann allerdings doch nicht ganz so dusselig wie Homer (den Vater der Simpsonsfamilie meine ich, nicht den mit der *Ilias*), sondern weise wie Konfuzius und gab dem Betriebsrat recht (Beschluss vom 31.10.2006, Az. 4 TaBV 90/06).

Vor dem Landesarbeitsgericht Schleswig-Holstein wiederum landete eine regelrechte fernöstliche Romanze. Ein Mann hatte für eine Firma gearbeitet, die wiederum für die Bundeswehr tätig war. Privat liebte der Ingenieur eine Chinesin, die er auch jahrelang in ihrem Heimatland besuchte – ohne dass es irgendjemanden gestört hätte. Als er sie jedoch schließlich heiratete, wurde er urplötzlich gefeuert. Gravierende Sicherheitsbedenken! Diesen Chinesen, denen ist doch nicht zu trauen. Das Gericht jedoch akzeptierte den pauschalen Spionagegeneralverdacht nicht. Die Kündigung halte nicht das notwendige »ethische Minimum« ein. Sie sei willkürlich, treu- und sittenwidrig und verstoße gegen das »Anstandsgefühl aller billig und gerecht Denkenden«. Gut gesagt! Nicht nur in China können die »Ehre« – das haben deutsche Arbeitsrichter auch drauf. Am Ende trennte sich die Firma übrigens trotzdem von dem Mitarbeiter. Gegen eine satte Abfindung, mit der man in China ziemlich tolle Sachen kaufen kann. Wenn man nicht gerade versehentlich ohne Gerichtsurteil jahrelang weggesperrt wird, weil man mal laut an freie Meinung gedacht hat (Az. 3 Sa 95/11).

Einig sind wir uns wohl trotzdem, dass nicht alles gut ist, was aus China kommt. Wir müssen gar nicht über die Unterdrückung von Bürgerrechtlern sprechen. Wer hat nicht schon über so manch unheilvollem Elektrogerät bittere Tränen der Wut vergossen? Manchmal ist es natürlich auch einfach ein Bedienfehler. Der kann sich auch bei anderen chinesischen Exporten schnell einschleichen. Zum

Beispiel bei traditioneller chinesischer Medizin, kurz TCM genannt. Vor dem Landgericht Bonn zeigte ein 56-Jähriger eine hässliche Narbe an seinem rechten Sprunggelenk vor. Sein TCM-Therapeut, Chinese nur im Geiste, wollte mittels Hitzebehandlung einen Heuschnupfen ausräuchern (»Moxabustion«). Am Ende gab's nur Brandblasen. Immerhin bekam er wenigstens Schmerzensgeld. 2500 harte Euro, keine chinesischen Yuan (Az. 9 O 234/14).

Wie sagen die in China? *Wènlù zǒng bǐ mílù hǎo* – »Besser nach dem Weg fragen, als in die Irre gehen«.

DESIGNATED SURVIVOR

Die Amerikaner und ihre unwichtigen Politiker im Keller

Unlängst war mir langweilig. Also Internet. Wir alle haben unsere Schwächen. Ich stieß auf einer Streaming-Plattform auf eine kuriose Serie aus den USA, in der es um ein unheimliches Szenario ging: Bei einer großen politischen Veranstaltung haben sich im Kapitol der US-Präsident, sein Vize, das gesamte Kabinett und beide Kammern getroffen – und dann ging eine Bombe hoch. Keiner hat überlebt. Die USA führungslos. Unvorstellbar! Oder vielleicht doch nicht? Irgendjemand hat bei den Amerikanern genau über diese Situation scheinbar schon einmal nachgedacht. Als ich davon las, dachte ich zunächst an einen Scherz. Aber es ist wahr: Die Amerikaner verstecken immer einen unwichtigen Politiker im Keller, wenn die wichtigen Leute sich oben treffen. Und wenn was passiert, dann kommt der Hinterbänkler aus dem Bunker gekrochen und ist der neue Boss. »Designated Survivor«, den »vorherbestimmten Überlebenden«, nennt man diesen Menschen. Ganz schön verrückt, oder?

Nachdem wir in der inzwischen redlich vergessenen Coronapandemie aber zwischendurch doch immer einmal wieder Situationen erlebt haben, in denen irgendwie unklar war, wer eigentlich in unserer Republik im absoluten Notfall das Sagen hat und nachdem ein paar wichtige Leute damals plötzlich in Quarantäne saßen, da habe ich mir die Frage gestellt: Was wäre eigentlich, wenn bei uns was richtig Schlimmes passiert? Eine Bombe, eine Naturkatastrophe oder eine hoch ansteckende Erkrankung? Eine Apokalypse, die alle gleichzeitig erwischt, weil die in Berlin ja doch recht eng aufeinanderhocken?

Auch dem »Wissenschaftlichen Dienst des Deutschen Bundestages« war scheinbar langweilig, jedenfalls kannten sie die Serie wohl auch und haben deshalb bereits im Jahr 2018 einfach mal so ins Blaue eine, wie ich finde, ziemlich beunruhigende Antwort auf meine hypothetische Frage veröffentlicht. Wer hat im Krisenfall den Hut auf? Der Anfang ist noch einfach: Der Bundeskanzler ist nach Art. 69 Abs. 1 GG dazu verpflichtet, jemanden aus dem Kabinett zum Vize zu bestimmen. Gelingt das nicht, stimmt das Kabinett einfach ab. Und wenn diese Vize-Person jetzt auch ausfällt? Ups. Das Grundgesetz schweigt dazu beharrlich. Aber die Geschäftsordnung der Bundesregierung springt ein: Nach § 22 übernimmt in diesem Fall ein Kabinettsmitglied den Vorsitz. Im Zweifel wird es nach Alter oder Amtserfahrung ausgewählt. Also noch alles gut. Aber nehmen wir mal an, das gesamte Bundeskabinett ist »verhindert«? Aliens, Killerviren, Gift im Kaffee? Dafür gibt es dann leider keine Regelung mehr. Survival-Modus ist angesagt. Ins juristische Denken übertragen bedeutet das: Es werden Arbeitsstäbe mit Verwaltungsbeamten eingesetzt. Na großartig, einfach aussitzen, das wäre immerhin eine bewährte Lösung. Doch wer soll die Beamten aussuchen, wer setzt sie ein und welche Kompetenzen besitzen sie? Dürfen irgendwelche Fachbeamten vorübergehend einfach so die ganze Republik regieren, mit Stempeln und dreifachen Durchschlagformularen? Das ist nirgends geregelt, mit keinem einzigen Paragrafen.

Ein anderes Hintertürchen hätten wir aber noch: Hat eine finstere ausländische Macht ihre klebrigen Finger im Spiel, dann kann immerhin der Bundestag nach Art. 115a GG den »Verteidigungsfall«

feststellen – falls der Bundestag noch abstimmungsfähig ist. Als Folge tritt sofort eine Notverfassung in Kraft. Leider aber gibt es auch in diesem Fall keine Vertretungsregeln für den Ausfall der Regierung. Die Republik schwebt dann im Notverfassungs-Autopilot führerlos durch die Zeitgeschichte. Aber was ist denn eigentlich mit unserem formalen Staatschef? Könnte der nicht …? Der Bundespräsident scheidet nach unserer Verfassung als »operatives Staatsoberhaupt« kategorisch aus. Aus historischen Gründen obliegen ihm lediglich repräsentative Pflichten. Der föderale Grußonkel quasi. Sollte es den übrigens auch erwischen, wird er bei Verhinderung gemäß Art. 57 GG durch den Bundesratspräsidenten vertreten, also den Chef der Länderkammer. Der hat aber ansonsten auch keine weitergehenden Machtbefugnisse, wenn mal die Regierung ausfällt.

Kippt der Bundesratspräsident übrigens jetzt auch noch um, existieren wieder mal keine weiteren Regelungen im Grundgesetz. Auch die Ministerpräsidenten der Länder haben mangels irgendeiner Regelung in der Verfassung im Fall des Ausfalls der Bundesregierung keinerlei Kompetenzen, einfach die Führung zu übernehmen. Nicht einmal der bayerische Ministerpräsident! Ob er das weiß? Aber mal ganz ruhig. Es wäre doch schon eine äußerst eigenartige Geschichte, oder? Kanzler, Kabinett, Parlament und Bundespräsident fallen auf einmal aus? Stoff für eine Serie eben, sonst nichts. Wobei … Der Wissenschaftliche Dienst des Bundestages stellt dazu in seinem Besinnungsaufsatz fest: Am 22.01.2013 fand im Berliner Reichstag eine gemeinsame Sitzung des französischen Parlaments und der französischen Regierung mit der deutschen Bundeskanzlerin und ihrem Vize, allen Ministern, dem Bundespräsidenten, der Bundestagspräsidenten, allen Parlamentariern von Bundestag und Bundesrat sowie den Chefs aller Bundesbehörden statt. Alle in einem Haus. Vorsorglich im Keller versteckt wurde meines Wissens damals niemand.

DÖNER

Schwammiger Hühnerschweinkram ist kein Döner Kebab

»Döner Kebab« ist türkisch und bedeutet einfach »sich drehendes Grillfleisch«. Der verkürzt hierzulande als »Döner« bezeichnete Fladenbrot-Snack wurde ursprünglich mit Hammel- oder Kalbfleisch gefüllt. Heutzutage gackern in Deutschlands vielleicht beliebtestem Fast-Food-Gericht allerdings überwiegend Puten. Die machen es sich gemütlich zwischen Kraut, Tomaten, Zwiebeln, einer von Fall zu Fall mehr oder minder in ihrer Rezeptur geheimnisumwobenen »Spezialsoße« und am Ende wird die obligatorische Frage gestellt: »Mit alles?« Wenn man Pech hat, weist der Döner hin und wieder allerdings auch die eine oder andere Zutat auf, die man so lieber nicht bestellt hätte.

Das Bundesverwaltungsgericht beschäftigte sich zum Beispiel einmal mit einer zusätzlichen Fleischeinlage – konkret ging es um Salmonellen. Die Sache lief so: Die Fleischdrehspieße werden üblicherweise in tiefgefrorenem Zustand vom Großhändler an unsere Dönerbude an der Ecke geliefert. Einer dieser Drehspieß-Fabrikanten hatte ein besonderes Hygienekonzept, das vorsah, dass die Fleischbrocken stichprobenhaft vor Auslieferung auf Salmonellen überprüft werden. Das Konzept hatte nur einen Haken: Wenn der Laborbefund nach Auslieferung positiv auf Salmonellen lautete, bedeutete das nicht etwa, dass die Lieferung sofort gestoppt wurde. Stattdessen gab es den kostenlosen Rat an die Dönerbude: »Gut durcherhitzen!« Das allerdings fanden die Bundesverwaltungsrichter dann doch zu eklig – auch wenn in der Tat von gegrillten Salmonellen eigentlich keine gesundheitlichen Gefahren mehr ausgehen. Wenn sie denn auch wirklich gut durcherhitzt sind. Das Gericht verdonnerte den Dönermacher trotzdem dazu, das Ekelfleisch in Zukunft zwingend zurückzunehmen, unter Verweis auf die Europäische Hygieneverordnung (EG) Nr. 2073/2005 und (EG) Nr. 178/2002 (Az. 3 C 10.19).

Unsere Gerichte kennen sich mit Dönern allgemein scheinbar ganz gut aus. Vielleicht, weil die Justiz mittags ganz gern einmal den Kammertermin an den Dönerstand verlagert? Das Verwaltungsgericht Berlin jedenfalls verkündete beim benachbarten Dönergrill eine ganz klare Vorstellung, wie der Inhalt der Fladensemmel zu schmecken habe: Das Fleisch müsse Biss haben! Einem Kebab-Hersteller, der kleingehäckselte Hühnerreste verpresste und selbiges als »Hähnchen-Kebab« verkaufen wollte, wurde deshalb das Recht, diesen Hühnerschweinkram überhaupt noch »Kebab« zu nennen, von den Berliner Verwaltungsrichtern glatt entzogen. Solches Hühnerklein sei einfach kein »gewachsenes Fleisch«, es schmecke daher »schwammig« und sei überhaupt nicht mehr lecker, urteilten die Richter angewidert (Az. VG 14 K 48.11).

Beim Amtsgericht München wurde ein besonders heikler Döner gegrillt. Ein Kunde an einer Dönerbude mochte offenbar die Spezialsoße nicht und untermauerte sein Negativurteil damit, dass er den angebissenen Döner auf die Verkäuferin warf. Die forderte nun Schmerzensgeld in Höhe von 250 Euro. Das Gericht befand jedoch, dass zunächst völlig unklar sei, ob der Döner überhaupt die Klägerin getroffen habe. Ungeachtet dessen: »Der Wurf mit einem angebissenen Döner stellt keine schwerwiegende Verletzung der menschlichen Würde dar«, hielt das Gericht fest. Das sind sie, die Sternstunden der Justiz (Az. 154 C 26660/07).

Wissen Sie eigentlich, was man hört, wenn man sich eine Muschel ans Ohr hält? Das Rauschen des Meeres. Und wenn man sich einen Döner ans Ohr hält? Das Schweigen der Lämmer.

ELTERN HAFTEN FÜR IHRE KINDER

Kinder sind das größte Glück – vor allem, wenn sie schlafen

Als ich ein Kind war, da gab es für mich und meine missratenen kleinen Kumpels nichts Großartigeres, als in den Rohbauten der Nachbarhäuser unserer Neubausiedlung zu spielen. Damals bauten überall gerade junge Paare, so wie auch meine Eltern. Viele von ihnen leben immer noch in diesen Häusern und sind inzwischen Großeltern geworden. Und überall hingen damals diese gelben Schilder: »Eltern haften für ihre Kinder« – davor hat es uns Bengel immer mächtig gegruselt. Reingegangen sind wir natürlich trotzdem. Mutprobe und so. Nur waren das damals, wie man so schön sagt, »ganz andere Zeiten«. Und das stimmt ja tatsächlich. Da war Franz Josef Strauß noch Ministerpräsident in Bayern. Mehr muss man eigentlich gar nicht sagen über meine Kindheit.

Diese gelben Schilder gibt es auch heute noch. Wobei sich inzwischen vermutlich oft eher die Bauherren davor gruseln, dass sie von den Eltern herumstreunender Kinder wegen unzureichender Absicherung der Baustelle haftbar gemacht werden könnten. Aber wann genau haften Eltern denn nun eigentlich wirklich für ihren wohlstandsverwahrlosten Nachwuchs? Das Oberlandesgericht Koblenz hatte es mit einem zweijährigen Zwillingspärchen zu tun. An einem Morgen, während die Zwillinge unbeaufsichtigt durchs Haus strolchten und die Eltern noch schliefen, fanden die Kinder auf dem Wohnzimmertisch eine Schachtel Kippen, in der auch ein Feuerzeug steckte. Als Nächstes fackelte dann die Couch ab. Die Brandversicherung weigerte sich allerdings, den Schaden zu tragen. Wegen »Eltern haften für ihre Kinder« und so. Hätten sie halt mal besser auf die Knirpse aufgepasst! »Wie bitte? Zweijährige können ja wohl unmöglich ein Gasfeuerzeug anzünden! Diese winzigen Däumchen!«, hielt der Anwalt der Eltern vor Gericht entrüstet dagegen. »Doch, das können die sehr wohl«, bestätigte ein eigens konsultierter entwicklungs- und biopsychologischer Gerichtssachverständiger. Das Urteil: grob fahrlässige Aufsichtspflichtverletzung (Az. 12 U 587/00).

Mehr Glück hatte die Mutter einer Neunjährigen. Mama und Tochter saßen im Taxi mitten auf dem Mittleren Ring in München. Es ist ja nicht so, dass die Mutter den Fahrer nicht gewarnt hätte – aber die Warnung kam halt doch recht unvermittelt, und fahren Sie mal am Mittleren Ring einfach so schnell rechts ran. Als die Taxe endlich stand, war es natürlich zu spät. Das Kind hatte den kompletten Rücksitz vollgekotzt. Vor dem Amtsgericht München ging es nun um die Reinigung und die Kosten eines Leihtaxis. Das Taxiunternehmen klagte, die Mutter habe ja wohl ganz genau gewusst, dass es dem Kind speiübel war. Da lasse ich es doch nicht noch in ein Taxi steigen. Doch das Gericht stellte fest: Es gibt keine grundsätzliche »Gefährdungshaftung« für Kinder. Nachweislich wusste die Mutter im Vorfeld lediglich, dass das Kind »Halsweh« hatte. Kinder können da ja verblüffend unspezifisch sein. Sie hatte die drohende Katastrophe also keineswegs sehenden Auges in Kauf genommen und musste deshalb dafür am Ende auch nicht zahlen (Az. 155 C 16937/09).

Auch das Amtsgericht Bonn verneinte im folgenden Fall eine Aufsichtspflichtverletzung. Da war eine Frau mit ihrem Dreijährigen bei dessen Tante zu Besuch. Als der kleine Racker mal Pipi musste, schickte die Mami ihn ins Bad. Der konnte das nämlich schon ganz allein. Ob er überhaupt Pipi gemacht hat, ist unklar. Was er sicher tat: Er stopfte den gesamten im Bad gelagerten Schmuck der Tante ins Klo und spülte dann, genau wie die Mama es ihm gezeigt hat, alles runter. Der Wert der Klunker: etwa 4000 Euro. Alles weg. Die beiden Schwestern endeten miteinander vor Gericht. Doch dort hieß es: Ein Kind muss nicht auf Schritt und Tritt bewacht werden. Der Kleine konnte ja immerhin schon ganz allein! Und dieser Unglücksfall war völlig überraschend und unvorhersehbar. Wer's glaubt. Der Familienfriede war damit jedenfalls vermutlich auch im Klo gelandet (Az. 104 C 444/10).

Aber was rät uns doch der Dichter Jean Paul in Sachen Pädagogik? »Kinder und Uhren dürfen nicht beständig aufgezogen werden, man muss sie auch gehen lassen.«

ENTLAUFENER HUND

Der wollüstige »Brackel« und die Berufsfeuerwehr

Haben Sie einen Hund? Sie wissen schon, vier Beine, haart stark, fieser Mundgeruch und immer gut gelaunt (also keine Katze!). Hunde können uns jede Menge Freude bereiten, sie sind treue Gefährten und einfühlsame Begleiter. Es sei denn, sie laufen weg. Dann ist freilich Schluss mit Begleiter. Dann wünscht man sich manchmal, man hätte sich doch für ein Meerschwein entschieden. Oder doch eine Katze?

So ging es wohl auch dem Herrchen mit diesem Deutsche-Bracke-Rüden aus Herberhausen. Der Rufname des Kerlchens ist mir nicht bekannt, nennen wir ihn doch einfach »Waldi«? Das passt ganz gut, denn der Laie könnte den Deutschen Bracken leicht mit einem Dackel verwechseln, einem extrem langbeinigen allerdings. Es war ein schöner Sommertag und Waldi spürte die Natur. In diesem Fall nicht in Form von Bäumen und Wiesen. Es war vielmehr die Natur des Weibes, also eines Hundeweibchens, die ihn aus dem heimischen Garten entweichen und ins Revier einer fremden Hundedame eindringen hat lassen. Selbige wiederum stand unter der gestrengen Aufsicht eines aufmerksamen Frauchens, das dem Schwerenöter seine Eskapade zwar zu verzeihen bereit war, sich jedoch sorgte, dass der liebestolle Deutsche Bracke bei seinen Abenteuern vor lauter Wollust gänzlich die Orientierung verlieren und am Ende noch unter die Räder geraten könnte. Also telefonierte sie nach Hilfe – bei der Berufsfeuerwehr Göttingen. Die evakuierten den langbeinigen Dackel sofort, brachten ihn in ein Tierheim und berechneten dessen Halter für den viertelstündigen Einsatz 179,10 Euro. Herrchen war ganz außer sich – allerdings weniger aus Freude über des »Brackels« Heimkehr. Seine Telefonnummer hätte doch auf dem Halsband gestanden! Die freundliche Dame hätte doch auch ihn anrufen können? Muss man denn da gleich die Feuerwehr …? Ja, muss man, urteilte das Verwaltungsgericht Göttingen. Es sei schlicht unzumutbar, hier erst mal Herrchen-Recherchen am Halsband durchzuführen, wenn dem rolligen Rüden doch die allergrößte Gefahr droht. So ein notgeiler Bracke sei durchaus eine brandheiß gefährliche Angelegenheit, weshalb gerade die Feuerwehr mitnichten der ungeeignetste Ansprechpartner war (Az. 1 A 341/06).

Wegen einer Deutschen Dogge musste übrigens entsprechend einem Urteil des Verwaltungsgerichts Neustadt ein Herrchen sogar einen ausgewachsenen Polizeieinsatz bezahlen. Dabei hatte das Tier den heimischen Garten nicht einmal verlassen, sondern trieb sich lediglich an der Grundstücksmauer zum Nachbarn herum. Der Nachbar war es auch, der die Polizei alarmierte. Der Grund? Nun, der Hund war von seiner Erscheinung so, dass kein vernunftbegabter Mensch auf den Gedanken käme, so ein halbes Kalb »Waldi« zu nennen! Diesen Burschen müssen wir wohl eher mit »Rambo« betiteln und so führte der sich im Garten auch auf, nachdem er gewaltsam aus seinem Zwinger ausgebrochen war. Das Verwaltungsgericht teilte daher durchaus die Sorge des alarmierten Nachbarn, dass das wütend kläffende Riesentier jederzeit über die Grundstücksmauer hätte springen können. Und dann? Die Bestie hätte den kleinen Nachbarn doch mit Haut und Haaren verschluckt – vermutlich, ohne zu kauen! Da war der polizeiliche Gebührenbescheid über 142,25 Euro also gut angelegtes Geld. Die Tochter von »Herrchen« brachte Rambo nach dem Blaulichtspektakel übrigens sicher zurück in seinen Zwinger (Az. 5 K 256/11.NW).

Kommen wir am Ende zu … nennen wir ihn doch einfach »Strolch«? Ist ja auch egal. Das clevere Kerlchen saß jedenfalls allein im Auto eines Jägers und gelangte von dort durch Betätigung des elektrischen Fensterhebers ins Freie. Und was fängt ein Jagdhund mit seiner frisch erlangten Freiheit nun an? Natürlich: Er beißt – und zwar ein Pferd. Das hatte er wohl im Eifer des Gefechts mit einem XXL-Reh verwechselt? Bis zum Oberlandesgericht Karlsruhe wurde nun gestritten, welche Versicherung eigentlich für den Biss zahlt. Die Kfz-Haftpflicht? Weil das Öffnen des Fensterhebers ja nur bei steckendem Zündschlüssel funktionieren konnte und sich damit eine »typische Kraftfahrzeuggefahr realisierte«? Oder doch eher die Tierhalterhaftpflicht? Weil hier ja ein Hund ein Pferd angeknabbert hatte. Letztere wurde es dann auch am Schluss: Bei »schlauer Hund in Auto« überwiegt doch eher das typische Tierrisiko gegenüber dem typischen Kfz-Risiko, erkannte das Gericht. Ähnlich übrigens wie bei »dummer Hund im Auto« – vermute ich jedenfalls, den Fall habe ich nirgends gefunden (Az. 12 U 133/06).

ERSITZEN

Wurde die im Sessel Sitzende auch rechtmäßig ersessen?

Stellen Sie sich vor, Sie würden reich durch Nichtstun. Einfach so, durch Herumsitzen. Ja, so was gibt's tatsächlich, und zwar nicht nur bei überbezahlten Fußballern, die der neue Trainer nicht leiden kann und sie deshalb dauerhaft auf die Ersatzbank verbannt hat. Das Bürgerliche Gesetzbuch sieht dergleichen auch für uns Ottonormalverbraucher vor – und zwar in § 937. Vereinfacht gesagt steht dort: Wenn man zehn Jahre lang etwas besitzt und dabei ganz fest dran glaubt, das Teil würde einem gehören – dann gehört es einem wirklich. Diebe sind da natürlich außen vor, denn die wissen ja, dass ihnen die Sache eigentlich nicht gehört, aber die scheren sich sowieso nicht um das Bürgerliche Gesetzbuch. Man nennt diese bequeme

Form des Eigentumserwerbs »ersitzen«. Besonders häufig wird darüber im Zusammenhang mit Kunstwerken gestritten.

Ein besonders passendes Beispiel scheint mir da das Bild »Frau im Sessel« zu sein. Die tiefenentspannte Dame, mit ihrem Büchlein in der Hand, versinnbildlicht das Phänomen des Ersitzens in unübertrefflicher Weise. Die Frage, die das Gemälde bis zum Bundesgerichtshof brachte, lautet: Wurde die im Sessel Sitzende denn auch rechtmäßig ersessen? Geschaffen hat das Werk der Maler Hans Purrmann im Jahr 1924. Und darum streiten tat sich ein Erbe des Künstlers mit einem Autoteile-Großhändler. Bei Letzterem nämlich war die »Frau im Sessel« sesshaft geworden, nachdem sie zunächst dreist geklaut und sodann in einem Antiquitätengeschäft (in Wahrheit offenbar eine Hehler-Höhle) vom Stiefvater des Autoteile-Kunstliebhabers erworben worden war. Und das lag weit länger als zehn Jahre zurück. Der Bundesgerichtshof betrachtete die »Frau im Sessel« nachdenklich und entschied schließlich, sie sei ordnungsgemäß nach den Regeln des § 937 vom Besitzen ins Ersitzen übergegangen und dürfe nun als rechtmäßiges Autoteile-Eigentum des Händlers betrachtet werden. Denn als der Stiefvater das Diebesgut erwarb, sei er völlig arglos gewesen und fest davon überzeugt, rechtmäßig Eigentümer einer sitzenden Frau geworden zu sein. Mehr aber, so die obersten deutschen Zivilrichter, braucht's zum Ersitzen gar nicht. Außer eben Geduld (Az. VI ZR 255/2017).

Ein anderer Sitzkunstkrimi spielte sich im Leipziger Zoo ab. Der frühere Zoodirektor Dr. Gebbing soll in den 1920er- und 1930er-Jahren die Skulpturen »Der Athlet« von Max Klinger und »Jason und die Stiere des Aietes« von Walter Lenck im Zoo aufgestellt haben, obwohl sie ja eigentlich ihm gehörten. Eine Leihgabe vom Chef quasi. So argumentierte der Sohn und Erbe jedenfalls vor dem Oberlandesgericht Dresden, als er den Athleten und die Stiere gern wieder mitgenommen hätte. Das mit der Leihgabe aber konnte er nicht beweisen und so hielten die Richter fest, dass die Skulpturen spätestens ab dem Jahr 1944 durch »Ersitzen« Eigentum des Zoos geworden sind. Und das, obwohl sie die ganze Zeit nur herumstanden (Az. 2 U 1066/18).

Wer natürlich so richtig reich werden will mit dem Nichtstun, der ersitzt Immobilien. Am besten im Speckgürtel von München, da werden ja angeblich die Pflastersteine eines Hinterhofs inzwischen mit Gold aufgewogen. Das Verwaltungsgericht München hatte es mit einem Fall zu tun, bei dem eine Gemeinde ihre gepflasterten Gehwege in den 1960er-Jahren einfach in die an die Straße angrenzenden Nachbargrundstücke hineingebaut hatte. Damals störte das noch keinen, da war Oberbayern noch beschauliche Provinz. Aber als jetzt die alten Gehsteige weggerissen wurden und die Kommune an derselben Stelle neue errichten wollte, da kam es zum Streit um jeden Quadratmillimeter. Das Gericht befand: Welche Rechtslage auch immer für das alte Trottoir gegolten haben mag – durch dessen Beseitigung hat die Kommune ihre Ansprüche aufgegeben und ein Recht auf einen neuen Gehsteig an derselben Stelle bestehe nicht. Auch Ersitzen nach § 937 schied aus, denn das gilt nur für bewegliche Sachen, nicht für »eingebaute«, wie Gehsteigpflaster. Es gibt natürlich noch den § 900 BGB, wonach man, wenn auch erst nach 30 Jahren, Immobilien ersitzen kann. Dieser Schachzug scheiterte jedoch ebenso, denn Immobilien kann man nur ersitzen, wenn man (fälschlicherweise) im Grundbuch eingetragen war. Auf dem Gehsteig sitzt jetzt jedenfalls keiner mehr (Az. M 2 K 18.1194).

ESZETT

Die Diktatur des Duden

Im Sommer 2006 traten die Wissenschaftler der International Astronomical Union in Prag zu einem Tribunal zusammen. Das Urteil der Himmelsgucker fiel vernichtend aus: Pluto, der tapfere kleine Wächter, äußerster bekannter Außenposten unseres Sonnensystems, durfte kein echter Planet mehr sein. Zu klein! Man degradierte ihn zum »Zwergplaneten«. Welch eine Erniedrigung. Doch es gibt eine ausgleichende, harmonische Kraft im Kosmos und so wohnten wir im Jahr 2017 nach der Erniedrigung des kleinen Pluto nun der wundersamen Erhöhung eines anderen Kleinen bei. Es gibt zwar nun einen Planeten weniger in unserem Sonnensystem, aber dafür gibt es einen neuen Buchstaben in unserem Alphabet. Er sieht ein bisschen aus wie ein B, nur unten mit Loch. Darf ich vorstellen: das große Eszett! Ganz tolle Sache. Aber sicher fragen Sie sich: Wer braucht denn das und vor allem – wer entscheidet so was, einfach über unsere dem Lesen geneigte Köpfe hinweg? Das Zauberwort lautet »Rechtschreibreform« – »Big Eß« war deren größter Coup.

Sie finden, es sei eine Unverschämtheit, dass der Staat uns unsere Buchstabensuppe vorkocht? Dann lesen Sie dazu das Urteil des Verfassungsgerichts, Az. 1 BvR 1640/97. Damals, in den Neunzigern, ging es in Sachen Rechtschreibreform richtig zur Sache. Es fehlte nicht viel und die Deutschen hätten Barrikaden aus brennenden Duden in den Straßen der neuen Bundeshauptstadt Berlin errichtet. Nun gut, ich übertreibe vielleicht, aber »Schifffahrt« mit drei f und »Selbstständigkeit«, das waren damals echte Aufreger. Doch unser Bundesverfassungsgericht wehrte Kritik und Häme nüchtern ab und urteilte: Die Bundesländer dürfen im Rahmen der Kultushoheit, zumindest in den Schulen, die Rechtschreibung regeln. Mit dem elterlichen Erziehungsrecht, Art. 6 GG, kollidiert hier knirschend der Erziehungsanspruch des Staates aus Art. 7 GG. Und Sie wissen ja, wer gewonnen hat. Dummerweise schreibt das Grundgesetz zwar vor, dass die Länder das Schulrecht haben, man liest aber leider nirgends etwas darüber, dass schulische Regelungen vernünftig sein sollen.

Im Grundgesetz werden Sie auch vergeblich danach suchen, dass »die Sprache den Menschen gehört« und die Kultusminister sie ihnen nicht etwa jederzeit im Mund umdrehen dürfen. Auch die Rechte von Schülern aus Art. 2 und Art. 1 GG (Entfaltungsfreiheit und allgemeines Persönlichkeitsrecht) würden durch Rechtschreibänderungen nur in einem tolerierbaren Ausmaß beschränkt, befanden die Verfassungshüter. Es stelle überdies auch kein Problem dar, dass ständig alle Schulbücher neu gedruckt werden müssen: Durch die Neuregelung wird weder die Berufsfreiheit aus Art. 12 GG noch die wirtschaftliche Betätigungsfreiheit des Art. 2 GG beschädigt. Im Gegenteil – die Verlage reiben sich doch jedes Mal garantiert die Hände, wenn bei Schifffahrt noch ein weiteres f dazukommt! Schließlich, so das Verfassungsgericht, verletzen neue Buchstaben auch nicht die Grundrechte aus Art. 2 Abs. 1 GG (allgemeine Handlungsfreiheit), weil etwa nicht jeder mehr so schreiben dürfe, wie ihm der Griffel gewachsen ist. Außerhalb von Schulen und Behörden nämlich, im Privaten, da »*mus ein jeder nach seiner Faßon selich werden*« (Friedrich der Große, man merkt richtig, dass er Französisch lieber mochte).

Wir können übrigens froh sein, dass das Ganze so glimpflich ablief. Nur 0,5 Prozent der alten Regeln sind bislang verändert worden, und wenn wir ehrlich sind, beherrschen wir die restlichen 99,5 Prozent doch auch nur wegen der Autokorrektur unseres Smartphones. Und was anderes als WhatsApp-Nachrichten schreibt doch eh kaum noch einer. Ihre Kinder werden Sie allerdings auslachen, wenn Sie das große »ẞ« nicht können. Und wer lacht zuletzt? Jenseits der Umlaufbahn von Pluto vermuten Astronomen einen neuen Planeten, »Hades« soll er heißen …

E-ZIGARETTE

Wenn der Schlüssel Ihres Chefs in Ihrer Hose explodiert

Verbrenner sind so was von out! Das gilt nicht nur für Benziner und Diesel, die, wie man munkelt, in den kommenden Jahren von unseren Straßen ja völlig verschwinden sollen. Nein, auch das Verbrennen von Tabak ist nicht mehr très chic. Der moderne Nikotinsüchtige erhitzt, vaporisiert, dampft. E-Zigaretten sind angeblich zwar auch alles andere als gesundheitsförderlich, denn Nikotin ist und bleibt ein Nervengift – aber möglicherweise ja weniger schnell tödlich als der schlechte gute alte »Glimmstängel«? Dummerweise werfen elektrische Autos und rauchfreie Zigaretten eine Reihe ganz neuartiger und bisweilen nicht unähnlicher Probleme auf. So liest man immer wieder einmal, dass Elektroautos ohne jedes äußere Zutun das Brennen anfangen sollen. Da bekommt der Begriff »Selbstzünder« eine ganz neue Konnotation. Und auch die E-Zigarette bietet den Geschmack von Abenteuer.

Das Sozialgericht Düsseldorf hat sich mit einem solchen Fall befasst. Da ging es um eine 27-jährige Frau, ihres Zeichens Dampferin. Weil die Akkus der kleinen Nikotinerhitzer nur begrenzt lange halten, bewahrte sie einen Ersatzakku in ihrer Hosentasche auf. Sucht macht eben argwöhnisch und erfinderisch. Auf dem Gang über das Betriebsgelände ihres Arbeitgebers schob sie den Büroschlüssel in dieselbe Tasche, in der der Ersatzakku für die Elektrokippen steckte. Und dann wurde es physikalisch. Der Akku und der Schlüssel berührten einander nämlich, es kam zum Kurzschluss und – wenn schon Abenteuer, dann richtig - der verdammte Akku explodierte in der Hose. Zum Glück wurde die Frau nicht verletzt. Aber die Hose war natürlich hinüber. Moment mal, dachte die Frau sich nun – wenn der Schlüssel meines Chefs meine Hose explodieren lässt, dann ist das doch ein Arbeitsunfall allererster Kajüte, oder? Möchte man meinen - doch sowohl die Berufsgenossenschaft als auch das Sozialgericht sahen das anders: Der Schlüssel für sich gesehen sei ja vollkommen ungefährlich gewesen. Erst als er in die schlechte Gesellschaft von Rauchern kam, wurde er explosiv. Die E-Zigarette sei doch die eigentliche Ursache des Problems. Und das Mitführen einer E-Zigarette sei ja wohl beim besten Willen nicht »dienstlich veranlasst« gewesen. Die Frau musste ihre neue Hose also selbst bezahlen (Az. S 6 U 491/ 16).

Auch beim Verwaltungsgericht Gießen dampfte es mächtig. Da war dieser Lehrer auf dem Schulgelände beim Inhalieren einer E-Zigarette erwischt worden und sein Chef, der Schulleiter, hatte das unter Verweis auf § 3 des Hessischen Schulgesetzes verboten. Selbiges besagt nämlich: »Die Schule ist zur Wohlfahrt der Schüler und zum Schutz ihrer seelischen und körperlichen Unversehrtheit, geistigen Freiheit und Entfaltungsmöglichkeit verpflichtet. Rauchen ist im Schulgebäude und auf dem Schulgelände nicht gestattet.« Kein Problem, argumentierte der Lehrer, das sehe er genauso: Rauch komme bei ihm nie raus, nur Dampf. Vermutlich ein Chemielehrer? Klugscheißer, dachten sich jedenfalls die Richter und verwiesen auf die Formulierung mit der Seele der Schüler. Auch das Verbreiten giftiger Dämpfe sei eben kein gutes Vorbild und daher zu unterlassen (Az. 5 K 455/12.GI).

Wie gefährlich der elektrisch produzierte Dampf wirklich ist, weiß bislang keiner so ganz genau. Das Oberlandesgericht Hamm kassierte deshalb sicherheitshalber einen Werbeslogan, wonach eine E-Zigarette »mindestens 1000-mal weniger schädlich als eine Tabakzigarette« sei. Die Richter gaben zu bedenken, dass es noch keinerlei gesicherte Erkenntnisse zu den Langzeitfolgen des Dampfens gibt, weshalb eine solche Werbeaussage auch nicht auf ihren Wahrheitsgehalt überprüft werden könne und daher unzulässig sei (Az. 4 U 91/13).

Aber ob all die Vorsicht wirklich hilft? Winston Churchill soll gesagt haben: »Ein leidenschaftlicher Raucher, der immer von der Gefahr des Rauchens liest, hört in den meisten Fällen auf – zu lesen.«

FASCHING

Karnevalistische Gefahrenquellen sind klebrig und schmerzhaft

Wenn ausgewachsener Wahnsinn mit perfider Methode stattfindet, dann ist es wieder so weit: Fasching! Und vertrauen Sie mir in dieser Frage einfach: Es ist wirklich zwecklos, sich gegen eine närrische Naturgewalt wie den Fasching zu wehren. Nein, das Einzige, was Ihnen im Fasching hilft, sind wirksame Schutzmaßnahmen. Dazu ist es freilich unumgänglich, sich mit den besonderen Risiken des Faschings und des Verhaltens seiner Betreiber zu beschäftigen. Die karnevalistischen Gefahrenquellen sind mannigfaltig und bisweilen gleichermaßen klebrig wie schmerzhaft.

Eine Dame in Köln hielt sich während eines mit schwerem Gerät ausgestatteten Karnevalsumzugs vor einer Seniorenresidenz auf und wurde durch närrische Artillerie verletzt. Vor dem Amtsgericht berichtete sie, noch immer erschüttert: Ulkig vermummte Gestalten hätten von ihrem Festwagen herunter mit großer Kraft mehrere Schokoladenriegel gezielt auf sie geschleudert. Dieses unverantwortliche Gebaren habe durch einen direkten Treffer nicht unerhebliche Verletzungen an ihrem Auge verursacht. Gerade vor einer Seniorenresidenz, so trug sie entrüstet vor, dürfe man doch wohl etwas mehr Rücksicht verlangen. 1500 Euro Schmerzensgeld stellte sie sich jedenfalls als Kompensation für diesen rüpelhaften Irrsinn vor. Doch die Kölner Amtsrichter sind ein jeckes Volk. Sie analysierten den Sachverhalt und teilten der Dame mit: Das Werfen von kleineren Gegenständen während eines Karnevalsumzuges vom Umzugswagen herab sei sozial üblich, allgemein anerkannt, werde von den Zuschauern regelrecht erwartet und sei daher insgesamt erlaubt. Es dürfte für viele Zuschauer sogar einen ganz wesentlichen Teil des Vergnügens der Teilnahme an einem Karnevalsumzug ausmachen, mit Süßkram bombardiert zu werden. Da würde es auch nichts helfen, zum Beispiel nur kleine Süßigkeiten zu werfen, denn schon ein einzelnes Bonbon oder eine 17 Gramm leichte Schokoladenwaffel könnten im ungünstigen Einzelfall natürlich böse Verletzungen hervorrufen. Allerdings sei es auch völlig lebensfremd, anzunehmen, dass vor bestimmten Gebäuden, wie einer Seniorenresidenz, besondere Wurfzurückhaltung geboten wäre. Zum einen könne der großzügige Wurf von Süßigkeiten gerade vor solchen Gebäuden besondere Freude der Bewohner auslösen. Zum anderen sei es angesichts der Zuglänge von rund sieben Kilometern schlicht unmöglich, vom Umzugswagen aus den Charakter aller Gebäude auf die Schnelle im Einzelfall zu beurteilen. Die Tatsache, dass mehrere Süßigkeiten zugleich geworfen werden, sei allgemein üblich. *Panem et circenses,* wie die alten Römer sagten: Brot und Spiele (Az. 123 C 254/10).

Mit dieser Entscheidung fügt sich das Amtsgericht Köln in den Zug anderer närrischer Gerichte ein. Schon das Amtsgericht Eschweiler hatte eine Klage eines versehrten Karnevalsopfers abgewiesen, das von einer gefährlichen Wurfblume am Auge getroffen worden war (Az. 6 C 599/85).

Das Landgericht Trier wiederum wies eine Klage eines Narren ab, der durch ein vom Festwagen geschmettertes Bonbon an einem Zahn verletzt worden war (Az. 1 S 150/94).

Es gilt also: Ruhe bewahren. Am Aschermittwoch, Sie wissen ja, da heißt es dann: Der Fasching ist vorbei, was sind wir froh – die Narren sind jetzt wieder im Büro.

FINDERLOHN

Finden ist wie klauen, nur dass es keiner merkt

»Ah, wen seh ich da hocken, einen Socken …«, so sprach er, der Pumuckl, als ehrlicher Finder. Der Meister Eder hatte die Socke nämlich schon überall gesucht und war wieder einmal ganz grantig. Aber es war ein föhniger Tag in München in der Wohnung über der Schreinerwerkstatt und deshalb war der Meister Eder trotzdem weiterhin übellaunig, anstatt seinen Kobold für den Fund zu belohnen. Obwohl er das von Gesetzes wegen eigentlich hätte tun müssen. Aber das Gesetz vertieft Ellis Kaut in den Geschichten vom Pumuckl nicht weiter.

In § 971 BGB ist dennoch ganz klar geregelt, dass der Finder einer Sache 5 Prozent des Wertes als Finderlohn bekommt. Bei Sachen, die mehr als 500 Euro kosten, und bei gefundenen Tieren sind es immerhin noch 3 Prozent. Finden lohnt sich also! Erst recht, wenn man den Fund behördlich meldet und der Eigentümer sich sechs Monate lang nicht meldet. Nach § 973 BGB gehört die Sache dann dem Finder nämlich. Sie können sich entsprechend sicher vorstellen, wie sich ein Landshuter freute, der eine schwarze Aktentasche gefunden hatte. Die lag im Papiercontainer eines Wertstoffhofes – und was war drin? Bündelweise 500-Euro-Scheine, echte noch dazu! 118 000 Euro zählte der Glückspilz, unglaublich. Ehrlich und fest im Glauben an das Gute in der Welt übergab er den Fund dem Wertstoffhof. Dann wartete er sechs Monate geduldig. Er konnte sein Glück kaum fassen, als sich nach einem halben Jahr wirklich keiner gemeldet hatte. Er wurde also beim Wertstoffhof vorstellig, um »seine« schwarze Aktentasche abzuholen, insbesondere deren Inhalt. Doch die Recycling-Gangster rückten das »Altpapier« nicht raus. Der gutmütige, ehrliche Mann wurde nun richtig sauer und verklagte, weiter fest vertrauend auf Gerechtigkeit, die Papiertiger vor dem Landgericht Landshut – aber die Richter wollten ihm seinen Geldkoffer ebenfalls vorenthalten und wiesen seine Klage gegen den Abfallwirtschaftsverband einfach ab. Der »Fundort Wertstoffhof« gehöre nämlich zur Staatsverwaltung. Deshalb handle es sich hier nicht um einen stinknormalen Fund, sondern vielmehr um einen »Behördenfund«, und für den gelte nicht das allgemeine Fundrecht. Der Finder bekomme natürlich Finderlohn. Da lässt sich der Staat nicht lumpen. Er erwerbe allerdings, bedauerlicherweise, nicht das Eigentum an der Fundsache im Ganzen (Az. 43 O 1224/04).

Was meinen Sie – ob dieser Mann einen Fund noch einmal ehrlich melden würde? Das Landgericht Aachen hatte es ebenfalls mit einem ehrlichen Finder zu tun, der allerdings einen wirklich ziemlich großen Fund getätigt hatte und dafür entsprechend üppigen Finderlohn erwartete: Es handelte sich um einen dicken, gelben Radlader. Der war erst kurz zuvor gestohlen worden, dann zwei Kilometer über Landstraßen gefahren, hatte eine Brücke gerammt und eine Wiese durchpflügt, bis er in einem Fluss versank. Mit all diesen Abenteuern des kleinen Baggers hatte das Gericht sich ausführlich zu befassen, denn der Eigentümer, ein Bauunternehmer, weigerte sich, Finderlohn zu zahlen. Sein Argument: Bei diesen Spuren hätte er seinen Lader leicht auch selbst wiederfinden können. Das sah das Gericht zwar anders, aber auch dieser ehrliche Finder schaute letztlich in die Röhre: Der abgesoffene Radlader hatte nämlich Totalschaden erlitten und war nur noch 455 DM wert. 5 Prozent Finderlohn gemäß § 971 BGB, das machte damals 22,75 DM, also um die 11 Euro (Az. 7 S 264/88).

Die Freude eines Münchners über den Fund eines iPhones hielt sich übrigens in Grenzen. Er hatte es im Graben aufgelesen, im Fundbüro abgeliefert, sechs Monate brav gewartet, ob sich auch keiner meldete, und es dann sein Eigen nennen dürfen. Als er allerdings Apple vor dem Amtsgericht München zwingen wollte, ihm den PIN-Code zu entsperren, erläuterte ihm der Richter: Er habe das Eigentum lediglich genau an der Sache erworben, die er gefunden hat: einem gesperrten Mobiltelefon (Az. 213 C 7386/17).

Tja – »Es gilt zu erkennen, dass die einzige Belohnung des Lebens darin beschlossen liegt, es tapfer gelebt und tapfer die Aufgabe erfüllt zu haben, die es einem jeden stellt«, sagt Emile Zola.

GARTENZWERGE

Mercedesstern der deutschen Leitkultur

Wie »deutsch« sind Sie? Ich meine das ganz wertneutral, Sie können also ehrlich antworten. Machen wir einen simplen Test und werfen einen Blick in Ihren Garten: eine Regentonne, Rasen, an einigen Stellen Löwenzahn. Aber halt, was ist das denn? Ein kleiner Kerl, dreißig Zentimeter hoch, Latzhose, Laterne, Hipsterbart – rote Zipfelmütze. Ach, erzählen Sie mir doch nichts, das ist doch nicht der Weihnachtsmann. Ich weiß gar nicht, ob es irgendwo sonst auf der Welt Gartenzwerge gibt, jedenfalls in solcher Dichte? Es ist allerdings durchaus nicht so, dass etwas, was möglicherweise

»typisch deutsch« ist, auch unter uns Deutschen als unumstritten gelten darf. Das geht wohl schon allein deshalb nicht, weil manche Deutsche ja das Streiten als typischen Bestandteil unserer »Leitkultur« betreiben.

Und so wird natürlich vor deutschen Gerichten auch bis zur letzten Instanz um Gartenzwerge gestritten. Und was sagt sie dazu, die letzte Instanz, gegebenenfalls der Bundesgerichtshof? Die müssen es ja wirklich wissen, haben ja selbst rote Mützen auf. Die sagen: Selbst wenn man die Biester abgrundtief spießig findet, der Nachbar hat ein Recht auf seine verdammten Gartenzwerge, denn »nicht jeder hässliche Anblick begründet zugleich einen Beseitigungsanspruch«. So sehen es die obersten Richter (Az. V ZR 83/73).

Allerdings, in besonders krassen Ausnahmefällen, da kann eventuell ein Unterlassungsanspruch gegen Gartenzwerge bestehen – auch das sagt der Bundesgerichtshof (Az. V ZR 83/73). Über solch einen Fall hatte das Amtsgericht Grünstadt zu entscheiden. Da waren sich zwei Nachbarn nämlich ganz und gar nicht grün, und als der eine von beiden dann auch noch eine Armee von lackierten Terrakottagnomen an der Grundstücksfront aufmarschieren ließ, ging dem anderen die Zipfelmütze hoch. Die kniehohen Bürschlein hatten es allerdings auch wirklich faustdick unter der Kapuze. Ein Dutzend der Jungs streckte dem Nachbarn dreist die Zunge heraus. Einer schob sich demonstrativ den Finger in den Hals, ein anderer zeigte seinen nackten … nun ja, er hatte die Hosen jedenfalls ganz runter bis auf die kleinen Stiefel. Der Gipfel dieser Zipfel war allerdings jenes Bürschlein, das rotzfrech den ausgestreckten Mittelfinger gen Himmel reckte. »Freiheit der Kunst«, argumentierte der Herr der Zwerge vor dem Amtsrichter in Grünstadt. Doch der war scheinbar ein Kleingeist und hielt die kleinen Geister für eine rohe Beleidigung. Diese versauten Winzlinge, das seien »tönerne Stellvertreter« und deren Gesten seien damit dem Zwergenvater persönlich zuzurechnen, ganz so, als hätte er den Finger höchstselbst erhoben. Entsprechend wurde er zur Unterlassung verurteilt und musste die Kerlchen zurück ins Bergwerk schicken – oder wo sonst er sie auch immer herhatte (Az. 2a C 334/93).

Ganz ähnlich begann es mit einem nachbarhassenden Zwerg (oder andersherum?) vor dem Amtsgericht Elze. Auch dieser kleine Geselle hatte sich an der Grundstücksgrenze positioniert. Auch er zeigte unverkennbar den Mittelfinger. Auch hier fühlte der Nachbar sich direkt angesprochen und zog erzürnt vor Gericht. Der Amtsrichter besuchte daraufhin den kleinen Gartenwächter – und stellte Kurioses fest. Um des Zwerges winziges Stinkefingerchen war ein winziges Tüchlein gewickelt und damit fand sich ein klitzekleines Blümchen befestigt. Nett? Sicher nicht. Der beleidigte Nachbar begriff durchaus, was der Hartbrandwichtel ihm mit seiner kleinen Geste in Wahrheit mitteilen wollte. Weil er es aber eben »durch die Blume« sagte, sah das Gericht keine direkte Beleidigung und somit auch keinen Unterlassungsanspruch. Höflichkeit siegt eben, auch im Kleinen (Az. 4 C 210/99). Ob das Gericht sich nach der Beweisaufnahme schlappgelacht hat, ist nicht bekannt.

GEBOT DER RÜCKSICHTNAHME

Die pure Essenz der Gerechtigkeit und anderer juristischer Unsinn

Im Advent, zum Jahresende und am Jahresanfang, in jener Zeitlosigkeit »zwischen den Jahren«, wenn der Aufbruch in zwölf unbekannte, frische, jungfräuliche Monate ansteht, da sind die Menschen besonders empfänglich für höhere Werte und tiefere Gedanken. Für Philosophisches, für Visionäres. Manche fühlen sich auch das restliche Jahr über durchaus zu dergleichen berufen und es wird Sie hoffentlich nicht überraschen, dass insbesondere wir Juristen emsig dazu unseren Beitrag leisten. Um das zu belegen, möchte ich Ihnen einmal ein besonderes »Schmankerl« aus dem Handwerkskoffer des Rechts vorstellen, bei dem schon die Bezeichnung einen ehrfürchtig erschauern lässt: »das Gebot der Rücksichtnahme«. Das klingt doch nach der puren Essenz von Gerechtigkeit, nicht wahr? Natürlich muss dieses sperrige Wortkonstrukt irgendwie in der alltäglichen Rechtspraxis untergebracht werden und deshalb ist das Erste, was ein Jurist gern tut, eine schicke Abkürzung zu erfinden. Wir nennen es »GdR«.

Aber nun einmal Butter bei die Fische, wie funktioniert das denn eigentlich, mit diesem Rücksichtsnahmegedöns? Hören wir uns dazu den Verwaltungsgerichtshof Baden-Württemberg an. Da hatte jemand eine riesige Wiese. Und einen Nachbarn mit einem Haus und einer Terrasse. Dummerweise hasste der Wiesenmensch den Terrassenmenschen und gönnte ihm die kostenfreie Aussicht nicht – auf seine Wiese. Sollte der sich doch einen eigenen Rasen anschaffen. Missgunst nennt man das. Schlimmer noch als Neid, weil im negativen Sinne »uneigennützig«. Der Wiesenmensch also beantragte die Errichtung eines Schuppens. Nicht dass er einen gebraucht hätte, aber der ist halt ein echter »Blickfang«. Und diesen Schuppen plante er nicht etwa irgendwo auf seiner Wiese, sondern natürlich genau vor der Terrasse des Nachbarn. Und was sagten die Richter dazu? Es sei rechtswidrig, die Errichtung eines 12 Meter langen und 5 Meter hohen Schuppens exakt vor dem Wohnbereich des Nachbarn zu genehmigen, wenn der Bauherr damit nichts anderes bezweckt, als seinen Nachbarn zu piesacken. Das sei schikanös und rücksichtslos und verstoße damit gegen, jetzt kommt's, das Gebot der Rücksichtnahme (Az. 8 S 98/08)!

Finden Sie die Menschlichkeit und Weitsicht des Gerichts nicht erstaunlich? Besonders häufig begegnet uns in Juristenkreisen (und noch häufiger Ihnen als Rechtsanwendern) die Rücksicht übrigens an einem Ort, wo man sie gar nicht erwartet hätte: auf dem Supermarktparkplatz. Da gab es zum Beispiel diesen fast schon typischen Fall mit den zwei Einkäufern in Saarbrücken. Mitten auf dem Parkplatz befand sich eine Kreuzung. Der eine kam von rechts und fühlte sich auch so. Der andere dachte an was ganz anderes. Schon krachte es. Und jetzt? »Rechts vor links!«, schrie der Erste. Aber die Richter schrien zurück: »Allgemeines Rücksichtnahmegebot, § 1 StVO!« Auf einem privaten

Parkplatz gelten nämlich nicht automatisch die üblichen Vorfahrtsregeln. Das ist vielmehr nur dann der Fall, wenn es ein sehr großer Parkplatz mit typischem Straßenbild ist. Also Fahrbahnmarkierungen, Schildern und allem Schnickschnack. Wenn solch eitler Tand und Verzierungen aber fehlen, müssen alle Einkäufer jederzeit mit allem rechnen und sorgfältig aufeinander achten. Rücksichtnahmegebot eben. Und deshalb gehen die meisten Unfälle auf Parkplätzen vor Gericht 50 : 50 aus, der in Saarbrücken übrigens auch (Az. 13 S 132/14).

Eigentlich ein schöner Gedanke – eine Welt, in der alle immer aufeinander aufpassen, oder? Da wünscht man sich fast, das ganze Land wäre ein Supermarktparkplatz.

GEFÄLLIGKEIT

Sie rächt sich immer …

Mein Vater war ein unheimlich hilfsbereiter Mensch. Aber naiv war er dabei ganz bestimmt nicht. Wenn er einem daher einmal wieder selbstlos und aufopferungsvoll geholfen hatte, was bisweilen nicht ohne Reibungsverluste vonstattenging, in Form diverser körperlicher Blessuren, einschließlich eines ganzen und eines weiteren halben Fingers, pflegte er schmunzelnd zu sagen: »Jede Gefälligkeit rächt sich.« Deshalb konnte er seinen Enkeln mit seinen Fingern auch nur beibringen, bis achteinhalb zu zählen.

Hätte das Oberlandesgericht Koblenz seinen Spruch mit den sich rächenden Gefälligkeiten gehört, hätten sie ihn vermutlich korrigiert: »Nur manche!« Dieser Rechtsauffassung liegt folgender Fall zugrunde. Da waren diese zwei netten Nachbarn. Der eine fuhr in den Urlaub und der andere bot an, solange den Garten zu gießen. Wie gute Nachbarn das eben so machen. Dummerweise vergaß der freundliche Helfer, über Nacht den Schlauch abzudrehen. Der Keller des Urlaubers lief komplett voll – 11 700 Euro Schaden. Den zahlte zum Glück die Gebäudeversicherung. Die von der Versicherung wollten allerdings sodann im Anschluss den feucht-schusseligen Heinzelmann-Nachbarn in Regress nehmen und verklagten ihn. Das Landgericht Koblenz gab der Versicherung sogar zunächst recht. Das Oberlandesgericht Koblenz jedoch kassierte das Urteil wieder. Den Keller volllaufen lassen? Das kann doch jedem mal passieren. Da sei auf alle Fälle »mittlere Fahrlässigkeit« im Spiel gewesen. Das jedoch spielt beim »guten Nachbarn« keine Rolle. In Fällen von Gefälligkeit haftet man nämlich nur für *grobe* Fahrlässigkeit oder Vorsatz. Einfache oder mittlere Fahrlässigkeit werden als misslungene Gutmütigkeit vom Gesetz großmütig verziehen (Az. 3 U 1468/14).

Das nachbarschaftliche Einvernehmen dürfte trotzdem arg gelitten haben. Das gilt übrigens auch, wenn Profis einem einmal einen Gefallen tun. Das Oberlandesgericht Celle hatte über Schuld und Sühne eines gefälligen Dachdeckers zu befinden, der bei einem netten Ehepaar Solarmodule auf dem Haus montierte. Es blieb ungeklärt, ob es der Mann oder die Frau war – einer von beiden jedenfalls lobte den fleißigen Handwerker, weil er gar so geschickt hantierte. Die zuckersüßen Komplimente waren freilich nicht frei von Hintergedanken. Man überredete den geschickten Handwerker, doch nebenbei schnell mal ein Waschbecken am Haus hinzuschrauben. Der Dachdecker fühlte sich geschmeichelt und tat dem Ehepaar den Gefallen. Doch auch hier höre ich meinen Vater flüstern: »Jede Gefälligkeit rächt sich!« Das Waschbecken nämlich ging natürlich prompt kaputt. Und das Ehepaar war plötzlich gar nicht mehr so zuckersüß. Sie verlangten, das kaputte Waschbecken zu ersetzen, auf Heller und Pfennig. Das Landgericht Verden gab ihnen zunächst auch recht, doch wiederum zeigte sich ein Oberlandesgericht gefällig und trat das Urteil in die Tonne. Die Sache mit dem Waschbecken, die hatte doch genau genommen mit den Solarmodulen auf dem Dach absolut nichts zu tun, oder? Also war das doch eine reine Gefälligkeit. Und deshalb gilt auch hier die altbewährte Regel: Haftung für misslungene Gefallen gibt's nur bei Vorsatz oder grober Fahrlässigkeit. Und weil er so ein Netter war, konnte man beides dem Handwerker natürlich nicht nachsagen (Az. 5 U 168/13).

Das Finanzgericht Hamburg hatte über eine ganz spezielle Gefälligkeit zu befinden. Ein Mann hatte seine Freundin zu einer Kreuzfahrt im Wert von sage und schreibe 500 000 Euro eingeladen. Das Finanzamt verlangte dafür von der Dame Schenkungssteuer. Doch die Finanzrichter und Richter stellten fest: Die Zuwendung sei daran geknüpft gewesen, den Kläger zu begleiten. Die Mitnahme auf die Kreuzfahrt sei im Ergebnis nur als Gefälligkeit zu beurteilen. Solo hätte die Dame diese Reise wohl gar nicht unternommen, allein schon angesichts der Kosten. Und damit war die Sause steuerfrei (Az. 3 K 77/17)!

Man könnte also ergänzen: Zwar rächt sich vielleicht jede Gefälligkeit. Rache ist aber manchmal ziemlich süß.

GETACKERT UND GEFALTET

Beim Zeugnisfalten kann einen der Chef noch einmal richtig tackern

Zeugnisse gibt's nicht nur in der Schule. Mindestens ebenso bedeutsam können diese auf den ersten Blick so unscheinbaren und meist überaus höflich formulierten Zettel im Arbeitsleben werden. Und da lohnt in jedem Fall ein genauerer Blick. So soll folgende Formulierung in einem Arbeitszeugnis angeblich zum Beispiel einen Busengrapscher entlarven: »Für die Belange der Belegschaft bewies er immer Einfühlungsvermögen.« Was für ein Widerling – den stellt garantiert keiner mehr ein. Deshalb sind solche »Geheimcodes« gemäß § 113 GewO eigentlich streng verboten. Aber es bedarf gar nicht unbedingt besonders findig formulierter Boshaftigkeiten, wenn der alte Arbeitgeber dem zukünftigen Chef einen »Wink« geben möchte, dass sich hier ein Ex-Mitarbeiter bewirbt, den garantiert niemand vermissen wird. So mancher Arbeitnehmer, der mit einer glatten »Eins« im Zeugnis die alte Firma verlässt, ist deshalb trotzdem alles andere als »stets voll zufrieden«, weil das Zeugnis, anders als die darin abgedruckten Noten, eben gar nicht so »glatt« ist. Und das im wahrsten Sinne des Wortes.

Da hatte ein eigentlich eher fragwürdiger Arbeitnehmer zum Beispiel seinen Chef anwaltlich gezwungen, ihm beim Weggang ein Spitzenzeugnis allererster Kajüte auszustellen. Zähneknirschend fügte sich der Chef. Allerdings faltete er das Dokument hingebungsvoll, einmal längs und einmal quer – mit messerscharfer Kante. Das Arbeitsgericht und das Landesarbeitsgericht wollten den Arbeitgeber zwingen, ein sauberes, ungeknicktes Zeugnis zu erteilen. Doch das Bundesarbeitsgericht entschied in letzter Instanz: Es steht nirgends im Gesetz geschrieben, dass so ein Zeugnis nicht in ein Briefkuvert gefaltet werden darf (Az. 9 AZR 893/98).

Was es dann freilich noch wert ist, steht auf einem anderen Blatt. Nachtragende Chefs können in solchen Fragen ja erstaunlich erfinderisch sein. Vor dem Landesarbeitsgericht Rheinland-Pfalz hatte ein Arbeitnehmer seinen Ex-Chef verklagt, weil der ihm zwar ebenfalls ein Zeugnis mit einwandfreiem Inhalt ausgestellt hatte. Dann allerdings hatte er es aggressiv getackert. Das Dokument sah aus, als sei es unter die Wölfe gekommen. Trotzdem half das Gericht dem solcherart gedemütigten Arbeitnehmer nicht ab. Wichtig sei allein, dass man das Zeugnis gut kopieren könne. Da stören Tackerlöcher doch nicht, befanden die Arbeitsrichter (Az. 5 Sa 314/17).

Eindeutig übertrieben hatte es ein ehemaliger Arbeitgeber allerdings, der sich vor dem Arbeitsgericht Hamm zu verantworten hatte. Auch dieser hatte seinem Ex-Mitarbeiter ein großartiges Zeugnis ausgestellt, dieses sodann aber mit einer absichtlich krakeligen Kinderschrift unterzeichnet und das auch noch von oben nach unten, statt von links nach rechts. Hier kämen ernstliche Zweifel an der Echtheit der Unterschrift auf, befanden die Richter und drohten dem Chef 1000 Euro Zwangsgeld an, falls er sich nicht um eine ernst zu nehmende Signatur bemühen wollte (Az. 4 Ta 118/16).

Sollte Ihnen Ihr Chef übrigens eine »gesellige Art« im Zeugnis attestieren, dann hält er Sie für eine Schnapsdrossel. Dann doch lieber gefaltet, getackert und mit Kinderunterschrift.

GUTE SITTEN

Porno als eher konservatives Geschäftsmodell

Ich bin ein hoffnungsloser Fall. Ich gestehe, dass ich Frauen reflexhaft die Tür aufhalte und in den Mantel helfe, obwohl das heute manchmal zu Recht als übergriffig empfunden werden könnte. Dass ich meistens auch bei E-Mails an den Anfang eine freundliche Anrede stelle, kann mir allerdings wirklich keiner krummnehmen. Für meine bisweilen antiquierten Verhaltensformen gibt es übrigens eine gute Entschuldigung, zumindest aber eine plausible Erklärung. Ich bin Jurist. Wir Juristen sind geradezu besessen von den »guten Sitten«. Wir haben dafür sogar eine schicke Definition erfunden: »das Anstandsgefühl aller billig und gerecht Denkenden«. Und wir verwenden natürlich auch einen Sitten-Paragrafen, den § 138 BGB: »Ein Rechtsgeschäft, das gegen die guten Sitten verstößt, ist nichtig.«

Die Frage ist nur: Wo ist hier eigentlich die Grenze? Da fragen wir am besten den Bundesgerichtshof, das tun wir Juristen meistens, wenn wir nicht mehr weiterwissen. Und der Bundesgerichtshof erzählt uns dazu folgende weise Geschichte: Zwei Jugendbanden hatten sich zu einer Schlägerei verabredet. Ein Beteiligter verbrachte danach mehrere Tage auf der Intensivstation. Drei der übelsten Schläger wurden wegen Körperverletzung zu Jugendstrafen verurteilt. Sie wehrten sich gegen die Urteile mit dem Hinweis, dass die Opfer doch ausdrücklich eingewilligt hätten. Der Deal lautete sinngemäß: »Jeder, der hier mitmacht, kriegt garantiert was auf die Fr…«

Doch der Bundesgerichtshof urteilte: Die Einwilligung in die eigene Verletzung bei einer verabredeten Massenschlägerei, also das ist so was von sittenwidrig! Und was bedeutet das? Nie wieder Eishockey? Keine Boxkämpfe mehr? Schluss mit Fußball? Aber nein, beruhigt uns da der Bundesgerichtshof – sportliche Wettkämpfe sind von den guten Sitten in Sachen rohe körperliche Gewalt natürlich ausdrücklich ausgenommen (Az. 1 StR 585/12).

Auch das Sozialgericht Darmstadt musste sich mit den guten Sitten befassen. Ein (wie es seinerzeit noch genannt wurde) »Hartz-IV-Empfänger« beantragte beim Jobcenter eine Förderung zur Gründung eines Internet-Erotik-Senders. Eigentlich lobenswert: raus aus der Abhängigkeit vom Staat, rein ins freie Unternehmertum. Porno ist ja eigentlich ein eher konservatives Geschäftsmodell. Drei Viertel aller Internetaktivitäten beschäftigen sich immerhin mit Erotik – der gefühlte Rest mit Katzen. Trotzdem wurde dem Mann vom Sozialgericht die Förderung versagt. Zwar sei Erotik im Netz nicht direkt illegal. Allerdings verstoße es gegen die guten Sitten, wenn eine deutsche Behörde derlei Schweinkram fördere. Der zugrunde liegende Verwaltungsakt wäre ebenfalls hoffnungslos sittenwidrig, reinste Pornografie quasi, und dürfe daher keinesfalls aus dem Amtsdrucker entlassen werden. Haben Sie gerade bei Verwaltungs-Akt gekichert? Echt jetzt (Az. S 17 AS 416/10)?

Als wesentlich liberaler lernte eine Schnapsbrennerei das Bundespatentgericht kennen. Es ging um die Frage, ob auf einer Schnapsflasche der Aufdruck »Ficken« (ja, Sie lesen richtig, jetzt dürfen Sie meinetwegen kichern) gegen die guten Sitten verstößt. Aber nicht doch, befanden die Richter. Das Wort sei doch reinste Poesie und stehe ja auch gänzlich unverdächtig im Duden. Sodann zeigten sich die Juristen als kulturbegeistert und zitierten im Urteil Beispiele aus der Hochliteratur: Mark Ravenhills *Shoppen & Ficken*, Werner Schwabs *Mesalliance aber wir ficken uns prächtig*, Denis Fischers *Ficken vor der Kamera*, außerdem *Fickende Fische* von Almut Getto. Und *Engel fickt man nicht* natürlich, von M. Heidenreich (Az. 26 W (pat) 116/10).

Wenn's um Kunst geht, oder Schnaps, ist es halt nicht weit her mit den guten Sitten.

HALLOWEEN

Das Verwaltungsgericht Mainz und die blutende, gekreuzigte Frau

Allerheiligen, oder *solemnitas omnium sanctorum*, wurde im Kalender der frühen christlichen Kirche eingeführt, weil es bei all den verehrungswürdigen Gestalten zunehmend schwerfiel, jeder und jedem ein eigenes Datum zu verpassen. Was das Fest »Halloween« betrifft, ist es wiederum kein Zufall, dass dieses am Vorabend von Allerheiligen gefeiert wird, denn es ist nichts anderes als die irisch-katholische Bezeichnung des *All Hallows' Eve*, dem »Abend vor Allerheiligen« eben. Schon die irisch-katholische Obrigkeit war allerdings nicht besonders erfreut darüber, dass sich speziell in jener Nacht traditionell einige durchaus dubiose Bräuche aus heidnischer Vorzeit bewahrt hatten, die schwerpunktmäßig mit diversen Formen groben Unfugs und abscheulichem Mummenschanz einhergingen. So richtig wild wurde es aber erst, als Iren in großer Zahl in die USA auswanderten und ihre Halloween-Traditionen mitbrachten. Das wilde Treiben in schräger Kostümierung stieß in den USA auf wohlwollendes Interesse. Und was passiert, wenn sich Amerika für eine Sache so richtig begeistert, muss ich Ihnen nicht erzählen. Inzwischen hat auch bei uns das »Süßes oder Saures«-Fest mit gruseliger Verkleidung nicht nur *solemnitas omnium sanctorum*, sondern auch den heimischen Fasching in Sachen Beliebtheit klar verdrängt. So ungefähr, wie der asiatische Marienkäfer zunehmend Oberhand über die einheimischen Marienkäferarten gewinnt. Ist ja klar, der hat einfach mehr Punkte. Den närrischen Beliebtheitswettbewerb gewonnen hat Halloween jedenfalls längst, was die Umsatzzahlen des Einzelhandels anbelangt, weil am Ende eben auch hier quasi die Punkte zählen.

Unsere heimischen Gerichte sind schaurige Gestalten zum Glück gewöhnt und geben ihnen ohne Zögern teils Süßes, teils Saures. Das

Verwaltungsgericht Mainz zum Beispiel hatte es mit einem fachgerecht geöffneten männlichen Leichnam und einer blutenden, mit Nägeln gekreuzigten Frau zu tun. Eine erschütterte Dame hatte die Polizei auf das thanatophile Spektakel aufmerksam gemacht. Diese äußerst realistischen, großflächigen Bilder nämlich zierten ein in ihrer Nachbarschaft geparktes Auto und raubten ihr den Schlaf. Die Polizei kassierte den bunten Wagen daraufhin sicherheitshalber ein. Dagegen wehrte sich der Eigentümer vor Gericht: Er sei ein großer Halloween-Fan und im Fernsehen sähe man ja wohl tagtäglich Schlimmeres. Das Gericht jedoch entschied, dass er sein Auto nur zurückbekäme, wenn er die Scheußlichkeiten entfernt. Das seien nämlich nichts anderes als verbotene Gewaltdarstellungen gemäß § 131 StGB und eine Beschimpfung des christlichen Glaubensbekenntnisses obendrein. Zudem gefährdeten die Bilder die öffentliche Ordnung. So was geht ja wohl gar nicht (Az. 1 L 964/05.MZ).

Eigentlich gar nicht besonders gruselig trat ein Gast bei einer Halloween-Fete im Universitätsgebäude in Mainz auf. Genau genommen war er nicht einmal richtig als Dieb verkleidet, sondern er war vielmehr ein echter Dieb, der nämlich eine Bierflasche aus einem Kühlschrank mopste und sich damit heimlich verdrücken wollte. Ein wachsamer Student beobachtete den Schurken und wollte ihn stellen. So kam es zu einer wilden Verfolgungsjagd quer durch die Uni, die mit einer zerbrochenen Bierflasche und einer zerschnittenen Hand des Verfolgers endete. Der wollte das Ganze nun als Arbeitsunfall geltend machen, doch das Sozialgericht Mainz gab ihm Saures: eine Halloween-Feier? Das sei ja nun wirklich keine »Arbeit«. In Wahrheit habe er doch auch gar nicht den Dieb stellen, sondern nur das Bier retten wollen (Az. S 14 U 45/17).

Gerade im traditionell sehr katholischen Bayern hat man lange versucht, dem Halloween-Unwesen Einhalt zu gebieten. 2008 hatte ein Verein in München »zufällig« genau am Abend vor Allerheiligen eine »geschlossene Infoveranstaltung für Mitglieder« angekündigt. Allerdings durfte jeder dahergelaufene Gast für 8 Euro mit sofortiger Wirkung »Mitglied« des Vereins werden. Die Behörden der Landeshauptstadt sind natürlich nicht blöd und witterten sofort eine illegale Halloween-Sause. Sie untersagten die Veranstaltung konsequent ab Mitternacht, da sie § 3 des Bayerischen Feiertagsgesetzes widerspreche, der Allerheiligen als »stillen Feiertag« besonders schützt. Doch das Bayerische Verwaltungsgericht hatte »Süßes« in der Urteilstüte: Das Verbot sei unverhältnismäßig. Man hätte auch mildere Mittel prüfen können, beispielsweise Auflagen zur Lautstärke (Az. M 18 K 08.5647).

HÄUFCHEN

Fäkal kontaminierte Wiesen sind kein Gaumenschmaus für Kühe

Es gibt Zeiten im Leben, da muss man sich den knallharten Realitäten stellen. Wir Juristen wissen nur allzu gut: Die Erforschung der Wahrheit ist bisweilen ein ekliges Unterfangen. Heute kann ich auch Sie nicht verschonen, denn es ist an der Zeit, sich einmal der rechtlichen Dimension eines zugegebenermaßen olfaktorisch herausfordernden Themas zu widmen: Häufchen. Sie wissen schon, diese eng ineinander verschlungenen Verdauungsspuren unserer beliebtesten Haustiere. Aber der arg strapazierte Sinnspruch, alles habe auch seine gute Seite, lässt sich, ob Sie es glauben oder nicht, sogar auf die Hinterlassenschaften von Milo und Balu (angeblich die beliebtesten Hundenamen 2024, somit statistisch höchster Häufchenausstoß) anwenden.

Das Amtsgericht Neu-Ulm lehrte uns 2008 in diesem Zusammenhang, wie man in Neu-Ulm und um Neu-Ulm herum – wie soll ich es formulieren – eben aus Scheiße Geld macht. 500 Euro konkret im folgenden Fall: Da hatte sich ein Landwirt aus dem südlichen Landkreis Neu-Ulm klageweise an den Richter gewandt. Der Bauer fand Tag für Tag auf seiner Wiese Hundekacke. Der sie verursachende Hund konnte freilich nichts dafür, der muss halt und tut's dort, wo man ihn hinführt. Aber Herrchen war sehr uneinsichtig, als man ihn bat, dem Druck seines Vierbeiners doch andernorts Abhilfe zu verschaffen. Der Bauer mähte daraufhin seine fäkal kontaminierte Wiese komplett ab und entsorgte das Gras am Wertstoffhof, denn als Viehfutter sei das verseuchte Kraut eben nicht mehr zu gebrauchen. Das Amtsgericht sprach ihm für den Verlust die besagten 500 Euro als Schadenersatz zu. Wer Darmwind sät, wird Entrüstungsstürme ernten, so ähnlich heißt es schon bei Hosea, Kapitel 8, Vers 7 im Alten Testament (Az. nicht veröffentlicht).

Ein etwas bequemes Herrchen aus Münster bewohnte mit seinem Zamperl ein Mietshaus. Der Vierbeiner hielt es oft gar nicht mehr aus bis draußen und verrichtete deshalb gern seine Notdurft auch schon einmal auf dem Weg nach unten bereits im Treppenhaus. Sie wissen vielleicht, wie infernalisch das stinkt? Die anderen Mieter wussten es auch – und haben wegen des Geruchsterrors ihrem Vermieter die Miete um 20 Prozent gekürzt. Völlig zu Recht, befand das Amtsgericht. Stinkende Häufchen im Treppenhaus? Das sei natürlich ein ganz erheblicher Mietmangel (Az. C 749/94).

Eine wirklich unfassbar eklige Geschichte will ich Ihnen am Schluss nicht vorenthalten. Das Verwaltungsgericht Koblenz bestätigte ein vom Landratsamt verhängtes Tierhaltungsverbot gegenüber einem Mann, der mit einem Rudel Dänischer Doggen auf einem Aussiedlerhof hauste. Das Anwesen und die Gebäude waren, man muss es wohl so drastisch formulieren, komplett zugekackt. Im Wohnhaus bewahrte der Mann den Hundekot sogar in Eimern auf. Darauf angesprochen teilte er mit, das sei nicht nur der Dreck seiner eigenen Hunde, sondern auch der von fremden. Er würde das sammeln, weil es ihn sexuell stimuliere. Weder der Landkreis noch das Verwaltungsgericht fanden diese Argumentation allerdings überzeugend und nahmen ihm deshalb die Tiere weg. Wie der arme Hund jetzt in Stimmung kommt, ist nicht bekannt. Vielleicht durfte er die Eimer ja behalten (Az. 2 K 30/16.KO)?

HOCHZEITEN

Ein Schwarz-Wedding-Planner macht die Vermählung auch nicht billiger

Frühling, die Bienlein summen um die Blümchen, kürzlich habe ich sogar schon entzückende Entenküken gesehen und auch bei uns Menschen besteht zu dieser Jahreszeit angeblich ein deutlich verstärkter Drang … zu heiraten. Mit Kleid und Torte und was halt so dazugehört. Für uns Juristen ein gefundenes Fressen. Also nicht die Torte. Das sind doch nur leere Kohlehydrate. Die Feier meine ich. Immerhin geht es da regelmäßig um Geld, um richtig viel Geld. Und worüber streiten sich die Menschen am liebsten? Genau.

Vor dem Landgericht Nürnberg-Fürth zum Beispiel. Da fuhr ein Brautauto vor. Nein, das stimmt nicht. Es wurde nicht wirklich hingefahren, aber es wurde in der Klageschrift erwähnt. Typischerweise handelt es sich bei diesen Brautautos natürlich nicht um irgendein Alltagsauto, wie es dutzendfach auf einem Baumarktparkplatz herumsteht, sondern um einen seltenen, unendlich wertvollen Oldtimer. So einen hatte der Chef einer Firma sich für seine Hochzeit gemietet, und weil er ein unendlich netter Chef war, hatte er all seine Mitarbeiter zur Feier eingeladen. Wer so einen netten Chef hat, der will sich freilich nicht lumpen lassen. Deshalb hat ein besonders beflissener Angestellter, ganz auf eigene Kosten, ein aufwendiges Blumengesteck organisiert. Selbiges positionierte er auf der Motorhaube des sehr wertvollen Oldtimers. Na ja, und damit die Blumen nicht herunterpurzeln, wenn das Brautpaar losfährt, da hat er sie eben ein bisschen auf der Oldtimermotorhaube befestigt. Mit Doppelklebeband. Den Rest können Sie sich selbst zusammenreimen? Genau: Die Sondernachlackierung mit dem superseltenen Speziallack kostete, es waren noch DM-Zeiten, 8000 Flocken. Und die durfte der unendlich freundliche Mitarbeiter von seinem Lohn berappen, befand das Gericht (Az. 11 S 1241/94).

Weil eine Hochzeitsfeier üblicherweise ungefähr genauso kompliziert zu organisieren ist wie ein G7-Treffen mit den Staatsoberhäuptern der größten Wirtschaftsnationen der Welt, lassen manche Paare die Sache lieber von Profis regeln. »Wedding-Planner« nennen die sich auf Neuhochdeutsch. Und wie es sich für eine ordentliche Hochzeit gehört, sind auch die ziemlich kostspielig. Wen wundert es, dass da gern ein bisschen »gespart« wird, sprich: Der Hochzeitsplaner wird schwarz bezahlt. Vor dem Oberlandesgericht Frankfurt stritten sich zwei Frischvermählte mit ihrem Schwarz-Wedding-Planner, weil der die Sache leider total vermasselt hatte. Das Paar hatte sich dazu entschieden, nur die engste Familie und ein paar Freunde einzuladen. So um die 620 Personen also. Ja glauben Sie, dieser Wedding-Planner hätte das auf die Reihe bekommen? Nein, er hatte doch glatt die Reservierung des Partytempels versemmelt, weshalb der Veranstaltungsort kurzfristig geändert werden musste. Nur 400 Gäste passten jetzt noch rein, 220 bekamen eine Ausladung. Vor Gericht klagten die Honeymooner dann natürlich auch 12 000 Euro Schadenersatz ein – für die entgangenen Geschenke von 220 Gästen. Ja wofür sonst hatte man all diese Leute denn wohl auf die Liste gesetzt? Doch das Gericht wies die Klage ab: jemanden schwarz zu bezahlen, das sei Steuerhinterziehung. Und das zu tun, um quasi professionell Hochzeitsgäste abzukassieren? Das sei doppelt sittenwidrig. Ob die Ehe auf dieser prekären wirtschaftlichen Grundlage gehalten hat, ist mir unbekannt (Az. 19 W 29/11).

Umso mehr freute sich das homosexuelle Ehepaar, das in Köln ein unfreiwilliges Geldgeschenk zur Hochzeit vom Eigentümer einer schicken Villa bekam. Die beiden Jungs wollten in dem schmucken Anwesen eine vornehme Hochzeit ausrichten und kamen zur Besichtigung vorbei. Vor Ort teilte der Eigentümer ihnen dann allerdings überraschend mit, er wolle ihnen das Haus doch lieber nicht vermieten – weil sie schwul seien. Er fühle sich dadurch »in seiner Intimsphäre verletzt«. Das ging dem Paar allerdings genauso, außerdem sahen sie sich darüber hinaus in § 19 des Allgemeinen-Gleichbehandlungs-Gesetzes (AGG) verletzt (unzulässige Benachteiligung wegen der sexuellen Identität). Das sah das Landgericht Köln genauso und verdonnerte den homophoben Snob zu einem Hochzeitsgeschenk an die beiden nach § 21 AGG in Höhe von 1700 Euro (Az. 10 S 137/14). Herzlichen Glückwunsch und viele schöne gemeinsame Jahre!

HOSEN

Markantes Zeichen exklusiver männlicher Dominanz

Wenn man nachliest, was der Spruch »daheim die Hosen anhaben« bedeutet, heißt es: »als Frau zu Hause das Sagen haben«. Da zieht einem doch glatt ein geistiges Nudelholz vor dem inneren Auge vorbei. Der Spruch kommt freilich aus einer Zeit, in der sich die Männerwelt noch weitestgehend unwidersprochen einbildete, Frauen hätten daheim im Küchenkittel oder mit Sonntagskleid in der Kirche ihren Platz. Und sonst bitte nirgends. Junge Frauen, zwecks Fleischbeschau, vielleicht ausnahmsweise miniberockt im »Bureau«. Die Hose hingegen war ein Machtsymbol, ein Zeichen exklusiver männlicher Dominanz. Entsprechend löste es einen geradezu lächerlichen Skandal aus, als am 14. Oktober 1970 die SPD-Bundestagsabgeordnete Lenelotte von Bothmer sich »erdreistete«, im Hosenanzug ans Rednerpult des Deutschen Bundestags in Bonn zu treten. Wäre sie nur nackt gewesen, hätte es garantiert viel weniger Tumult gegeben. Heute trägt jede Frau Hosen, wann immer sie ihr bequem erscheinen. Es kommt auch vor, dass Männer einmal einen Rock anziehen, nicht nur in den schottischen Highlands. Von Gleichberechtigung sind wir allerdings nach wie vor meilenweit entfernt.

Auch in der Justiz kommt es immer wieder einmal darauf an, wer die Hosen anhat. Vor dem Amtsgericht München zum Beispiel musste sich ein junger Kerl verantworten, der zwar durchaus Hosen anhatte, aber er behauptete, es wären gar nicht seine. Auffällig geworden war er in einer Diskothek. Dort hatte der Türsteher 0,54 Gramm Amphetamin sowie eine Ecstasy-Tablette in seiner Hosentasche gefunden und die Polizei gerufen. Vor Gericht fabulierte der Mann dann eine wilde Story: Er sei nachts bei dieser Party gewesen, wo alle Gäste spontan die Hosen ausgezogen, Alkohol konsumiert und Sex miteinander gehabt hätten. Danach habe er sich dann wahllos irgendeine Hose gegriffen und sei selbst ganz überrascht gewesen, dass da diese Drogen in der Tasche waren. Die Richterin glaubte ihm kein Wort. Das sei doch eine reine Schutzbehauptung. Deine Hose – deine Drogen! Weil der Bursche aber abgesehen von der »schmutzigen« Hose eine weiße Weste hatte, kam er mit 40 Tagessätzen à 40 Euro noch ziemlich glimpflich davon (Az. 1111 Cs 365 Js 125197/20).

Bleiben wir in München. Die Hose hat auch in der Schwangerschaft für viele Frauen eine gewisse Befreiung gebracht. Statt der bisweilen eher uneleganten »Umstandskleider« gibt es praktische Schwangerschaftshosen mit »Tunnelzug«. Genau so eine hatte sich eine Dame im neunten Monat »für die letzten Wochen« gekauft. Doch als sie das Ding zu Hause anzog, rutschte es ihr glatt herunter. Das war ja wohl eher ein Zirkuszelt! Das Umstandsmodengeschäft wollte ihr den Kaufpreis trotzdem nicht zurückerstatten und so landete die elefantöse Hose vor Gericht. Leider musste die Dame sie behalten, obwohl sie das Teil – einige Monate später – sicher nicht mehr brauchen konnte. Ein Umtauschrecht hätte sie nur gehabt, wenn man ihr im Laden die »Rutschfreiheit« garantiert hätte. Und das konnte sie (das Baby war als Zeuge noch ungeeignet) natürlich nicht beweisen. Ansonsten kannte sich der Richter in der Materie wohl ziemlich gut aus. Er erläuterte, dass man Sitzfestigkeit bei Schwangerschaftshosen ja nie wirklich gewährleisten könne, weil ganz einfach jeder Babybauch anders ausfalle (Az. 155 C 16176/11).

Im wahrsten Sinne in die Hose gegangen ist auch eine Klage eines ALG-II-Empfängers. Der hatte zwei Pflichttermine der ARGE zum Thema Hartz IV (was heute Bürgergeld heißt) geschwänzt und nun wurden zur Strafe seine Bezüge für drei Monate gekürzt. Vor dem Sozialgericht Koblenz argumentierte der Mann, das sei total unfair und völlig ungerechtfertigt. Er habe ja wirklich gute Gründe dafür gehabt, nicht zu den Terminen zu erscheinen! Es sei nämlich so gewesen: Der Reißverschluss seiner einzigen Hose sei damals defekt gewesen und er habe wohl kaum mit offenem Hosenstall zu solch wichtigen Terminen erscheinen können, oder? Doch, schon, befand das Gericht. Er hätte ja ein langes Hemd darüber tragen können (Az. S 11 AS 317/05).

Vergessen wir am Ende den großen Karl Lagerfeld nicht: »Wer eine Jogginghose trägt, hat die Kontrolle über sein Leben verloren.«

HUNDE

Bewaffnete Vierbeiner sind verdammt unzuverlässige Begleiter

Wer ist der treueste Freund des Jägers? Nein, nicht der Flachmann. Entgegen solch boshaften Gerüchten gibt es hoffentlich doch wohl auch zahlreiche Waidmänner, die ohne Zielwasser unterwegs sind, oder? An ihrer Seite finden wir stets einen treuen Hund. Natürlich bleibt der beste Freund des Jägers bei aller Vertrautheit eben ein Hund, und wenn man das Vertrauen hier überstrapaziert, kann es zu ernsten Problemen führen. Ich rede jetzt nicht darüber, dass ein Jäger seinem pelzigen Kumpanen beim Streunen durch Wald und Flur nicht sein Herz ausschütten dürfte. Hunde sind gute Zuhörer und widersprechen selten. Kritisch wird es allerdings, wenn ein Jäger dem Hund seine Knarre anvertraut.

Das Verwaltungsgericht München hatte dafür jedenfalls kein Verständnis. Einem Jäger aus Pfaffenhofen wurde deshalb behördlich sogar seine Waffenbesitzkarte entzogen, weshalb er Rat beim Richter suchte. Was genau geschah, blieb bis zuletzt unklar. Herr und Hund waren jedenfalls im Auto unterwegs, als der Hund abdrückte. Ich rede vom Gewehr! Wie, Sie meinen, der hat doch gar keinen Zeigefinger? Das Verwaltungsgericht machte dem Hund deshalb übrigens auch gar keinen Vorwurf. Die teilten vielmehr die Ansicht der Behörde und gaben dem Jäger die ganze Schuld. Der hätte gar keine schussbereite Flinte im Auto mitführen dürfen, dann wäre beim Hund auch der Jagdtrieb nicht durchgegangen. Besonders verhängnisvoll in dem Fall: Der Jäger selbst wurde getroffen. Aber er war offenbar danach noch fit genug, um auf der Jagd nach seiner Waffenbesitzkarte vor Gericht zu ziehen, und wir wollen hoffen, dass die Freundschaft zwischen Mann und Hund keinen Treffer erlitten hat (Az. M 7 K 17.1943).

Üblicherweise läuft es ja sowieso andersherum. Das Verwaltungsgericht in Neustadt zeigte sich insoweit gnädig mit einem Wildschweinjäger. Der war heißen Blutes und in vollem Jagdfieber. Die Flinte in der Hand beobachtete er im Finstern einen Waldweg, über den mehrfach ein pelziges Tier wechselte. Du Sau! Das dachte sich der Jäger – und glaubte auch daran, als er schoss. Dummerweise war es ein nicht angeleinter Hund. Und in diesem Fall nicht mal der eigene. Ein Spaziergänger war arglos gewesen mit seinem Zamperl. Die Richter gingen von einem einmaligen Fehlverhalten aus, das den Jäger im Umgang mit der Waffe nicht zwingend unzuverlässig erscheinen lasse. Der Vorfall würde ihm sicher zukünftig zur Lehre dienen, bei der Jagd besonders vorsichtig zu sein. Seine Waffenbesitzkarte durfte der Jäger ausnahmsweise behalten. Was aus dem Hund geworden ist, weiß ich nicht (Az. 5 K 504/12.NW).

Nun kommt es bisweilen natürlich auch vor, dass der Jagdhund so gut angelernt ist, dass er glaubt, allein jagen zu können. Das Verwaltungsgericht Mainz hatte es mit einem jagenden Rüden zu tun, der seinem Herrn so sehr nacheiferte, dass er es sogar auf Frauen abgesehen hatte. Eine hat er leider gebissen. Trotz eines tierpsychologischen Gutachtens über die schwere Welpenzeit des Beißers wurde der

Hund von den Richtern als »gefährlicher Hund« diffamiert, verbunden mit diversen Auflagen von A wie Anleinpflicht bis M wie Maulkorb (Az. 1 L 825/09.MZ). Ob und inwieweit das Herrchen als gefährlicher Jäger einzustufen war, prüfte das Gericht meiner Kenntnis nach in diesem Fall nicht.

HYGIENE

Der Hygiene-Pranger als Anti-Michelin-Stern

Hygiene ist »die bewusste Vermeidung aller der Gesundheit drohenden Gefahren und die Betätigung gesundheitsmehrender Handlungen«, so definierte es Max Rubner im Jahr 1911. Der musste es wissen, denn er war einer der führenden Hygienekundigen seiner Zeit. Ob er auch blitzsauber war, ist nicht bekannt, immerhin aber war er blitzgescheit – sogar ein Bundesforschungsinstitut hat man deshalb heutzutage nach ihm benannt.

Sauberkeit und Hygiene können übrigens durchaus zwei Paar Schuhe sein, die gern mal verwechselt werden. Zu sauber ist nämlich manchmal regelrecht ungesund. Das war allerdings eher nicht das Problem, mit dem sich das Verwaltungsgericht Karlsruhe herumschlagen musste - im Gegenteil. Folgendes war passiert: Die Stadt Pforzheim hatte beschlossen, ihre Bevölkerung vor besonders ekligen Gaststätten zu warnen. Sie können sich das sicher grob vorstellen, vergammelte Miezekatze in Aspik, Kakerlakenburger in ranzigem Öl … nein, verzeihen Sie, meine Schmuddelfantasie ging gerade mit mir durch. Also, genau wissen wir über den Fall in Wahrheit nur, dass man eine konkrete Hygienewarnung bezüglich einer Gaststätte im Internet veröffentlicht hatte, und die betreffende Gaststätte fand das verständlicherweise nicht besonders werbewirksam und zog vor

Gericht. So ein Ekel-Warnhinweis ist ja quasi das direkte Gegenteil von einem Michelin-Stern. Die Richter bestritten gar nicht, dass das angeprangerte Restaurant eklig war. Dennoch trafen sie eine für uns Kunden sehr pikante Entscheidung: Das Interesse des Wirtes an seinem guten Ruf wiege hier schwerer als das Interesse der Öffentlichkeit, vor ihm gewarnt zu werden. Er durfte deshalb seinen »Anti-Michelin« zurückgeben. Ob er danach aber eine weiße Weste, oder besser gesagt, saubere Schürze hatte, wage ich zu bezweifeln (Az. K 2430/12).

In Münster hatte sich das Amtsgericht ebenfalls mit einem Hygiene-GAU zu befassen. Gerochen hatten es zunächst die Nachbarn. Durch die geschlossene Tür der betreffenden Wohnung drang ein wahrlich abenteuerlicher Duft. Als der Vermieter eine Besichtigung durchführte, verschlug es ihm buchstäblich den Atem. Der tödliche Dunst hatte seinen Ursprung im Bad und in der Küche – aber da musste man erst mal hinkommen. Die gesamte Bude war nämlich knietief zugemüllt. »Messies« nennt man solche Zeitgenossen und der Amtsrichter befand, dass Menschen mit einer dergestalt ausgelebten »Sammelleidenschaft« als Mieter unzumutbar seien. Die fristlose Kündigung ging glatt durch (Az. 3 C 4334/10).

Das Oberlandesgericht Hamm hatte es in Sachen Hygiene nun wiederum nicht mit Messies, sondern mit Knackis zu tun, also den Zwangsbewohnern von Justizvollzugsanstalten. Ein Strafgefangener aus Bochum neigte zu besonderer Reinlichkeit. Er wollte fein riechen und dafür jeden Tag duschen, Knast hin oder her. Pustekuchen, sagte die Gefängnisleitung und das Oberlandesgericht Hamm sah das ähnlich. Zweimal duschen in der Woche, das sei völlig ausreichend, an den anderen Tagen solle der Häftling sich eben gründlich waschen (Az. 1 Vollz (Ws) 529/15).

Zumindest der Hautarzt des Mannes dürfte sich gefreut haben. Dermatologen bestätigen nämlich, dass zu häufiges Duschen zwar reinlich sei, aber überhaupt nicht gesund und daher auch nicht hygienisch. Das würde Max Rubner bestimmt unterschreiben. Sagten das Die Doofen um Oliver Dittrich und Wigald Boning nicht schon im Jahr 1995? »Mief sagt doch über den Charakter gar nichts aus!«

INSEKTEN

Der stachelige Rüssel im Fleisch

Wenn ich im Hochsommer beim Duschen so an mir herunterblicke, offenbaren sich mir drei verschiedene Farben. Zunächst ein sattes Braun, das der Gartenarbeit und dem Herumlungern im Freibad geschuldet ist. Weiter ein jungfräuliches Weiß an jenen Stellen meines Körpers, die ich weder im Garten noch im Freibad herzeige. Und dann sind da diese roten Punkte. Deren Urheber werden mit unterschiedlichen Namen gerufen. Mücke, Schnake, Stanze – doch sie machen immer dasselbe abscheulich hochfrequente Geräusch, bevor sie uns ihren stacheligen Rüssel ins Fleisch rammen und unser warmes Blut abzapfen. Auch allerlei anderes stechendes Getier behelligt uns an diesen neuerdings stets heißesten Sommertagen seit Beginn der Wetteraufzeichnung in den Biergärten und auf den Liegewiesen und brandmarkt uns mit juckenden Entzündungen. Dagegen helfen die viel beschworenen Gels oder Hausmittel wie Zitronensaft in Wahrheit doch überhaupt nicht – nur Gerichte sind wirksam bei Stechinsekten, wenn Sie mich fragen.

Allerdings nicht unbedingt das hessische Landessozialgericht. Ein Mitarbeiter eines Textilunternehmens war für seinen Arbeitgeber im Ausland unterwegs. Auf dem Weg zu seinem Hotel nahm er eine Abkürzung durch einen Park, in dem eine Kreatur auf ihn lauerte, deren Identität und Natur bis heute ungeklärt ist. Sicher ist nur: Das Biest stach ihm in den Nacken, es juckte grauenhaft, schnell bildete sich ein großer roter Fleck. Als er die Sache daheim in Deutschland seinem Arzt zeigte, musste der bereits eine Borreliose diagnostizieren. Klassischer Arbeitsunfall, dachte sich der Mann. Die Berufsgenossenschaft jedoch sah das ganz anders und so summten Heerscharen von Gutachtern durch mehrere Instanzen, bis das Landessozialgericht entschied: Ob die Erkrankung tatsächlich auf diesen einen mysteriösen Stich zurückgehe und damit als Arbeitsunfall zu qualifizieren sei, das sei doch höchst fragwürdig. Und so blieb der Kläger auf seiner Borreliose sitzen (Az. L 3 U 97/95).

Mehr Linderung gegen ihr juckend verletztes Gerechtigkeitsempfinden fand eine 37-jährige Frau aus Hannover, die nach einem Zeckenbiss ein Krankenhaus aufgesucht hatte. Der Arzt notierte: »Rötung, Juckreiz seit drei Tagen, allgemeines Unwohlsein, Rücken- und Knieschmerzen«, und verschrieb eines dieser kühlenden Gels. Das verhinderte die darauffolgende Borreliose natürlich nicht und so rief die erkrankte Patientin die ärztliche Schlichtungsstelle an. Dort stellte ein Gutachten fest: Das Vorliegen eines Insektenstiches gefolgt von der beschriebenen Rötung, einhergehend mit Juckreiz, dazu auch noch allgemeines Unwohlsein, Rücken- und Knieschmerzen? Da hätten bei dem behandelnden Klinikarzt alle Alarmglocken schrillen müssen, die Differenzialdiagnose »Borreliose« unbedingt in seine Überlegungen einzubeziehen. Dass dies nicht erfolgt ist, sei als Diagnose- und demzufolge auch als Behandlungsfehler zu werten. Die Höhe der Entschädigung ist nicht bekannt (Niedersächsisches Ärzteblatt 08/2004).

Definitiv weniger hilfreich gegen Juckreiz und auch eher wieder so auf dem Niveau eines Gels: das Landgericht Düsseldorf. Ein Ehepaar aus Nordrhein-Westfalen hatte eine sündhaft teure Kreuzfahrt gebucht, die ihnen jedoch durch lästige Insekten gründlich verdorben wurde. Da half es auch wenig, dass der Schiffsarzt sie großzügig täglich mit Kortison eincremte. Zu Hause angekommen zog man sogleich vor Gericht, forderte 7200 Euro Reisekosten zurück – und unterlag. Der »Reisemangel« war nämlich nicht innerhalb der nötigen Vier-Wochen-Frist nach Bekanntwerden (also dem letzten Stich) geltend gemacht worden (Az. 1 O 254/05).

An dieser Stelle möchte ich noch Homer Simpson zitieren: »Bart, kannst du mal kurz das Lenkrad halten, ich muss mich an zwei Stellen gleichzeitig kratzen!«

JOGGEN

Herumhampeln in Überschrittgeschwindigkeit

In der dunklen Jahreszeit müssen Autofahrer besonders gut aufpassen, denn die Nacht erstreckt sich, gefühlt, bis in den späten Vormittag. Auf den Überlandstraßen lungern hungrige Wildtiere herum. In den Städten torkeln Horden glühweinberauschter Nikoläuse auf den Straßen. Und überall begegnen uns, bei spärlichem Licht, bei Wind und Wetter, hauteng gewandete, dunkle Gestalten mit Kopfhörern: Jogger und Walker. Diesen gefährlichen Extremsportlern möchte ich einige Rechtsausführungen widmen.

Zunächst ein Urteil des Oberlandesgerichts Saarbrücken aus dem Jahr 2015. Eine Joggerin hatte sich in absoluter Finsternis im Schweiße ihres Angesichts mit Überschrittgeschwindigkeit einen Gehweg entlanggequält. Es kam, wie es kommen musste: Eine Baustelle mit erheblichen Bodenunebenheiten stellte sich ihr in den Weg, sie ignorierte dies mit sportlicher Herablassung und die Geschichte endete mit einer spontanen Ganzkörperbremsung. Sie endete allerdings nicht mit Schadenersatz oder Schmerzensgeld, wie die Joggerin sich das im Anschluss eigentlich in ihrer Klage gegen die boshafte Baustelle vorgestellt hätte. Zwar hafte die Kommune als Eigentümerin des Gehwegs grundsätzlich für dessen Begehbarkeit, erläuterten die obersten Saarbrücker Landesrichter. Bei normaler Geschwindigkeit jedoch hätte man selbst im Finstern ein solch prominentes Hindernis erkennen müssen. Wenn sie schon gar so sportlich unterwegs sei, so trage die »erhöhte Jogginggefahr« das Opfer selbst (Az. 1 U 31/15).

Die harmlose kleine Schwester des Joggens ist bekanntlich das »Walken«. Davon gibt es nun diverse Abarten, die unterschiedlich abartig aussehen. Die aus ästhetischen Gesichtspunkten geschmackssicherste ist wohl noch das »Nordic Walking«, bei dem der Sportler sich gegen Verletzungen durch spitze Stöcke sichert. Klingt widersinnig, ist aber Tradition. Die freilich, so musste selbst ein Profi es erleben, keinen echten Rundumschutz verleihen. Der Kläger vor dem Sozialgericht Karlsruhe hatte eine Gruppe Walk-Frischlinge trainiert und sich offenbar so heftig in die Sache hineingesteigert, dass er einen Herzinfarkt bekam. Den wollte er nun als Arbeitsunfall geltend machen und führte die besonders typischen Gefahren seines Sports ins Feld. Die spitzen Stöcke hätten die Richter ja vermutlich sogar geschluckt, aber für den Herzinfarkt vermuteten sie eine andere Ursache: »Stenosierung«, Verstopfung der Herzgefäße. So was kommt vom Alter und da helfe auch Walken nur begrenzt (Az. S 8 U 2016/07).

Nun zur vielleicht närrischsten Form der Fortbewegung und den Ausführungen des Verwaltungsgerichts Berlin: Wenn ein Hund einen »Power-Walker« beißt, kann dies die Anordnung eines Leinen- und Maulkorbzwanges rechtfertigen. Sie wissen, wie »Power-Walker« aussehen? Ein Labrador-Mischling hielt das einfach nicht mehr aus und biss deshalb herzhaft zu. Prompt bekam er per Eilanordnung des Veterinäramtes Reinickendorf einen Maulkorb. Die Hundehalterin versuchte, sich mit einem recht bissigen Argument dagegen zu wehren: Wer so vor einem Hund herumhampelt, der fordere sein Schicksal doch regelrecht heraus. Das Verwaltungsgericht Berlin aber folgte dem nicht. Wer einen Hund direkt angreift, der muss zwar schon mit Bissen rechnen – »Power-Walking« überschreitet diese Grenze allerdings noch nicht ganz, vermuteten die Richter jedenfalls (Az. VG 11 A 724.05). Ja muss denn wirklich erst was passieren …?

KAFFEE

Finanztipp: mit Kaffee beschütten lassen

Auch wenn Geld angeblich nicht glücklich macht, so ist der Gedanke daran, unermesslich reich zu sein, doch faszinierend. Was tun Menschen nicht alles, um sich diesen Traum zu erfüllen. Lotto spielen, Gold schürfen … Aber haben Sie mal über Kaffee nachgedacht? Natürlich sind uns, wie so oft, wenn es ums große Geld geht, auch bei der Geschäftsidee »Kaffee« die Amerikaner weit voraus. Bereits 1992 schüttete sich eine US-Amerikanerin einen kochend heißen Becher Kaffee von McDonald's auf den Schoß und verklagte die Fast-Food-Kette daraufhin auf Schmerzensgeld. 480 000 Dollar warf ein Gericht als Vorschlag aus. Man stritt dann noch weiter und einigte sich schließlich im Jahr 1994 auf eine geheime Summe von fraglos zufriedenstellender Größenordnung. Dafür müssen Sie lange Lotto spielen, von Goldschürfen will ich gar nicht reden.

Na, geht doch, erklärte eine Frau vor dem Amtsgericht Meldorf. Sie hatte alles richtig gemacht: Kaffee aus dem Schnellrestaurant versehentlich drübergekippt, böse Verbrühungen erlitten, Schmerzensgeld eingeklagt. Aber das Amtsgericht Meldorf ist halt nicht in Amerika und hat deshalb eine typisch deutsche Denkweise an den Tag gelegt: Das Umkippen eines Kaffeebechers lasse sich bei einfachster Sorgfalt vermeiden. Deshalb sei die Frau schlicht und einfach selbst schuld. Für dermaßen innovative Geschäftsmodelle ist Deutschland einfach noch zu konservativ (Az. 80 C 1256/09).

Aber lassen Sie sich nicht gleich entmutigen von dieser Entscheidung! Wir sind halt anders als die in Übersee, da muss man es geschickter anstellen. Mein Tipp: Lassen Sie sich in einem Zug der Deutschen Bahn mit Kaffee beschütten. Über genau so einen Fall hatte das Amtsgericht Berlin-Tiergarten zu entscheiden und Sie werden staunen, wie gering der Aufwand ist. Es fängt schon damit an, dass Sie den Kaffee gar nicht selbst bestellen müssen. Die Klägerin schilderte, ein Bahnangestellter sei mit einem fremden heißen Kaffeebecher einfach nur an ihr vorbeigeschwankt und habe ihr dabei die kochende Brühe dann direkt auf den Arm gekippt. Sie sei dadurch in einen schockartigen Zustand geraten. Die Bahn wandte ein, der arme Teufel sei von einem anderen Fahrgast angerempelt worden und könne gar nichts dafür. Doch das Gericht urteilte, hier hätten sich ganz und gar bahnreisetypische Risiken realisiert: die Enge im Zug, das nervige Gewackel. Genau für solche Fälle hafte die Bahn. Blöd nur: Es gab lediglich 1000 Euro (Az. 6 C 381/06).

Und wie schaut's im Flugzeug aus? Vor dem Landgericht Düsseldorf hatte eine Frau geklagt, weil bei einem Flug die Stewardess aus Schusseligkeit die Kaffeekanne umgestoßen hatte. Voll erwischt! Neben dem Schmerz hatte die Frau, wie sie schilderte, seitdem schreckliche Angst vor heißem Wasser. Diese Angst hatte sie wohl vorher nicht? Eine sehr ungesunde Einstellung, möchte ich an dieser Stelle ungefragt anmerken. Das Landgericht aber befand, das sei nun eigentlich gerade kein flugtypischer Vorfall. Schusselige Bedienungen, die könne man auch am Boden jederzeit antreffen. Trotzdem bekam die Dame immerhin 920 Euro Schmerzensgeld (Az. 22 S 266/03).

Am Ende verbleibt eine gute und eine schlechte Nachricht: Reich macht Kaffee hierzulande wohl eher nicht. Aber wach macht er trotzdem!

KATZEN

Der haarige, verlauste Vielfraß und die Katze

Was ist der Unterschied zwischen einer Katze und einem Mann? Das eine ist ein haariger, verlauster Vielfraß, dem es egal ist, wer ihm das Futter bringt. Das andere ist ein beliebtes Haustier. Apropos Haustier: Täusche ich mich oder gehören Miezekatzen zu den Haustieren, die man entweder vergöttert oder verabscheut – dazwischen gibt es nichts?

Der Gartenbesitzer aus Hildesheim, der die Nachbarskatzen vor das heimische Landgericht brachte, war offensichtlich jedenfalls kein Freund der eigenwilligen Streuner. Wen wundert's – sein Nachbar hatte drei davon und die kamen täglich in seinen Garten und hinterließen dort Katzendreck. Ich meine damit nicht den umgangssprachlichen Ausdruck für Lakritze, sondern das Original! Das Landgericht urteilte salomonisch: Grundsätzlich müsse ein Gartenbesitzer es dulden, wenn eine Nachbarskatze ihn besucht. Aber alles hat seine Grenzen: nur eine Katze pro Nachbar! Das Problem ist: Wie unterscheidet man die drei voneinander? Speziell nach Einbruch der Dämmerung sind ja bekanntlich alle Katzen grau (Az. 1 S 48/03) ...

Das Landgericht Bielefeld hatte sich 1997 mit einer auf den ersten Blick fast philosophischen Frage zu befassen: Was ist eine Katze wert? Katzenliebhaber kämen da sicher sofort ins Schwärmen, aber die Richter zogen dann doch eine ziemlich unromantische Grenze bei seinerzeit 3000 DM. Konkret ging es um Tierarztkosten für eine Miezekatze, die von einem Foxterrier übel zugerichtet worden war. Die 3000 DM legte das Gericht als »Obergrenze« für die Tierhalterhaftung fest. Mehr darf Katze nicht kosten. Ob man das heute ohne Weiteres auf 1500 Euro umrechnen kann und wie es bei wirklich teuren Zuchtmiezen aussieht? Das haben die Richter damals nicht verraten. Aber dem Terrier möchte ich an dieser Stelle doch noch einen Rat mit auf den Weg geben: Das hätte auch anders ausgehen können (Az. 22 S 13/97)!

Sie können sich natürlich auch einmal selbst fragen, was Ihnen so eine Katze wert ist. Ganz aktuell wurde diese Fragestellung für einen Autofahrer, dem auf einer Bundesstraße plötzlich eine Katze vors Auto rannte. Er fand die Katze immerhin wertvoll genug, um eine Vollbremsung hinzulegen. Prompt krachte ihm der nachfolgende Pkw hintendrauf. Und wer war schuld? Von wegen immer der, der drauffährt. Den Katzenfreund hat es voll erwischt! So jedenfalls urteilte das Amtsgericht Schorndorf. Zur Vermeidung des Sachschadens bei einem Auffahrunfall wäre es zumutbar gewesen, die Katze zu überfahren (Az. 2 C 811/92).

Bevor Sie jetzt aber glauben, bei der deutschen Justiz sei alles für die Katz, möchte ich Ihnen zur Besänftigung noch die Meinung des Landgerichts in Paderborn zur selben Frage offenbaren: Man müsse schon streng unterscheiden, wo eine Mieze dem Auto begegnet. »Ich bremse für Miezen« sei innerhalb geschlossener Ortschaften ein absolut zulässiges Mantra. Gerade in ländlichen Gegenden müsse man in Dörfern jederzeit mit vierbeinigen Straßenüberquerungen rechnen und sich entsprechend bremsbereit halten (Az. 5 S 181/00). Mit vierbeiniger Straßenüberquerung sind natürlich Tiere gemeint, nicht Besucher von Dorffesten nach dem zwölften Bier auf dem Nachhauseweg.

KENNZEICHEN

So klappt's auch mit dem Wunschkennzeichen

Haben Sie ein »Wunschkennzeichen«? Die Auswahl ist natürlich überschaubar, denn auf die ersten Buchstaben hat man in Deutschland nur begrenzten Einfluss. Kommt halt darauf an, wo man wohnt. Aber mit der zweiten Buchstabengruppe und der anschließenden Ziffernfolge auf unseren Kfz-Kennzeichen kann man zumindest seine Initialen und sein Geburtsjahr individualisieren. Wenn einem nicht ein anderer zuvorgekommen ist. Hin und wieder gelingt beim Kfz-Kennzeichen natürlich stilistisch ein echter Volltreffer und wer so ein besonderes Kennzeichen sein Eigen nennt, will es freilich nie wieder hergeben.

So ging es auch einer Dame, die ein besonderes Kennzeichen für ihren Motorroller ergattert hatte. Welches, wollen Sie wissen? Das wüsste ich auch gern, die Buchstaben-Zahlen-Kombination hat das Verwaltungsgericht Karlsruhe in der Urteilsveröffentlichung aber leider nicht bekannt gegeben, lassen Sie also Ihrer Fantasie gern freien Lauf. Als die Frau ihr Traumkennzeichen allerdings auf ein anderes Fahrzeug übertragen wollte, machte ihr die Kfz-Zulassungsstelle einen Strich durch die Rechnung. Das Kennzeichen muss die Frau emotional wirklich tief berührt haben, nur so kann ich es mir erklären, dass sie allen Ernstes vor das Verwaltungsgericht zog, um auch am neuen Fahrzeug die lieb gewonnene alphanumerische Kennzeichnung weiterführen zu dürfen. Die Richter allerdings schüttelten nur den Kopf. Ein Kfz-Kennzeichen, das sei doch in Wahrheit nichts anderes als ein behördliches Aktenzeichen und es diene ausschließlich der Unterscheidbarkeit des Fahrzeuges von anderen Fahrzeugen. Es gehe dabei um Dinge wie Steuern und um die Verfolgbarkeit von Straftaten und Ordnungswidrigkeiten, mitnichten aber um Eitelkeit und Emotionen. Die »Verordnung über die Zulassung von Fahrzeugen zum Straßenverkehr« (FZV) sehe daher auch grundsätzlich kein subjektives Recht auf Zulassung oder Mitnahme eines bestimmten Kennzeichens vor. Wobei die Richter der Frau fürs nächste Fahrzeug einen brandheißen Tipp mitgaben: Es gibt da die Möglichkeit der Reservierung, dann klappt's auch mit dem Wunschkennzeichen (Az. 6 K 5321/20).

Wobei es auch da eben nicht immer klappt. Ebenfalls vor dem Verwaltungsgericht Düsseldorf tauchte nämlich ein Mann auf, dem die Zulassungsbehörde sein Wunschkennzeichen durch Einziehung einfach wieder weggenommen hatte, nachdem es zu Beschwerden gekommen war. Der Mann hatte sich nämlich für »HH 1933« entschieden. Wenn man in Deutschland lebt, muss man schon gnadenlos ignorant sein, wenn einen die Jahreszahl 1933 nicht aufschreckt. Ja, richtig: Da haben die Nazis die Macht ergriffen und eine globale Menschheitskatastrophe mit 65 Millionen Toten hat ihren Lauf genommen. Angeführt von …? Genau, Adolf Hitler. In einschlägigen Kreisen wird dessen Unterwerfungsgeste »Heil Hitler« gern mit »HH« abgekürzt. Und deshalb kommt »HH 1933« aus gutem Grund nicht auf ein deutsches Kfz-Kennzeichen, erläuterte das Verwaltungsgericht Düsseldorf dem enttäuschten Autonazi (Az. 6 L 175/19).

Es gibt übrigens auch Leute, die wollen gerade nicht, dass man ihr Kennzeichen allzu genau betrachtet. Raser zum Beispiel und Falschparker. Als ein übereiliger Mopedfahrer in Stuttgart bemerkte, dass er die Aufmerksamkeit einer Polizeistreife erweckt hatte, schaltete er deshalb die Fahrzeugbeleuchtung einfach schnell aus – und verdunkelte dadurch auch sein Kennzeichen. Sie haben ihn trotzdem erwischt und die Sache war juristisch durch den kleinen »Trick« auch noch viel brisanter geworden: Neben der Geschwindigkeitsüberschreitung nämlich hatte er nun auch noch eine Anzeige wegen »Kennzeichenmissbrauchs in Form der Verdeckung eines Kfz-Kennzeichens« nach § 22 StVG am Hals. Höchst amtlich bestätigt vom Oberlandesgericht Stuttgart. Das amtliche Kennzeichen des Verfahrens war übrigens Az. 2 Ss 344/11 und auch da wurden Wünsche nicht berücksichtigt.

KONDOME

Kann man Verhüterli mit Feenstaub mehrfach verwenden?

In der Vorweihnachtszeit begegnen uns allerlei Fabelwesen. Rudolph, das rotnasige Rentier, und dieser unrasierte Konsumkobold namens »Santa Claus« zum Beispiel. Mit einem weiteren Vertreter aus dem Reich der Mythen und Legenden hat sich das Landgericht Düsseldorf befasst: dem multiplen Orgasmus. Und wer könnte eine solche Fantasievorstellung besser verbreiten als eine Firma mit dem fabelhaften Namen »Einhorn«? Selbige Firma vertreibt Medizinprodukte im Sinne des § 3 MPG. Genau genommen vertickten die Einhörner Latexlümmeltüten (Kondome, wie der Volksmund sagt). Gummis mit scheinbar an Magie grenzenden Fähigkeiten übrigens, denn auf der Packung stand: »1 Tüte à 7 Stück entspricht bis zu 21 Orgasmen«. Ganz recht: Das wären drei Lusthöhepunkte pro Präser! Die Konkurrenz mit den »normalen« Kondomen hatte das wohl falsch verstanden und brachte die Einhörner deshalb vor Gericht. Der Vorwurf: Irreführung des Verbrauchers. Der könnte ja glauben, diese Verhüterli seien mehrfach verwendbar! Mal so unter uns Verbrauchern: Die Idee, ein Kondom wiederzuverwenden, erscheint mir doch wenig verlockend? Außerdem ist diese Form des Recyclings auch verboten, wie sich aus der für Kondome anwendbaren EN ISO 4074: 2002 ergibt. »So ein Blödsinn«, hatten die Einhorn-Verhütungs-Anwälte von den Düsseldorfer Richtern entsprechend eingewandt. Drei Orgasmen pro Kondom? Ist doch gar kein Problem – gemeint ist damit: einer für den Mann und zwei für die Frau! Sie wundern sich jetzt, weil sich das nicht mit Ihren persönlichen Erfahrungen deckt? Das zweite Argument hätte das Gericht vielleicht auch eher überzeugt: Auf der Rückseite der Gummipackung stand nämlich: »Kann Spuren von Feenstaub enthalten«. Na, klingelt es? Wer jetzt noch nicht verstanden hat, dass das Ganze ein Spaß sein sollte …? Aber Recht und Spaß, das geht halt überhaupt nicht gut zusammen, und bevor sich am Ende einer die kalte Tüte ein zweites Mal drüberzieht, hat das Gericht den witzigen Spruch mit den drei Orgasmen dann trotzdem doch lieber verboten (Az. 14C O 124/15).

Bei Orgasmen sind die deutschen Gerichte übrigens grundsätzlich sparsam. Ein Sozialleistungsempfänger hatte vor dem Verwaltungsgericht Ansbach geklagt, weil er die Kosten für wöchentliche Besuche bei Prostituierten, Taschentücher fürs »Fernsehen« und Kondome als zusätzliche Sozialleistungen vom Staat forderte. Die Ausübung der Sexualität jedoch, so die Richter, sei Bestandteil der allgemeinen Lebensführung und müsse damit aus den Regelsätzen finanziert werden. Da musste der arme Kerl wohl oder übel am kurzen Ende sparen (Az. AN 4 K 04.00052).

Kondome schützen – aber nicht vor Dummheiten. Eine Frau, die sich wegen eines neuen Kerls von ihrem Ehemann trennte, wollte gleich sicherheitshalber auch noch dessen Vaterschaft für das gemeinsame Kind anfechten. Das erleichtert Umgangsstreitigkeiten ungemein. Der Bundesgerichtshof jedoch hielt ihr folgende Überlegung vor: Die zweijährige Frist, während derer sie die Vaterschaft des Ex-Mannes hätte anfechten können, sei längst abgelaufen. Der die

Anfechtung begründende Verdacht, nämlich, dass das Kind von einem anderen sein könnte, hätte ihr ja wohl erstmals beim Fremdgehen mit dem neuen Liebhaber kommen müssen. Und genau bei diesem Schäferstündchen habe deshalb auch die Anfechtungsfrist begonnen, während derer sie ihrem Ex-Gatten die Vaterfreuden hätte aberkennen lassen können. Aber, argumentierte die Dame verzweifelt – sie habe doch beim Schäferstündchen mit dem Liebhaber ein Kondom benutzt! Der Bundesgerichtshof jedoch zeigte wenig Vertrauen in Kondome. Feenstaub hin oder her, die »Versagensquote« sei so hoch, dass jederzeit mal was danebenlaufen könne, und wenn es auch nur die Vaterschafts-Anfechtungsfrist ist, die beim Fremdgehen zu laufen beginnt (Az. BGH XII ZR 58/12).

Und was heißt Kondom auf Schwedisch? Natürlich »Pipi Langstrumpf«.

KÜHE

Rinder sind total pragmatisch

Kühe sind ja wirklich überall! Sie erscheinen schwarz-weiß auf grünen Wiesen, prangen lila auf Schokoladentafeln, außerdem auf jeder Milchtüte, in der nicht gerade Getreidemilch drin ist, und sie kommen auch ständig als »blöd« daher in beleidigenden Streitereien. Obgleich das Image von Kühen ja immer noch überwiegend positiv ist, hat es neuerdings doch ein paar Kratzer abbekommen. Da ist zum einen die Diskussion darüber, ob die »Milli«, also die Milch der Kuh, für die gesunde Ernährung wirklich so gut ist wie ihr Ruf. Und dann ist es zwischenzeitlich auch wissenschaftlicher Konsens, dass pupsende Kühe nicht ganz unwesentlich zur Klimakrise beitragen. Dabei sei angemerkt, dass das keinesfalls die Schuld der Tiere, als vielmehr das Resultat der bisweilen hochgradig perversen industriellen Massentierhaltung durch uns Menschen ist. Würde man die Muhkuh, so wie verbrauchertäuschend auf mancher Milchtüte verewigt, tatsächlich auf echten grünen Wiesen parken, anstatt sie in Melkfabriken einzupferchen, wären ihre Fürze nur halb so bedrohlich für den Planeten. Die Milch wäre dann halt deutlich teurer. Aber das ist ein anderes Thema.

Wenn ein Lebewesen in unserem Alltag so prominent auftritt wie die Kuh, dann bleibt natürlich auch die eine oder andere Begegnung mit der Justiz nicht aus. Das Landgericht Koblenz genoss dieses Privileg und verhandelte folgenden Fall: Ein Mann hatte sein Auto im Westerwald auf einer geschotterten Fläche geparkt, direkt gegenüber dem Gatter einer Weide, auf der eine Kuhherde herumlungerte. Die Herde sollte allerdings just in diesem Moment herausgetrieben werden und da stand das Auto wirklich unglücklich. Rinder sind pragmatisch und so drängten sie sich eben ganz eng am Auto vorbei. Am Schluss verblieb dummerweise eine Beule. Der Kuhbauer beteuerte, so etwas würden seine Tiere niemals machen. Der Schaden sei ganz sicher von irgendeinem anderen Rindvieh verursacht worden. Diverse Zeugen und ein Gutachter zeichneten jedoch ein deutliches Bild: Als die Herde lärmend vorbeiströmte, da hätte das Auto schon ziemlich heftig gewackelt. Am Lack hafteten darüber hinaus eindeutig Haare und die waren nicht von Hund, Katze oder Bart. Die Delle ordnete der Gerichtssachverständige zudem als absolut »kuhtypisch« ein. Der Landwirt haftete daher für den Schaden aus Tierhalterhaftung nach § 833 BGB, auch wenn die konkrete Verursacherkuh anonym blieb (Az. 13 S 45/19).

Wer schon einmal privat mit Kühen zu tun hatte, wird sicher bestätigen, dass es sich dabei mitunter um starke Persönlichkeiten handelt. Da kann es natürlich vorkommen, dass so ein Tier auch einmal in seinen Persönlichkeitsrechten verletzt wird. So wie das Kalb Anita, das dreist und ohne es erlaubt zu haben fotografiert wurde. Die Lichtbilder wurden dann bei einem Charity-Event in Köln veröffentlicht. Diese Stadtmenschen glauben wohl, sie könnten sich alles erlauben? Die Bäuerin, bei der Anita lebte, zog vor das Amtsgericht Köln und wollte Geld sehen. Wegen Verletzung des Persönlichkeitsrechts der Kuh und Eigentumsbeeinträchtigung der Kuhhalterin durch die unerlaubte Verbreitung der Kuh-Fotos. Doch daraus wurde nichts. Das Gericht bezweifelte, dass die Fotos die landwirtschaftliche Nutzung von Anita beeinträchtigt hätten, und juristisch relevante Persönlichkeitsrechtsverletzungen gebe es sowieso nur, wenn zumindest indirekt ein Mensch betroffen sei, was auf den Fotos erkennbar nicht der Fall war (Az. 111 C 33/10).

Noch einmal zu der eingangs erwähnten »blöden Kuh«. Das stimmt natürlich nicht. Die sind sogar ziemlich clever! Ein Mann aus Coburg dachte das über seine Nachbarin wohl eher nicht. Die beiden stritten ständig und einmal rutschte ihm wortwörtlich in der Tat eine »blöde Kuh« heraus, begleitet von etwas »Abschaum«. Die Dame hätte dafür gern 1250 Euro Schmerzensgeld gesehen, doch das Gericht befand: Im Rahmen eines nachbarschaftlichen Dauerkonfliktes dürfe man nicht jede Kuh auf die Goldwaage stellen, zumal die Nachbarschaft sich kurz darauf ohnehin durch Wegzug erledigt hatte und somit keine Wiederholungsgefahr bestand (Az. 12 C 1793/06). So kann man natürlich auch die Kuh vom Eis holen.

KUSS

Im hormontrunkenen Liebes-Blindflug geknutscht

»Ich bin so wild nach deinem Erdbeermund ...« Haben Sie heute auch schon genascht? Frei nach Paul Zechs beziehungsweise François Villons unanständigem Gedicht? Für die Arglosen unter Ihnen: Nein, heute geht es nicht um Obst. Ich möchte heute übers Küssen reden und über sonst nichts. Und womit fangen wir da am besten an? Natürlich: mit einem Kreuzfahrtriesen! Ich weiß schon, Sie denken an die *Titanic*, an heiße, feuchte Küsse zwischen Kate Winslet und Leonardo DiCaprio. Ach, seufz – das wäre dann doch zu tragisch. Nein, ich meinte eigentlich den riesigen Kussmund auf den AIDA-Schiffen. Die AIDA-Leute wollten nämlich nicht, dass der fremdküsst, und landeten mit ihrem Anliegen vor dem Bundesgerichtshof.

Aufzuklären war folgende spannende Frage: Sind die riesigen Knutschlippen vorn auf den AIDA-Kreuzern eigentlich Kunst? Und wenn ja, unterliegen sie dann dem Urheberrecht? Und falls sie das tun – darf dann trotzdem jeder das liebestolle Schiff einfach so fotografieren und die Fotos vielleicht gar veröffentlichen? Genau das wollten die AIDA-Kläger nämlich gern vermeiden. Der Bundesgerichtshof hatte nicht den Hauch eines Zweifels, dass diese Lippen sogar ganz große Kunst sind! Fotografieren und herumzeigen darf man sie aber trotzdem. Wegen der sogenannten Panoramafreiheit in § 19a des Urheberrechtsgesetzes. Danach darf Kunst im öffentlichen Raum jederzeit fotografiert werden. Und das gilt auch für Kunst auf riesigen Seefahrzeugen auf dem öffentlichen Ozean. »Küsschen!«, riefen die Richter den Klägern vermutlich nicht zu. Aber jedenfalls: »Klage abgewiesen!« (Az. I ZR 247/15)

Küsse vor Gericht, das ist gar nicht so ungewöhnlich, wie man meinen mag. Vielleicht weniger zwischen den schwarzen Robenträgern, wobei … aber nein, dazu möchte ich jetzt lieber doch keine Anekdote erzählen, das könnte Ärger geben. Ich erzähle Ihnen besser was über Küsse beim Autofahren, die auch schon vor Gericht erörtert wurden. Wissen Sie, was das Landgericht Saarbrücken davon hält? Küssen während der Autofahrt, das sei »grob fahrlässig« und könne bei einem Unfall zur Alleinhaftung des Fahrers führen. Es sei im Grunde dasselbe wie Fahren unter Alkoholeinfluss. Ein küssendes Pärchen hatte nämlich im zugrunde liegenden Fall in hormontrunkenem Liebes-Blindflug eine Ampelanlage überfahren und ein entgegenkommendes Fahrzeug gerammt. Ganz schön unromantisch. Und vor allem teuer (Az. 5 O 17/11).

Wir Kerle versuchen ja alles Mögliche, um an einen Kuss heranzukommen, deshalb an dieser Stelle eine Klarstellung: Nach der eindeutigen Feststellung des Verwaltungsgerichts Gießen sind Küsse keine anerkannte Therapieform. Wenn Ihnen ein Mann also erzählt, er wolle sie küssen, um sie zu heilen, dann glauben Sie ihm kein

Wort! Der will in Wahrheit nur das eine. So verhielt es sich auch bei einem immerhin 75-jährigen Psychologen, der spontan versucht hatte, seine Patientin auf den Mund zu küssen. Seine Begründung, er habe nur ihre Reaktionsgeschwindigkeit prüfen wollen, überzeugte weder die Patientin noch das Verwaltungsgericht Gießen. Letzteres verpasste dem Lustgreis vielmehr eine Strafzahlung in Höhe von 3500 Euro wegen Verstoßes gegen seine Berufspflichten (Az. 21 K 51/09.GI.B).

Ich persönlich finde ja, dass ein Kuss die vielleicht schönste Art ist, gemeinsam den Mund zu halten. Deshalb schweige ich jetzt auch und …

LÖCHER

Nach dem letzten Loch kommt halt nichts mehr

Löcher begegnen einem ja praktisch überall. Im Käse sind sie eine unschmeckbare Facette des Gesamtgeschmackserlebnisses. Astrophysiker geraten regelrecht in Ekstase, wenn sie über schwarze Löcher im Weltall stolpern. Mancher Pauschalurlauber berichtet hingegen darüber, er habe im Urlaub in einem »Loch« gehaust und zeigt sich davon unterdurchschnittlich begeistert.

Nur mäßig amüsiert war auch ein Vermieter, der sich mit seinem früheren Mieter beim Landgericht Wuppertal traf. Besagter Mieter hatte beim Auszug aus der Wohnung nicht weniger als 126 Löcher in den Wänden hinterlassen. Der Eigentümer behielt prompt die komplette Kaution ein, um damit eine umfassende Sanierung zu bezahlen. Der Mieter zeigte sich völlig überrascht davon, dass der Vermieter sich gar so sehr echauffierte. Es handle sich doch nur um Dübellöcher? Und Bilder an der Wand seiner Wohnung aufzuhängen, das sei ja wohl das Normalste der Welt, nichts anderes also als der »vertragsgemäße Gebrauch« einer Wohnung, wie die Juristen das nennen. Er hätte halt recht viele Bilder aufzuhängen gehabt. Der Vermieter argumentierte dagegen, das sei ja schön und gut bei 2 oder 3 Löchern – aber 126? Der Richter blieb allerdings gelassen. Zwar treffe es zu, dass ein Mieter Löcher in die Wände der Wohnung bohren dürfe. Es spiele dabei auch überhaupt keine Rolle, wie viele es sind. Er muss sie danach halt wieder sauber verspachteln. Jedes einzelne. Tue er das nicht, dürfe der Vermieter ihm die Kosten für die professionelle Lochfüllung selbstverständlich von der Kaution abziehen (Az. 9 S 18/20).

Auch das Oberlandesgericht Köln hat sich mit einem ziemlich löchrigen Fall herumplagen müssen. Da hatte ein Hotelgast sein Auto vor dem Haupteingang einer Nobelherberge abgestellt und sich gleich in den Wellnessbereich getrollt. Wie bei vornehmen Etablissements üblich, sollte ein Hotelmitarbeiter den Wagen in die Garage fahren. Das tat der Faulpelz aber nicht. Vielmehr stellte er das Auto einfach um die Ecke in die nächste Parklücke, und als der Gast nach Hause fahren wollte, waren Löcher in den Reifen und die Luft war raus. Vor Gericht trug der Mann, von dem jegliche Wellness sofort wieder abgefallen war, vor, er erwarte sich eigentlich schon etwas anderes von so einem piekfeinen Schuppen. Was er allerdings definitiv nicht erwartet hätte, das seien Löcher in seinen Reifen. Dafür sollte das Hotel gefälligst bezahlen. Das Gericht hörte sich als Zeugen den Angestellten an, der das Auto geparkt hatte und der erzählte: Schon als er losfuhr, kamen ihm die Reifen seltsam luftleer vor. Deshalb hätte er das Auto ja auch sofort abgestellt und sei bewusst gar nicht erst bis in die Garage gefahren. Im Urteil stand schließlich, dass nicht zu beweisen gewesen sei, wer die Löcher in die Reifen gemacht hatte, weshalb es auch kein Geld gab. Wellness fühlt sich jedenfalls anders an (Az. 22 U 134/17).

Ein ungleich größeres Loch plagte eine Frau, die vor dem Oberlandesgericht Frankfurt gegen einen Waldbesitzer geklagt hatte. Besagte Vertiefung befand sich inmitten eines für den öffentlichen Verkehr zugelassenen Waldweges und die arme Frau war mitsamt

Fahrrad hineingeplumpst. Nun begehrte sie Schmerzensgeld für eine verletzte Schulter. Die Richter aber entschieden, bei großen Löchern handle es sich um eine »waldtypische Gefahr« und immerhin sei das Loch ja so dermaßen riesengroß gewesen, dass es quasi vor sich selbst gewarnt habe. Was das Gericht hier mit vornehmen Worten umschrieb, war wohl die offenkundige Frage: »Wie kann man denn so blöd sein …?« Die Frau ging natürlich leer aus (Az. 13 U 111/17).

Die Redewendung »aus dem letzten Loch pfeifen« kommt übrigens vom Flötespielen. Das letzte Loch gibt den höchsten Ton, danach kommt nichts mehr.

LUFT

Der grenzüberragende Dachrinnenstörer im fremden Luftraum

Es gibt Fragen, die einen ziemlich ins Grübeln bringen. Wem gehört eigentlich die Luft? Ich meine jetzt weniger das Gasgemisch, das da so um uns herumdampft und wabert – ich meine eher den Raum, den die Luft ausfüllt. Also, was die Luft über einem bayerischen Stammtisch anbelangt, darüber hatten ja lange Zeit die Christsozialen die Hoheit. Wobei es da neuerdings immer wieder einmal politisches Gedrängel gibt. Juristisch gesehen hingegen ist der Luftraum theoretisch viel unkomplizierter, als man meinen mag. Wem die Luft gehört, das steht in § 905 des Bürgerlichen Gesetzbuches: Das Recht des Eigentümers eines Grundstücks erstreckt sich auf den Raum über der Oberfläche. Wobei das Gesetz einschränkend anmerkt: Der Eigentümer kann jedoch Einwirkungen nicht verbieten, die in solcher Höhe vorgenommen werden, dass er an der Ausschließung kein Interesse hat. Als Eigentümer gehört Ihnen also die Luft bis ins Weltall hinauf. In der Theorie jedenfalls. In der Praxis, Sie ahnen es, ist die Luft über unseren Grundstücken hingegen längst nicht so rechtssicher, wie es uns das Gesetz vorgaukelt.

Da war zum Beispiel ein Kläger aus Bielefeld, dessen Luftraum über seinem Grundstück durch die riesigen Bäume des Nachbarn verfinstert wurde. Er bekämpfte die Dunkelriesen durch mehrere Instanzen, doch das Oberlandesgericht Hamm wies zuletzt seine Klage endgültig ab: Nach dem Ergebnis der Beweisaufnahme würde der Kläger nämlich nicht »in schwerem und unerträglichem Maße in seinen Eigentümerbefugnissen beschränkt« (Az. 5 U 126/06).

Etwas anders sah es da beim Nachbarn eines Fußballplatzes in Dessau aus. Allein 2013 hatte er 111 Fußbälle, die seinen Luftraum durchquert hatten, geborgen und zurückschießen müssen. In zweiter Instanz verurteilte deshalb das Oberlandesgericht Sachsen-Anhalt den Platzbetreiber, einen sechs Meter hohen Ballfangzaun, quasi als Luftschutzbarriere, zu errichten (Az. 12 U 184/14).

Auch ein Luftraumeigentümer aus Nordrhein-Westfalen konnte seinen Korridor ins Weltall erfolgreich gerichtlich freiräumen. Hier hatte ein dreister Nachbar in unzumutbarer Weise mit einer grenzüberragenden Dachrinne in den freien Blick des Klägers nach oben eingegriffen. Freie Luft für freie Bürger, entschied das Oberlandesgericht Hamm und verurteilte den Dachrinnenstörer zur Entfernung (Az. 5 U 126/06).

Am Schluss noch ein Urteil des Bayerischen Verwaltungsgerichtshofes, das im Zeitalter der Drohnen besonders beängstigend erscheint. Da hatte ein Bauer sich gegen einen Modellflughafen gewehrt, weil die ferngesteuerten Brummkreisel in seinen benachbarten Luftraum eindrangen und dabei angeblich die Kühe auf seiner Weide erschreckten. Zudem sah er Leib und Leben seiner Familie bedroht. Dergleichen Gefahren konnten die Richter bei den Spielzeugfliegerchen jedoch nicht beobachten, zudem sahen sie die Privilegien des Luftverkehrsgesetzes als vorrangig an. So muss der Bauer nun also das Summen und Brummen schmollend erdulden (Az. 8 ZB 07.2824). Man kann ihm nur raten, ruhig durchzuatmen: Die Luft gehört ihm trotzdem noch, auch wenn sie brummt.

MÄNNER

Frauenversteher, Frauenvertreter – Männer können so was einfach nicht

Am 16. März 1971 fiel die letzte Bastion. Da haben auch die Eidgenossen klein beigegeben und den Frauen in der Schweiz wurde gestattet, was in Westeuropa längst Alltag geworden war: zu wählen. Sie finden, die Schweiz sei heute einer der wirtschaftlich erfolgreichsten, demokratischsten und liberalsten Staaten der Erde? Nun, es gibt keinen Beweis dafür, dass Frauen dafür die Mitverantwortung tragen, weil sie das politische Geschehen bei den Eidgenossen nun mitprägen. Aber auffällig ist es schon.

Überhaupt gibt es etliche Beispiele dafür, wo wir Männer mit all diesen freien Frauen inzwischen hingekommen sind. In der Justiz sehen wir es zum Beispiel überdeutlich: Seitdem Frauen offiziell zum Studium an Hochschulen zugelassen wurden, werden es ihrer immer mehr. Also Frauen meine ich, nicht Hochschulen. Anfangs galt es fast noch als unanständig, wenn eine Frau studierte. Aber blicken Sie heute mal in eine juristische Vorlesung. Auch bei den beiden juristischen Staatsexamina schneiden regelmäßig Frauen mit den besseren Noten ab. Was natürlich dazu führt, dass es Frauen sind, die zunehmend für juristische Positionen in der Verwaltung und in der Justiz verbeamtet werden. Sie finden das beängstigend?

Auch ein Kollege aus Berlin, seines Zeichens Amtsrichter, bekam wohl kalte Füße und überlegte, wie man dessen »Herr werden« könnte. Um die Frauen unter Kontrolle zu bringen, kandidierte er als »Frauenvertreter für das Land Berlin«. Er würde es denen schon zeigen. Mit den eigenen Waffen und so weiter … Der Wahlvorstand allerdings erläuterte ihm: Nur Frauen dürfen Frauenvertreter werden! Der Richter zeigte sich streitlustig und zog vor das Verwaltungsgericht. Ob dort überhaupt noch ein männlicher Richter anzutreffen war, ist mir unbekannt. Jedenfalls aber stand im Urteil: Solange Frauen hierzulande nach wie vor erkennbar benachteiligt und diskriminiert werden – und das war damals der Fall in Berlin, wo in der gehobenen Verwaltungsebene Frauen gerade mal ein lächerliches Drittel ausmachten –, verstoßen die paar ausgleichenden Privilegien zugunsten von Frauen ganz bestimmt nicht gegen den Gleichbehandlungsgrundsatz (Az. VG 5 K 420.12).

Und wie sieht es in anderen Bereichen des Lebens aus? Vergleichen wir doch einmal nackte Frauen und nackte Männer. Nackte Frauen? Seit Jahrtausenden betrachtet man die als »Kunst«. Und Kunst wird in Deutschland steuerlich privilegiert mit dem ermäßigten Umsatzsteuersatz von 7 Prozent. Die Veranstalter einer männlichen Striptease-Show wollten dieses Steuerprivileg ebenfalls für sich in Anspruch nehmen. Wiederum weiß ich nicht, ob Frauen oder Männer das Urteil beim Finanzgericht Baden-Württemberg mitfällten, das da lautete: »Im Vordergrund dieser Darbietungen liegt ausschließlich die aufreizende Zurschaustellung des (fast) gänzlich nackten männlichen Körpers.« Und das sei eben keine Kunst. Deshalb 19 Prozent Mehrwertsteuer (Az. 12 K 459/00)!

Männer dürfen heutzutage in vielen Berufen nicht mal mehr wie »richtige Männer« aussehen, sondern müssen stattdessen anständig sein und zivilisiert, entschied das Landesarbeitsgericht Köln. Es ging um die Vorschriften eines Unternehmens, das Passagiere am Flughafen kontrolliert. Dort heißt es: »Grundsätzlich sind Haare sauber, niemals ungewaschen oder fettig wirkend zu tragen. Eine gründliche Komplettgesichtsrasur bei Dienstantritt ist Voraussetzung.« Männer zu Bettvorlegern, oder was? Was soll aus den guten, alten, stinkenden Wikingertrollen denn jetzt werden? Garantiert waren auch hier junge Richterinnen am Werk, die solcherlei hygienischen Schnickschnack befürworten (Az. 3 TaBV 15/10). Der arme unrasierte Kerl mit den fettigen Haaren, der hier offenbar geklagt hatte, genießt mein volles Mitleid – und natürlich das von Herbert Grönemeyer.

MARDER

Die ewigen Pelzgründe

Wenn ich zu meinem Auto komme, entdecke ich regelmäßig Fußspuren darauf. Extrem schmutzige Fußspuren, die sich vom Kofferraum übers Dach auf die Windschutzscheibe erstrecken und auf der Motorhaube enden. Wenn ich Pech habe, blinkt beim Einsteigen auch noch die Motorkontrollleuchte auf. Dann hat der Marder wieder mal ein Kabel durchgebissen. Ich finde Marder eigentlich recht putzig, aber ich gestehe Ihnen ehrlich: In solchen Augenblicken gehen mir bisweilen wahrlich düstere Gedanken durch den Kopf. Als Jurist weiß ich natürlich: Marder unterliegen dem Bundesjagdgesetz und ich besitze keinen Jagdschein. Bis zu 5000 Euro könnte es daher kosten, den pelzigen Gesellen zur Rede zu stellen, um ihm meine Ansichten über sein Tun näher darzulegen oder ihn gar in die ewigen Pelzgründe zu schicken. Überhaupt ist so ein Marder ein teures Hobby. Ein angefressenes Kabel kann im dümmsten Fall einen kompletten Fahrzeugbrand auslösen.

Vor dem Oberlandesgericht Karlsruhe wurde ein Fall verhandelt, in dem es sogar noch weiter ging: Der angefressene Opel Vectra brannte lichterloh und das Feuer griff auf einen daneben geparkten Chevrolet über, der gleich mit abfackelte. Dessen Eigentümer verlangte nun Schadenersatz vom Opelfahrer – und das Gericht gab ihm recht: Bei einem Marderbiss (und dessen Folgen) verwirkliche sich nämlich die »typische Kraftfahrzeuggefahr«. Glücklicherweise greift hier allerdings dann auch die Kfz-Haftpflichtversicherung, jedenfalls bei den Schäden am anderen Fahrzeug (Az. 9 W 3/15).

Natürlich kann ein Marder nicht den ganzen Tag damit verbringen, Autos zu verdrecken und zu beschädigen. Irgendwann geht der auch mal »nach Hause« – und da lauert auch schon das nächste Problem. Das häusliche Zusammenleben mit einem Marder kann einen durchaus in den Wahnsinn treiben. Der Mieter einer Dachgeschosswohnung in Hamburg berichtete seinem Vermieter von einem haarigen Mitbewohner, der sich im Hohlraum zwischen Dachaußen- und -innenhaut einquartiert hatte und jede Nacht infernalischen Lärm durch Herumgerenne und Fauchen verursachte. An Schlaf sei kaum noch zu denken. Er kürzte deshalb die Miete um 23,55 Prozent. Dagegen wehrte sich der Vermieter vergeblich. Das Amtsgericht Hamburg-Barmbek bestätigte nämlich: Regelmäßige nächtliche Störungen beeinträchtigen die vertragsgemäße Funktion einer Wohnung in erheblichem Maße. Die ungestörte Nachtruhe stelle ja doch eine ganz wesentliche Funktion einer Wohnung dar und sei entsprechend ein wichtiger Faktor für das allgemeine Wohlbefinden und die Leistungsfähigkeit im täglichen Leben. Ob der Mieter nach dem Urteil besser geschlafen hat, wage ich allerdings zu bezweifeln, denn der Marder fühlte sich davon nicht angesprochen (Az. 815 C 238/02).

Weil man die Biester ja nicht fangen darf, gab ein Hauseigentümer aus Neuwied irgendwann auf und verkaufte seine Hütte – samt Marder. Allerdings verschwieg er dem Käufer seines Anwesens, dass im Bereich der Speicherdecke die vorhandene Dämmung großflächig zerstört und mit Marderkot verdreckt war. Der Käufer verklagte den Verkäufer deshalb wegen eines »arglistig verschwiegenen Mangels« und verlangte 25 000 Euro Schadenersatz. Er bekam recht: Der Marder hatte sich etwa ein Jahr lang im Dachbereich aufgehalten und unvorstellbaren Lärm verursacht. Der Verkäufer hätte deshalb ohne Zweifel wissen müssen, dass der Marder da drin nicht untätig geblieben war und die Dachdämmung umfangreich zerstört hatte. Dies hätte man bei Abschluss des Vertrages dem Käufer zwingend mitteilen müssen, entschied das Oberlandesgericht Koblenz (Az. 4 U 874/12).

Was Sie übrigens unbedingt wissen sollten: Baummarder sind menschenscheu und machen einen großen Bogen um uns und unsere Autos. Die Steinmarder, das sind die Bösewichte!

MÄUSE

Potenzielle Schadtiere und ihre nervigen Bissgewohnheiten

Wussten Sie, dass es in den vergangenen Jahren mancherorts Nagetierplagen biblischen Ausmaßes gab? Und ich rede nicht von Eichhörnchen! Üblicherweise ist bei solchen Ereignissen ja die gute alte Bügelschlagfalle ein gern gewähltes Mittel. Man muss dabei nur auf seine Finger aufpassen.

Ein Mann hatte es allerdings mit Mäusen zu tun, die sich in der Innenverkleidung seines Pkw breitgemacht hatten, da kommt man mit solch simpler Mechanik nicht weit. Man braucht dann schon ein Oberlandesgericht. Allerdings hatte der Eigentümer vor dem Oberlandesgericht Frankfurt nicht die Mäuse verklagt, was zwar naheliegend, allerdings wenig Erfolg versprechend gewesen wäre. Ob die überhaupt zum Prozess erschienen wären? Mit einem winzig kleinen pelzigen Anwalt in einer winzig kleinen schwarzen Robe vielleicht? Nein, gestritten hat der Mäusgeplagte natürlich mit seiner Versicherung. Von der wollte der Kläger nämlich noch mehr Mäuse haben, allerdings in Form von Euros. Die Versicherung wehrte sich mit dem Hinweis, dass sie im Kleingedruckten »Bissschäden« im Fahrzeuginneren ausdrücklich ausgeschlossen hatte. Dem Gericht stellte sich nun die Frage: Was genau ist eigentlich das Fahrzeuginnere? Für Menschen ist, im Gegensatz zu Mäusen, ja nur die Fahrgastzelle und der Kofferraum zugänglich. Das Gericht entschied daher, dass eine Versicherung »in Anbetracht der in der mitteleuropäischen Fauna vertretenen potenziellen Schadtiere und ihrer Bissgewohnheiten« praktisch leerliefe, wenn man die Innenverkleidung und den Motorraum mittels der »Bissschadenklausel« vom Versicherungsschutz ausnehme, und verurteilte die Versicherung zur Zahlung. Wie viele Mäuse es waren, ist mir leider nicht bekannt (Az. 7 U 25/16).

Manche Mäuse geben sich freilich nicht mit einem schnöden Pkw zufrieden, sie streben nach Höherem. Nur so ist es zu erklären, dass es bei einem Flug von Berlin nach Dalaman zu erheblicher Verspätung kam, weil eine größere Zahl sehr kleiner Fluggäste bereits geboardet war. Die Fluggesellschaft brauchte Stunden, um die blinden Passagiere wieder auszuchecken. Die Frage, die das Amtsgericht Berlin-Wedding nun zu klären hatte, war, ob die menschlichen Fluggäste für die überlange kammerjägerbedingte Wartezeit eine Entschädigung nach der Fluggastrechteverordnung erhalten sollten. Die Fluggesellschaft lehnte ab und bezeichnete den Mäusebefall als »außergewöhnlichen Umstand«, der Ansprüche gemäß Art. 5 Abs. 3 VO ausschließt. Doch das Gericht urteilte: Zwar dürfe der Kontakt freilebender wilder Tiere zu Flugzeugen eher die Ausnahme darstellen, dennoch sei der Aufenthalt von Mäusen auf Flughäfen grundsätzlich wohl die Regel, sodass abzusehen sei, dass sich Mäuse bei Be- und Entladevorgängen durchaus auch mal Zugang zu Flugzeugen verschaffen können. Dies sei daher eigentlich ein dem normalen Flugbetrieb zuzurechnender Vorgang. Und dafür gab es wiederum jede Menge Mäuse für die wartenden Passagiere (Az. 14 C 376/17).

Die meisten Mäuse wechseln bei ihrer Entdeckung durch Menschen in die ewigen Mausgründe. Neben der »Bügelschlagfalle« ist auch Gift ein bewährtes Mittel. Allerdings ist nicht jede Methode erlaubt, sich der Mäuse zu entledigen. Ein junges Paar stand 2005 vor dem Amtsgericht Mosbach, weil es Videos davon angefertigt hatte, wie die Dame beim Liebesspiel mittels Stöckelschuhen Mäuse zertrat. Hier spätestens endet der Grundsatz »Jedem Tierchen sein Pläsierchen«. Solche »Tier-crush-Videos«, wie sie in Kennerkreisen genannt werden, seien nichts anderes als strafbare Tierquälerei, entschied das Gericht (Urteil vom 02.02.2005). Mäuse haben übrigens einiges gemeinsam mit uns Anwälten, daher gilt für beide der Spruch: »Es ist eine schlechte Maus, die nur ein Loch weiß.«

MÜLL

Wie wirkt sich Müll eigentlich auf die Substanz eines Hauses aus?

Ich habe da so eine Technik: Wenn die Mülltonne voll ist, dann klettere ich obendrauf und springe ein paarmal kräftig. Danach geht wieder was rein. Machen Sie bestimmt auch manchmal, oder? Es besteht natürlich das Risiko, dass es danach so feststeckt, dass die Müllabfuhr mir die volle Tonne einfach stehen lässt. Aber gibt es denn Alternativen?

Keine legalen jedenfalls, wie das Amtsgericht München urteilte, und es wurde dabei unangenehm deutlich: Nachbarn müssen den Müll entfernen, den sie auf fremden Grundstücken abgelagert haben. Mist! Was genau war passiert? Die Geschichte spielte in einer Reihenhaussiedlung in München. Da hockt man besonders dicht aufeinander und so kam es zwischen zwei Nachbarn zum Streit. Das ging über Jahre hin und her. Als der eine von einem Kurzurlaub mit seiner Frau heimkehrte, fand er einen großen Berg Hausmüll mitten in seinem gepflegten Garten vor. Sein Nachbar hatte fleißig gesammelt. Was er nicht einkalkuliert hatte: Jemand hatte ihn beim Müllabladen fotografiert. Weil der Müllablader allerdings überhaupt nicht einsah, seinen Unrat wieder einzusammeln, ging die Sache vor den Richter. Der illegale Entsorger brachte dort ein interessantes Argument vor: Das Eigentum seines Nachbarn sei doch nicht beeinträchtigt – der abgeladene Müll verletze ja die Substanz des Grundstücks in keinster Weise. Das Amtsgericht ließ sich auf solche Spitzfindigkeiten aber nicht ein und befand: Eine Beeinträchtigung des Grundstücks könne auch dann vorliegen, wenn eine Einwirkung auf die Substanz nicht gegeben sei. Das Abladen von Müll falle so was von eindeutig darunter (Az. 231 C 28047/10).

Richtig blöd ist natürlich fremder Müll im eigenen Haus. Ein Mann aus Hannover führte erst gar keine Diskussion über »Einwirkung auf die Substanz des Hauses«, sondern griff zur Selbstjustiz, als er entdeckte, dass seine Mieterin im Keller des von ihm vermieteten Hauses eine kleine, aber feine Abfallhalde eingerichtet hatte. Er räumte den Saustall mit eigenen Händen (hoffentlich behandschuht) aus und entsorgte alles. Sie fragen, warum das Amtsgericht Hannover ihn danach verurteilte, 560 Euro an seine Mieterin zu bezahlen? Nachdem er ihr immerhin den Keller aufgeräumt hatte? Nun: 560 Euro war der Wert einer 25 Jahre alten Schildkröte der Mieterin, die im Müllhaufen gerade ihren Winterschlaf absolvierte. Die wurde nämlich versehentlich … oh weh (Az. 502 C 7971/13).

Andernorts landete ein Mann mit einer Art »privaten Mülldeponie« vor dem Verwaltungsgericht Münster. Dabei war es doch in diesem Fall der eigene Garten. Vor Gericht war die Rede von Plastiktüten, Einrichtungsteilen, Verpackungsmaterial und organischen Stoffen – also das volle Programm. Fest steht also: Es war so richtig echter, authentischer, ekliger Müll, wie aus dem Bilderbuch, und deshalb hatte die hier zuständige Stadt Münster den Grundstücksinhaber auch dringend dazu ermutigt, hier doch schleunigst einmal ordentlich auszumisten. Das sah der allerdings gar nicht ein. Gemäß der Devise *My home is my …* na ja, Müllhaufen eben, pochte er auf das Recht des Eigentümers. Die Verwaltungsrichter allerdings witterten eher Schimmel, Ratten, Schaben und giftige Gase und entschieden, das Recht der Allgemeinheit auf Hygiene und Gesundheit überwiege gegenüber dem Recht auf Eigentum an Müll auf dem eigenen Grundstück (Az. 7 L 1222/16).

Einen großartigen Spruch unbekannten Ursprungs fand ich neulich im Internet, wo einem ja sonst ziemlich viel Müll auflauert – und der passt auch wunderbar zum Thema Müll: »Tue das Drastische und reduziere das Plastische.«

NACKT

Am Weltnacktradeltag zum Gericht

Es ist schon seltsam, wie wichtig es für uns »moderne Menschen« ist, unsere Nackigkeit öffentlich sorgfältig zu kaschieren. Selbst an den heißesten Tagen bedecken wir unsere Blöße wenigstens mit einem Fetzen Stoff. Als ob das einen Unterschied machen würde? Ein Schotte jedenfalls befand, dass es keinen Unterschied macht, und zog nicht nur seinen Rock, sondern auch alles andere aus. Und das nicht nur einmal. Konkret wurde der blanke Kelte in den Jahren 2003 bis 2012 über 30-mal wegen verbotener Nacktwanderungen in der Öffentlichkeit verurteilt. Einmal trat er sogar nackt vor Gericht auf. Der Schotte verbüßte in diesem Zeitraum insgesamt gut sieben Jahre im Gefängnis. Besonders schlimm dürfte für ihn die Sträflingskleidung gewesen sein. Der Gernenackt war fassungslos und rief den Europäischen Gerichtshof für Menschenrechte an. Ihm das öffentliche Nacktsein zu verbieten, das sei ja wohl ein ganz elementarer Eingriff in seine Grundrechte, nackte Gewalt quasi. Konkret sah er sich in seinem Recht auf »Achtung des Privatlebens« nach Art. 8 und seinem Recht auf »freie Meinungsäußerung« nach Art. 10 der Europäischen Menschenrechtskonvention aufs Gröbste verletzt. Der Europäische Gerichtshof gab ihm da grundsätzlich sogar recht. Allerdings dürfe er seine unbestrittene Freiheit eben nur im Rahmen geltender Gesetze auch frei austoben. Soweit er als Nacktwanderer für sich Toleranz beanspruche, müsse er schon auch selbst eine gewisse Sensibilität gegenüber den Befindlichkeiten seiner angezogenen Mitmenschen zeigen. Er habe immerhin im vollen Bewusstsein der Konsequenzen gegen die Moralvorstellungen der breiten Allgemeinheit revoltiert, da müsse er dann schon auch mit gewissen Konsequenzen rechnen (Az. 49327/11).

Aber gibt es denn keine Ausnahme für das prüde Nacktverbot? Was ist zum Beispiel mit FKK oder Sauna? Keine Ausnahme ist jedenfalls der »Weltnacktradeltag«, wie ein Mann aus Rastatt vor dem Verwaltungsgericht Karlsruhe lernen musste. Der hatte mit elf nackigen Freunden zu besagtem Festtag eine Nacktradeltour entlang des Rheins angekündigt, um, wie er ausführte, für die Nacktheit als »zweckdienliche und gesellschaftsfähige Kleidung und gegen das Verstecken von Körpern in blickdichten und gebührenpflichtigen Ghettos einzutreten«. Das Landratsamt sprach jedoch ein knallhartes Nacktradelverbot aus und das wurde von den daraufhin angerufenen Richtern bestätigt und mit gleichfalls deutlichen Worten bekleidet: nackt Fahrrad fahren, das sei ja wohl »grob ungehörig« und belästige die Allgemeinheit. Ob die Tour am Ende vielleicht in Badehosen stattfand? Das ist mir leider nicht bekannt, wäre aber auch irgendwie nicht dasselbe, oder (Az. 6 K 1058/05)?

Jetzt kennen Sie also die Moral der Justiz in Sachen Nacktheit gut genug, um zu ahnen, wie es für einen bekennenden »Nacktjogger« aus Freiburg vor dem Verwaltungsgerichtshof Baden-Württemberg ausgegangen ist. Dreimal dürfen Sie raten. Dabei trug der Mann sogar Turnschuhe! Außerdem hatte er sich eine Nylonsocke über sein bestes Stück gezogen. Tun Sie sich den Gefallen und stellen Sie sich das jetzt nicht bildlich vor. Lesen Sie einfach weiter. Dem Mann wurde schlussendlich trotz seines Bekenntnisses zu rudimentärer »Bekleidung« die Nacktrennerei ebenfalls rigoros verboten. Es spiele keine Rolle, so das Gericht, »ob das Geschlechtsteil durch einen Strumpf verhüllt wird«. Jederzeit nämlich bestehe hier die Gefahr, dass der Blick eines unvorbereiteten Mitmenschen bei einer zufälligen Begegnung auf das Geschlechtsteil oder zumindest auf Teile davon aufgrund des durchsichtigen Materials während der Bewegung frei werde. Schlechthin unzumutbar! Es gelte mit allen Mitteln zu vermeiden, dass Passanten unfreiwillig den Schambereich des Joggers wahrnehmen könnten und der Schambereich dabei auf sie nackt wirke, warnte das erkennbar entsetzte Gericht den Flitzer nachdrücklich (Az. 1 S 972/02).

Das alles erscheint natürlich durchaus nachvollziehbar in einer Welt, in der vielerorts nicht einmal die Wahrheit sich ungestraft nackt in der Weltöffentlichkeit bewegen darf.

NÜSSE

Besser die Schwerkraft aus dem Auge herausalten

Nüsse sollen wahnsinnig gesund sein, habe ich gelesen. Wenn man die richtigen Nüsse regelmäßig und in geeigneten Mengen konsumiert, kommt man der Unsterblichkeit wohl ziemlich nahe. Wer lieber nicht ganz so alt werden will, dem sei zu stark gesalzenen Nüssen, am besten in riesigen Mengen, spätabends vorm Fernseher, am besten kombiniert mit Alkohol zum Durstlöschen, geraten. Wobei das Salz vermutlich gar nicht die größte Gefahr ist, die von so einer ungesunden Art des Nusskonsums ausgehen kann. Es muss auch gar nicht so etwas Exotisches wie eine Kokosnuss sein, die einem unvorsichtigen Urlauber vielleicht in irgendeinem Südseeinselparadies auf die Birne poppt.

Vor dem Amtsgericht Frankfurt am Main, da haben bereits ganz ordinäre heimische Walnüsse für jede Menge Schaden gesorgt. Das Problem dieser Nüsse bestand darin, dass sie sich hemmungslos den Gesetzen des alten Physikers Isaac Newton hingegeben hatten. Konkret fielen sie einfach dutzendfach vom Baum. Das nun wäre ja an sich vielleicht noch ein Umstand, den man bei einem Nussbaum billigend in Kauf nimmt. Man kann die Walnüsse danach andächtig im Garten einsammeln und sich mit ihrer Hilfe der erwähnten Unsterblichkeit widmen. Dummerweise ragte der in Frankfurt verhandelte Nussbaum jedoch sehr tief in den Nachbarsgarten hinein, und anstatt den Nachbarn kulinarisch zu erfreuen … Na ja – 3000 Euro Schaden durch Dellen an der Motorhaube und am Dach des Nachbarautos wurden vor Gericht erörtert. Für den Amtsrichter war der Fall allerdings gar keine allzu harte Nuss: Wer sein Auto unter einem Nussbaum parkt, merkte er an, der sollte die Schwerkraft unbedingt im Auge behalten. Herabfallende Nüsse nämlich seien der Kategorie

»allgemeines Lebensrisiko« zuzuordnen, was laienhaft übersetzt bedeutet: Dafür gibt's kein Geld (Az. 32 C 365/17).

Wenn die leckeren Nüsse des Nachbarn einem nicht von selbst aufs Auto fallen, dann muss man sich die eben … nein! Bloß nicht klauen! In Marbach nämlich hatte eine 58-Jährige sich für diese nicht sozialadäquate Nussbeschaffungsvariante entschieden. Sie hatte dreist am Zaun des Nachbarn geparkt und tütenweise Walnüsse von dessen Baum abgeerntet. Die Nüsse von ganz oben angelte sie sogar mit einer eigens mitgebrachten Stange herunter. Ein anderer Nachbar hatte das Unterfangen beobachtet, es kam zur Strafanzeige und die Sache landete im Oktober 2019 vor dem Richter. Dort war die Dame allerdings keineswegs so reumütig, wie man das unter solchen Umständen als Verteidiger seiner Mandantin dringend empfohlen hätte. Vielmehr bestritt sie alles in Bausch und Bogen. Sie beschimpfte den von ihr um seine Ernte erleichterten Nussnachbarn sogar auch noch wüst – er solle doch lieber »zu seinem Erdogan zurück«. Was der Mann äußerst eigenartig fand, denn er war Grieche. Das Gezeter half der Frau ohnehin nichts. Am Ende zahlte die Diebin 100 Euro an eine gemeinnützige Organisation und das Verfahren wurde eingestellt (Entscheidung vom 11.10.2019).

So richtig nussig wurde es 2013 auch vor dem Landgericht München I. Dort verlangte nämlich die Stiftung Warentest, die Schokoladenmarke Ritter Sport dürfe ihr knickbares Naschwerk keinesfalls damit bewerben, es habe so etwas wie »natürliches Nussaroma«. Vielmehr schmecke man da den Aromastoff Piperonal heraus und das sei ja wohl eine ganz freche Verbrauchertäuschung. Die von Ritter Sport wurden ganz quadratisch vor Wut, als sie die Vorwürfe hörten, und bewiesen den Richtern, dass Piperonal ein rein natürlicher Stoff sei. Das Gericht war überzeugt und befand, dass sich die Stiftung Warentest hier eindeutig zu weit aus dem Fenster gelehnt hatte (Az. 9 O 25477/13). Als die Verbraucherschützer jedoch partout nicht aufgeben wollten und in die nächste Instanz zogen, holten sie sich vor dem Oberlandesgericht München übrigens gleich noch einmal eine ordentliche Kopfnuss. Eine Weisheit noch zum Schluss: Die hohlsten Nüsse knacken am lautesten.

OLDTIMER

Ist ein Saab-Oldtimer eigentlich illegaler Abfall?

Wenn Sie in einem englischsprachigen Land erzählen, dass Sie auf Oldtimer stehen, werden Sie möglicherweise irritierte Blicke ernten. Man nennt die alten Kisten dort nämlich *veteran cars*. Genauso wie man ein Handy *cell phone* nennt und einen Insiderwitz *private joke*. Ich frage mich ja schon, wie diese »denglischen« Missverständnisse zustande kommen.

Aber zurück zum »Oldtimer«: wie immer man die Rostlaube nennt, die alten Kisten verbreiten einen unerhörten Charme, dem sich selbst Automobilskeptiker nur schwer entziehen können. Wobei es unter diesen Skeptikern echt harte Brocken gibt! Besonders unangenehm ist es, wenn es sich um einen schwarzen harten Brocken handelt – in Gestalt eines Richters. An einen solchen war ein Oldtimerfreund aus Naumburg geraten, der zwei uralte Saabs auf dem Gelände seiner Kfz-Werkstatt abgestellt hatte, um sie dort mit schier unendlicher Zeit und Geduld liebevoll zu restaurieren. Er staunte allerdings nicht schlecht, als das heimische Amtsgericht ihn deshalb nach § 326 Abs. 1 Nr. 4 StGB verurteilte, wegen »umweltgefährdender Abfallbeseitigung«. Wie bitte? Das ist doch kein Abfall? Und was heißt denn hier Beseitigung? Der Mann ging frustriert in Berufung zum Landgericht Magdeburg, aber auch dort befanden die Schwarzröcke, es handle sich bei den uralten Autos zweifelsfrei um Schrott – immerhin allerdings stuften sie die Straftat auf »fahrlässig« herab. Erst beim Oberlandesgericht Naumburg stieß der Hobby-Industriehistoriker endlich auf Connaisseure: Selbige stellten fest, dass dieser rechtschaffene Mann die prächtigen Fahrzeuge garantiert nicht entsorgen wollte, sondern sie vielmehr für die Nachwelt erhalten. Und damit fehle den Saab-Oldtimern die wichtigste Eigenschaft von »Abfall« – da fällt nichts ab! Freispruch erster Klasse (Az. 2 Rv 45/16).

Immer wieder haben es Oldtimerfreunde schwer damit, von Gerichten in ihrer Leidenschaft ernst genommen zu werden. Wenn Sie beispielsweise mit einem durchschnittlich neuen Allerweltsauto unverschuldet in einen Unfall verwickelt werden, dann zahlt Ihnen die gegnerische Haftpflichtversicherung eine sogenannte Nutzungsausfallentschädigung, also eine finanzielle Wiedergutmachung für jeden Tag, an dem Sie reparaturbedingt auf Ihren Wagen verzichten müssen. Das ist die klare Rechtslage. Und wenn das Auto jetzt ein unbezahlbar wertvoller, äußerst seltener, historischer britischer Sportwagen aus der Morgan-Manufaktur ist, auf den sein stolzer Eigentümer reparaturbedingt nach einem Unfall 240 Tage sich vor Sehnsucht verzehrend verzichten musste? Gibt es dann vielleicht eine besonders hohe Nutzungsausfallentschädigung? Nein. In einem solchen Fall gibt es dann gar nichts, entschied das Oberlandesgericht Düsseldorf. Keinen einzigen Cent, denn »der Verlust des Fahrvergnügens mit einem optisch auffälligen Oldtimer ist eine nicht entschädigungsfähige Beeinträchtigung immaterieller Art« (Az. I-1 U 50/11).

Bis zu den höchsten deutschen Gerichten hinauf reicht die Diskriminierung der Freunde alter Fortbewegungstechnik. Wenn Sie, vielleicht als erfolgreicher Unternehmer, einen fabrikneuen Düsenjet im Fuhrpark haben, dann können Sie den selbstverständlich als Betriebsausgabe von der Steuer absetzen – samt Pilot und privater Stewardess. Wenn es sich dabei hingegen um ein historisches Oldtimerflugzeug handelt, das zusätzlich sogar als Werbeträger der Firma bei Veranstaltungen durch die Luft brummt? Das sei dann ein nicht abzugsfähiges Privatvergnügen, befand der Bundesfinanzhof (Az. I R 27–29/05).

Aber so was hält den echten Enthusiasten nicht von seiner Passion ab. Wie heißt es doch: Hobby ist, sich Neues zu kaufen – Leidenschaft ist, das Alte am Laufen zu halten.

PAPAGEI

Gebrüll, bis die Scheiben klirren

Wenn ich in meiner Kanzlei im Sommer morgens das Fenster öffne, höre ich ihn fast täglich. Ein asozialer Typ. Er plärrt laut durch die Straße unverständliches Zeug, er pfeift und johlt. Vor dem Frühstück schon besoffen? Dachte ich mir. Bis ich ihn auf dem Weg zum Parkplatz eines Tages gesehen habe, als er sich mal wieder weit aus dem Fenster lehnte. Ein ganz komischer Vogel. Ernsthaft! So groß wie ein Huhn. Mein ornithologischer Sachverstand reicht nicht aus, um zu bestimmen, was für einer das genau ist. Irgendeine Papageienart jedenfalls. Seitdem muss ich immer lachen, wenn er wieder schimpft und jodelt.

Andere Leute finden Papageien allerdings weniger unterhaltsam. Vor dem Landgericht Zwickau musste sich eine Horde Kakadus für ihren unflätigen Krach verantworten – beziehungsweise deren Besitzer. Die Vögel lärmten in einer Voliere im Garten und der Nachbar hatte die Nase gestrichen voll von dem Geplärre. Er klagte. Der Eigentümer verteidigte sich damit, dass Vogelgesang doch die normalste Sache der Welt sei. Die Richter allerdings befanden, die ohrenbetäubenden Geräusche dieser exotischen Kerlchen seien nicht mit Singvögeln, ja nicht einmal mit Gockelhähnen zu vergleichen, denn selbst Letztere würden zumindest gelegentlich einmal eine Pause einlegen, was man von einem Kakadu leider nicht erwarten darf. Somit handle es sich in diesem Fall um »ortsunübliche Vogelgeräusche«, die man keineswegs als »Gesang« beschreiben könne. Allerdings räumte das Gericht ein, dass Papageien nicht nur bei karibischen Piraten, sondern auch in Sachsen nicht vollkommen unbekannt seien, weshalb in salomonischer Weisheit der Richterspruch lautete: Die Schreihälse dürfen weiter im Garten bleiben. Aber nur für eine Stunde pro Tag. Der Nachbar sollte sich in Zukunft wohl genau überlegen, wann er seinen Mittagsschlaf plant (Az. 6 S 388/00).

Was aber, wenn man seinen Papagei brav in der Wohnung hält und der trotzdem herumbrüllt, dass die Scheiben klirren? Das Oberlandesgericht Düsseldorf hatte deshalb über einen Bußgeldbescheid wegen Lärmbelästigung zu entscheiden und hielt der Halterin eines Graupapageis einen fundierten Vortrag über Vogelpsychologie. Papageien, das seien hochsoziale Wesen, die man nicht einfach so allein lassen dürfe. Wenn sie sich nämlich einsam fühlen, äußern sie »Kontaktschreie«. Diese Lautäußerungen seien rhythmischer Natur und dauern über längere Perioden an. Dergleichen »Kontaktschreie« können freilich in einem Vierfamilienhaus das Leben der Nachbarn zur Hölle auf Erden machen. Mit zunehmendem Alter der Tiere werden die Laute übrigens sogar noch intensiver. Und so ein Graupapagei, der kann schon mal 50 Jahre alt werden – und damit zu einem Papagei des Grauens. Ob das Bußgeld dem einsamen Papagei am Ende allerdings zu mehr Gesellschaft verholfen hat, ist mir nicht bekannt (Az. 5 Ss (OWi) 476/89).

Dass Papageien sehr empfindlich sind, musste auch ein Mieter erfahren, dessen Bad saniert wurde. Beim Erneuern der Fliesenfugen war so viel Staub aufgestiegen, dass der Papagei prompt verstarb. Diese Tiere sind aber nicht nur wertvoll, sondern auch ganz schön teuer, weshalb der Eigentümer Schadenersatz vom Vermieter forderte. Doch das Landgericht Lüneburg wies die Klage ab. Der Mann hätte seinen Vogel eben besser schützen müssen. Wie, das ließ das Gericht offen. Ihn in den Garten zu stellen, scheint mir jedenfalls nach den nun gewonnenen Erkenntnissen keine empfehlenswerte Lösung zu sein (Az. 6 S 134/02).

Was sagte der Komiker Jack Lemmon noch einmal? »Eine Diktatur ist ein Staat, in dem das Halten von Papageien mit Lebensgefahr verbunden ist.«

PARKLÜCKE

Zwei sind einer zu viel

»Wer zuerst kommt, mahlt zuerst.« Wissen Sie, wo dieser schlaue Spruch herkommt? Aus dem Mittelalter. Damals war es nämlich so, dass die Bauern nach der Getreideernte bei der Mühle nicht einfach mal so einen Termin vereinbaren konnten. Ist ja logisch, der Müller hatte keine Sekretärin und die Bauern konnten weder lesen noch schreiben und somit keine vernünftigen Einträge in ihren elektronischen Terminplaner machen. Deshalb galt: Wer ganz vorn an der Tür zur Mühle steht, wird als Erster bedient. Der Rest muss sich eben hinten anstellen. Windhundprinzip nennt man das heutzutage auch. Und woher kennen wir das noch? Natürlich von der Parkplatzsuche.

Folgende Situation zum Beispiel: Ich fahre an lauter zugestellten Parkbuchten entlang, da merke ich plötzlich, dass der grüne Mazda, an dem ich schon fast vorbei bin, das Rückfahrlicht an hat. Der fährt raus! Super, also noch ein paar Meter vor, damit er gut rauskommt, Blinker setzen, Rückwärtsgang einlegen … aber was ist das denn? Geht's noch! Dieser silberne BMW ist wie aus dem Nichts hinter mir aufgetaucht und ist einfach in die freie Lücke reingerutscht. Obwohl ich zuerst da war! Darf der das? Ja, darf er, sagt jedenfalls das Oberlandesgericht Düsseldorf. Das war nicht ganz im Mittelalter, aber immerhin im lange vergangenen Jahr des Herrn 1986. Bei Parkplätzen heißt es genau genommen also nicht »wer zuerst kommt« – vielmehr gilt: Wer die bessere Einfahrtposition hat, der darf auch rein. Und da geht eben leider vorwärts vor rückwärts, auch wenn ich noch so geschickt beim Rangieren bin. Es zählt übrigens dabei auch nicht, wer länger gewartet hat (Az. 5 Ss (OWi) 333/86).

Jetzt wissen Sie also Bescheid? Von wegen! Wer nämlich in den Mühlen der Justiz mahlen lässt, der kommt … aus dem Staunen gar nicht mehr heraus: Das Landgericht Saarbrücken hat praktisch genau den gleichen Fall 2016 zu entscheiden gehabt. 30 Jahre später.

Also die gleiche Geschichte: Auto ist an Parklücke vorbeigefahren, hat Rückwärtsgang und Blinker reingehauen und gelauert … Und als der Opel gerade zurückstoßen wollte, um einzuparken, da krachte der freche Toyota ihm rein, der da nämlich plötzlich aus heiterem Himmel aufgetaucht war und ihm den Parkplatz wegschnappen wollte. Wer ist schuld? Fifty-fifty, sagten die Richter in Saarbrücken. Der Toyota habe den Vorrang des Opels beim Einparken verletzt und damit gegen § 12 Abs. 5 StVO verstoßen (Az. 13 S 20/16). Irgendwie unbefriedigend für beide, oder? In den 1980er-Jahren, da hat man noch schön zwischen Schwarz und Weiß getrennt, nicht dieses kompromissmäßige Grau. Schöner wäre da natürlich statt halbe-halbe eine wirklich salomonische Lösung gewesen. Wenn zum Beispiel die beiden Kontrahenten sich nicht gegenseitig die Autos demoliert, sondern einfach schwesterlich und brüderlich die Parklücke geteilt hätten. Geht nicht, sagen Sie? Klar geht das. Wenn die Autos nur klein genug sind.

So einen Fall beschäftigte das Oberlandesgericht Koblenz. Da hatten sich zwei Winzlinge mit Rädern tatsächlich eine Parklücke geteilt – aber nur einer der beiden hat bezahlt. Der andere bekam prompt ein Knöllchen. Es ging zwar theoretisch nur um 5 Euro – aber dem Betroffenen ging es vor allem ums Prinzip. Und das Prinzip bekam er dann eben doch schwarz auf weiß, im Namen des Volkes: Wenn ernsthaft zwei Autos in einer einzigen Lücke parken, ja dann müssen verdammt noch mal eben auch beide bezahlen. Basta (Az. 1 Ss 117/03).

Bei Gericht gilt nämlich die Devise: Den vorlauten Vogel holen sich die Würmer.

PASSWORT

»Rumpelstilzchen« startet Selbstzerstörungssequenz

Passwörter gibt es schon viel länger als Computer und Smartphones. Ali Baba fand in den Geschichten aus *1001 Nacht* beispielsweise Zugang zur Höhle der 40 Räuber mittels des Passwortes »Sesam, öffne dich«. Und der kleine bösartige Gnom aus dem Märchen der Brüder Grimm wurde mittels des Passwortes »Rumpelstilzchen« in den Selbstzerstörungsmodus versetzt. Wiederkehrenden Medienberichten zufolge sind die am häufigsten verwendeten Passwörter der Deutschen die Buchstabenkombination »Passwort« oder die Zahlenfolge »12345678«. Von der Verwendung dieser beiden Codes raten Experten übrigens trotz ihrer enormen Beliebtheit dringend ab und dieser Empfehlung möchte ich mich anschließen.

Als bedenkenlos verwendbar hingegen stuften die Richter des Bundesgerichtshofs jene schier endlose Ziffernfolge ein, die man üblicherweise als Aufkleber am Boden eines neu erworbenen WLAN-Routers findet. Es sind ja immerhin auch reichlich wahllos kombinierte Zeichen gewesen, um die da vor den obersten Zivilrichtern der Republik gestritten wurde. Das Problem: Im zugrunde liegenden Fall waren sie trotzdem von einem bösen Hacker entschlüsselt worden und der Unhold hat sich damit über ein wildfremdes privates WLAN den Film *The Expendables 2* aus dem Internet heruntergeladen. Als der Anschlussinhaber kurz darauf wegen »illegalen Downloads« eine recht kostspielige Abmahnung von einer großen Anwaltskanzlei erhielt, staunte er nicht schlecht, denn er kannte diesen Film gar nicht. Verhandelt wurde letztlich über die Frage, ob man eigentlich ausreichend abgesichert ist, wenn man das vorgegebene Passwort auf dem WLAN-Router einfach ewig verwendet oder ob man sich da selbst alle Jahre wieder was Neues ausdenken muss? Der Bundesgerichtshof entschied bürgernah: Wenn nicht offensichtlich mit diesem Passwortaufkleber etwas faul ist, dann darf man sich auf den Code schon auch blind verlassen (Az. I ZR 220/15).

Oft genug ist es ja inzwischen so, dass unsere Kinder sich mit all diesen Internet- und Passwortgeschichten tausendmal besser auskennen als wir Eltern, Tanten, Patenonkel und Großeltern zusammen. Und die können sich Passwörter auch viel besser merken, als wir das in fortgeschrittenem Alter auf die Reihe kriegen. Aber es sind eben Kinder und denen fällt zu dem Thema nichts als Unfug ein. Das Verwaltungsgericht Stuttgart hatte es mit einem 16-Jährigen zu tun. Der hatte im Computerraum der Schule das Passwort eines anderen Schülers auf einem Rechner entdeckt und es sofort großzügig an alle seine Kumpel verteilt. Die taten natürlich das Nächstliegende: Pornos und Gewaltspiele aus dem Internet auf den Schulcomputer herunterladen. Und deshalb gab es mächtig Ärger: Der Passwortdieb wurde zur Strafe vier Tage vom Unterricht ausgeschlossen. Er zeigte sich aber keineswegs reumütig, sondern zog gegen seine Schule vor Gericht. So sind sie eben, die jungen Leute. Die Richter allerdings attestierten dem Knaben ein »schweres Fehlverhalten« und fanden, dass der Unterrichtsausschluss eine hervorragende Idee gewesen sei. So sind wir eben, wir alten Säcke (Az. 12 K 1320/15).

Riesenärger wegen eines Passworts bekam auch ein unzufriedener Mitarbeiter eines Unternehmens. Der hatte aus Protest den Zugangscode für die Buchhaltung eigenmächtig geändert, sodass der Boss auf seine eigenen Zahlen nicht mehr zugreifen konnte. Das Landesarbeitsgericht Hessen bestätigte die dafür ausgesprochene fristlose Kündigung als »angemessene Reaktion« (Az. 13 Sa 1268/01). Da hätte allen Beteiligten »12345678« natürlich viel Ärger erspart.

POLIZEI

Amtsanmaßung ist eigentlich ziemlich witzig

Nicht überall auf der Welt hat die Polizei einen so guten Ruf wie hierzulande. Aber nur weil unsere Polizei sich jedenfalls in den meisten Fällen erkennbar Mühe gibt, nicht nur korrekt, sondern auch halbwegs freundlich zu sein, heißt das nicht etwa gleich, dass die Damen und Herren in den blauen Uniformen auch herausragende Spaßvögel wären, mit denen man sich jederzeit auch mal einen kleinen Scherz erlauben könnte.

Das Gegenteil demonstriert der nachfolgende Fall aus Paderborn eindrucksvoll. Am Ende hatte das Oberlandesgericht Hamm eine Entscheidung der Vorinstanz bestätigt, wonach ein Mann zu 30 Tagessätzen verurteilt wurde. Der betreffende 42-Jährige war in Paderborn mit seinem Fahrrad unterwegs gewesen. Er trug dabei eine dunkelblaue Hose und eine neonfarbene Jacke mit dunkelblauen Elementen nebst silberfarbenen Reflektorstreifen. Das erzähle ich Ihnen so detailliert, weil es auch bei Gericht präzise erörtert worden war. Und dann war da noch die Aufschrift POZILEI in großen, grau-silberfarbenen Druckbuchstaben auf die Jacke genäht. Nein, ich habe mich nicht vertippt, Sie haben das schon richtig gelesen. Po-zi-lei. Als der ulkige Buchstabenverdreher auf seinem Fahrrad von einer Autofahrerin geschnitten wurde, hielt er an der nächsten Ampel neben ihr an und klopfte verärgert an ihre Scheibe. Mehr tat er eigentlich gar nicht, weshalb man sich schwertat, ihn wegen »Amtsanmaßung« anzuklagen. Klopfen ist ja noch nicht direkt ein Hoheitsakt. Aber »Pozilei«? Das ist quasi schon irgendwie gar nicht richtig lustig, oder? So aus amtlicher Ordnungshütersicht jedenfalls. Das dachten sich auch die Behördenmenschen und überlegten, wie man den frechen Kerl dafür drankriegen könnte. Schließlich bejahte das

Gericht angesichts des oben ja bereits ausführlich erörterten Outfits eine ausreichende Ähnlichkeit zu einer Polizeiuniform, aufgrund des Gesamteindrucks, in der konkreten Situation und in Ansehung des irritierenden Aufdrucks POZILEI. Die Beschriftung mit diesem Buchstabensalat werde bei flüchtiger Betrachtung doch wohl fast von jedem als POLIZEI gelesen, weshalb durchaus eine akute Verwechslungsgefahr gegeben sei. Hätte er bei dem Auto halt nicht an die Scheibe geklopft! Oder hätte er doch mal besser keine blaue Hose angezogen, der alberne Fahrrad-Pozilist (Az. 03 Ns - 47 Js 393/20).

Aber irgendwo ist dann auch in Polizeikreisen eine amtsanmaßende Verwechslungsgrenze erreicht. Da hatten in Wuppertal einige verstärkt religiös motivierte Männer bei einer Demo gelbe Warnwesten mit dem Aufdruck »Sharia Police« drübergezogen. Sie wissen schon, die Scharia ist das traditionelle islamische Recht und islamische Gelehrte erläutern dazu, dass es sich dabei weniger um eine feste Kodifizierung handle, sondern die Scharia eher als ein in stetem Wandel befindlicher Richtlinienkatalog zu verstehen sei. Sollte man also tatsächlich im Namen eines solch wandelnden Richtlinienkanons als »Police« unterwegs sein, dann ist das vermutlich ein ziemlich anstrengender Auslegungsmarathon, um den man die Herren mit den gelben Westen wahrlich nicht beneidet. Jedenfalls aber waren es bestimmt keine richtigen Polizisten, weder von islamischen noch von sonstigen Autoritäten dazu ermächtigt. Vor allem aber bot weder ihr gelbes Jäckchen noch der englische Ausdruck »Police« den geringsten Anlass, die Männer versehentlich für deutsche Polizeibeamte zu halten, weshalb sie auch der Strafrichter vor dem Landgericht Wuppertal unbehelligt laufen ließ (Az. 22 KLs 6/16).

Das Landgericht Koblenz hingegen schickte 2022 einen quasi »echten« falschen Polizisten drei Jahre und drei Monate lang in den Knast. Selbiger hatte ältere Leute aufgesucht, sich als Polizeibeamter ausgegeben und diese vor einer angeblichen Einbrecherbande in der Nachbarschaft gewarnt. Sodann hatte er ihnen in authentischer freundlicher Polizeimanier großzügig angeboten, ihr Geld und ihre Wertsachen »sicher zu verwahren«. Von wegen! Mit dieser Masche sackte er gut 37 000 Euro ein. So beschämend das ist, ist es doch ein weiterer Beweis dafür, wie groß bei uns das Vertrauen der Bürger in die Polizei ist.

PORNOS

Anwälte dürfen keinen »Porno-Pranger« betreiben

Wir müssen jetzt dringend einmal über einen der wichtigsten Inhalte des Internets reden. Nicht Videos von niedlichen Babymiezekatzen, Sportwetten oder Ballerspiele, nein, Sie wissen schon: Pornos! Wir würden vermutlich das CO_2-Problem unseres Planeten allein dadurch in den Griff bekommen, dass wir – und damit meine ich vor allem Männer – damit aufhören, Pornos auf dem Smartphone zu streamen. Dann nämlich würden die glühend heißen, energiefressenden Riesenserverfarmen in Indien und in den USA schlagartig vermutlich so um die 90 Prozent herunterkühlen. Dabei kenne ich persönlich niemanden, der so was anschaut. Ich kenne nicht mal jemanden, der so jemanden kennt! Sie vermutlich auch nicht? Seltsame Geschichte.

Also in Sonthofen haben sie zumindest zwei erwischt. Auf den Smartphones der beiden 14-jährigen Kerlchen fanden sich laut Urteil des heimischen Amtsgerichts »Gewaltdarstellungen, pornografische Schriften sowie Kennzeichen verfassungswidriger Organisationen«. Alter Schwede! So zusammengefasst klingt das jetzt irgendwie nach … Nazi-Pornos? Das Gericht hat sich natürlich gefragt, was man mit den missratenen Bengeln anstellen sollte. Sind ja eigentlich noch Kinder. Das Urteil fiel dennoch knallhart aus. Die Smartphones wurden einkassiert und beide mussten »Besinnungsaufsätze« schreiben. Aus Sicht der Jungs vermutlich die Höchststrafe (Az. Ds 111 Js 7869/06).

Richtig kriminell werden Pornos freilich erst dann, wenn Anwälte mitspielen. So geschehen beim Landgericht Essen. Schon das Thema des Verfahrens klingt verwegen: »Porno-Pranger«. Eine Rechtsanwaltskanzlei vertrat in dem Fall einen großen Pornoanbieter. Anwälte machen für Geld wirklich alles, sagen Sie? Dann warten Sie mal ab, was kommt. Wie wir ja bereits erörtert hatten, macht vor allem eine riesige Zahl uns unbekannter Menschen für Pornografie wirklich fast alles. Unter anderem laden sie den Schmuddelkram gern illegal herunter, ohne dafür zu bezahlen, und schicken ihn an Kumpels weiter. Die Anwälte haben zunächst gar nichts besonders Anrüchiges angestellt. Sie haben deshalb einfach nur Abmahnungen wegen Urheberrechtsverstößen verschickt. Allerdings hat die Kanzlei im Internet auch eine sogenannte Gegnerliste veröffentlicht, konkret war das eine Auflistung all der Personen, die sie wegen der Porno-Downloads abgemahnt hatten. Anders formuliert: Wenn man herausfinden wollte, ob der Nachbar Pornos schaut, musste man sich nur die »Gegnerliste« dieser Kanzlei anschauen und wusste (endlich) Bescheid. Das Landgericht Essen schob dem allerdings rasch einen Riegel vor: Pranger gehören ins Mittelalter und nicht auf die Homepage von Rechtsanwälten (Az. 4 O 263/12).

Besonders unangenehm sind Pornos, in denen man selbst mitspielt, ohne es zu wissen. Noch peinlicher wird es, wenn darüber in einer Boulevardzeitung berichtet wird, obwohl man gar nichts Pornografisches angestellt hat. Eine Frau war heimlich von ihrem Geliebten beim Herumtechtelmechteln gefilmt worden und es gab deshalb einen Prozess. Dummerweise sah die Frau einer anderen, ziemlich prominenten Lady ein bisschen ähnlich und davon hatte die Regenbogenpresse Wind bekommen, die Boulevardberühmtheiten ja rituell wie Schmeißfliegen umschwirrt. Am nächsten Tag prangte die Überschrift »Frivoler Prozess um einen Privat-Porno« neben den (stark gepixelten) Voyeurbildern in der Kiosk-Auslage. Die Frisuren der heimlich gefilmten Dame und ihres Promidoubles waren halbwegs ähnlich und so konnte jeder, der es wahrhaben wollte, tatsächlich glauben, hier ein Superstar-Schmuddelvideo vorgepixelt zu bekommen. Sie war es aber nicht, es war die andere, die keine Sau kannte. Das Landgericht Frankfurt ließ die Pornoblase wegen Persönlichkeitsrechtsverletzung ganz schnell platzen (Az. 2–03 O 468/05). Wieder ein bisschen CO_2 gespart.

PORSCHE

Hakelig und ruckartig? Das ist kein Mangel, sondern Porsche

Wenn man individuell von A nach B gelangen möchte und wenn A von B ein paar Kilometer entfernt liegt, so erscheint nach wie vor das Auto für viele das Mittel der Wahl zu sein. Außer man führt ein wahnsinnig gesundes Leben oder hat eine Mittellebenskrise und nimmt deshalb ein schnittiges Race-Bike. Inzwischen ist ja in Sachen Auto auch Otto der Normalverbraucher nicht mehr zwingend abhängig von Otto dem Verbrennungsmotor (oder Rudolf, dem alten Diesel). Wir können bei modernen Pkw auf Strom oder sogar Wasserstoff zugreifen und unseren Hang zur Bequemlichkeit damit auch unseren Enkeln und deren Planeten gegenüber halbwegs rechtfertigen. Selbst die schnittigen Oberklassebrummer aus Zuffenhausen kommen inzwischen wahlweise als Stromer daher. Trotzdem, ganz ehrlich: Wenn sich jemand einen Porsche kauft, egal mit welcher Maschine, dann tut sie oder er das in der Regel vermutlich nicht vorrangig, um einfach nur von A nach B zu gelangen.

Genau darüber stritt sich der Fahrer eines ikonischen »911-er« mit dem Oberlandesgericht Frankfurt am Main. Die Geschichte war eigentlich simpel: Es gab da diesen Unfall, der Gegner war schuld, der Porsche war kaputt. Die Reparatur musste die Haftpflichtversicherung des Gegners bezahlen – so weit, so gut. Dummerweise dauerte die Reparatur zwar nicht 911, aber doch zumindest 112 Tage lang und so lange hatte der arme Mann keinen Porsche mehr. Von jetzt auf gleich war der bedauernswerte Kerl plötzlich so durchschnittlich wie jeder andere Kerl. Und überhaupt nichts Auffälliges und Besonderes mehr. Für diese vernichtende Demütigung verlangte er die sogenannte Nutzungsausfallentschädigung, die er vor Gericht als eine Art Schmerzensgeld darstellte, weil ihm das Fahrvergnügen mit seinem Porsche ganz schrecklich fehlte. Dabei stellte sich heraus, dass der Mann in der Garage eigentlich noch ein anderes Auto herumstehen hatte. Völlig ungenutzt. Warum er den nicht einfach nehme, wollte das Gericht wissen? Ja warum wohl? Weil das ein ganz popeliger, alter Ford Mondeo sei, erwiderte der Kläger angewidert. Den nutze er nur für Transportfahrten, für den Alltagsgebrauch sei die Kiste schlechthin unzumutbar. Null Fahrspaß! Nun sind Richter vielleicht nicht die typischen Porscheversteher, jedenfalls entschieden sie unbarmherzig: Wer einen Mondeo hat, braucht keine Nutzungsausfallentschädigung, wenn ihm sein Porsche mal ein paar Tage lang fehlt. So ein Ford, der habe angeblich alles, was man braucht, um von A nach B zu kommen. Die haben aber auch gar nichts verstanden, oder? Dabei müssten die als Richter beim Oberlandesgericht doch genau in dem Alter sein, wo man … (Az. 11 U 7/21)

Vielleicht aber ist ein Porsche einfach auch nicht für jedermann geeignet? Da hatte sich der Geschäftsführer einer Firma aus der Nähe von Essen einen Porsche 981 Boxster S mit einem 315-PS-Mittelmotor und einem automatisch schaltenden Doppelkupplungsgetriebe geleast. Aber wie sehr er sein Auto hasste! Es hakte komisch beim Schalten und bremste ruckartig. Der Geschäftsführer wollte die nervtötende Kiste wegen dieser gravierenden Mängel einfach nur sofort zurückgeben. Die Richter beim Oberlandesgericht Hamm allerdings waren scheinbar dann doch keine Mondeofahrer. Sie erläuterten ihm: So ist ein Porsche eben! Das gehört dazu! Im Werbeprospekt steht sogar ausdrücklich drin »straff und unmittelbar«. Der arme Hund musste also den grässlichen Porsche tatsächlich behalten (Az. 28 U 162/13).

Nur ganz kurz währte die Freude eines Sportwagenfans, der an einer Internetauktion auf einen Porsche 997 Carrera 2 S Coupé teilnahm. Gerade hatte er 5,50 Euro geboten, da brach der Eigentümer die Auktion ab. Und was bedeutet das nach den Regeln für Internetauktionen? Den Zuschlag! Der Porscheversteigerer hatte das aber so keinesfalls beabsichtigt und berief sich vor dem Oberlandesgericht Koblenz darauf, es habe technische Probleme gegeben. Die Kiste sei locker 70 000 Flocken wert und nicht Fünffuffzig! Doch das überzeugte das Gericht nicht ohne Weiteres: Ein Kaufvertrag sei hier ganz eindeutig zustande gekommen – und zwar über 5,50 Euro. Da frohlockte der Internetzocker sicher schon. Allerdings, so ergänzten die Richter, sei ja wohl jedem klar, dass man das nicht so stehen lassen kann. Ein Porsche für fünf Euro fünfzig. Das widerspreche »Treu und Glauben«, deshalb könne der Bieter ausnahmsweise weder das Auto noch Schadenersatz verlangen (Az. 5 U 429/09).

Kürzlich hörte ich jemanden sagen, er habe zwei sehr gute Gründe dafür, seine Freundin nicht mit dem Porsche abzuholen: keine Freundin und keinen Porsche.

RAUCHMELDER

Die Angst des Aluhutträgers

Es muss gegen drei Uhr nachts gewesen sein. Ich weiß ja nicht, wie Sie es handhaben? Ich schlafe um diese Zeit ziemlich tief. Nicht tief genug allerdings. Das ohrenbetäubende »Piiiiep« aus der Küche habe ich bis ins Schlafzimmer gehört. Die Batterie eines meiner Rauchmelder hatte zu schwächeln begonnen. Natürlich sind die Dinger wahnsinnig wichtig und nicht umsonst zwischenzeitlich verpflichtend. Aber sie können einen eben nicht nur vor Ärger bewahren, sondern einem auch jede Menge Ärger bereiten. Nachdem ich die Batterie schlaftrunken getauscht hatte, träumten mein Rauchmelder und ich zum Glück friedlich weiter.

In Hannover allerdings lief die Sache anders: Da wurde eine Wohnung saniert. Unter anderem kam eine nagelneue Zimmerdecke rein. Dummerweise hatte die Baufirma den an der alten Decke montierten Rauchmelder übersehen. Es kam, wie es kommen musste: Nach einiger Zeit rief der neue Mieter verzweifelt den Wohnungseigentümer an und beklagte sich über ein nervtötendes Piepen aus der Decke. Das kleine Biest musste daraufhin erst mal geortet werden, anschließend wurde die nagelneue Rigips-Decke geöffnet und der kleine hysterisch fiepende Störenfried konnte endlich evakuiert werden. Der Wohnungseigentümer verklagte die Baufirma wegen der daraus entstandenen Kosten auf Schadenersatz. Doch das Amtsgericht Hannover wies die Klage ab. Grund: Es war nicht nachzuweisen, wer eigentlich genau den Rauchmelder montiert hatte und ob die Baufirma von seiner Existenz hätte wissen müssen. Der eigentliche Gewinner des Rechtsstreits war allerdings der Mieter. Der nämlich konnte endlich wieder ruhig schlafen (Az. 412 C 2882/18).

Auch bei Rauchmeldern gibt es eine Zweiklassengesellschaft. Das hängt allerdings weniger mit der Qualität der Geräte zusammen, sondern vielmehr damit, dass es Menschen gibt, die schon welche haben, und andere, denen sie noch fehlen. Dazu zählte sich ein Strafgefangener der Justizvollzugsanstalt Zweibrücken. Der hatte deshalb vor dem Verwaltungsgericht Neustadt per Eilantrag im einstweiligen Rechtsschutz den sofortigen Einbau eines Rauchmelders in seiner Zelle verlangt. Doch die Richter schüttelten den Kopf: Eilantrag? Aber nein, so sehr brennt's dann doch nicht. Die Haftanstalt wurde nämlich zu diesem Zeitpunkt ohnehin bereits sukzessive mit Rauchmeldern ausgerüstet. Bis er dran wäre, könne er ja im Notfall über die Gegensprechanlage der Zelle Hilfe rufen (Az. 3 L 780/15.NW).

Ein Mieter aus Köln wiederum hatte ganz andere Sorgen: Sein Vermieter wollte einen funkbasierten Rauchmelder in dessen Wohnung einbauen. Der Mieter weigerte sich, den Einbau zu dulden. Er fürchtete, dass durch Ultraschallsensoren und Infrarot Bewegungsprofile von Personen erstellt werden könnten, die sich in seiner Wohnung aufhielten. Zudem sei mittels einer solchen Apparatur seiner Meinung nach die Aufzeichnung von Gesprächen möglich. Ob der Kläger eine Kopfbedeckung aus Aluminiumfolie getragen hat, weiß ich nicht. Sicher ist, dass er in allen gerichtlichen Instanzen gescheitert war. Verzweifelt legte er schließlich Verfassungsbeschwerde wegen Verletzung seiner Persönlichkeitsrechte ein. Doch das Bundesverfassungsgericht nahm den Fall erst gar nicht an: Die bloße Furcht vor einer eingebildeten Überwachung sei für sich gesehen sicher noch keine Grundrechtsverletzung (Az. 1 BvR 2921).

In Sachen Rauchmelder zum Schluss ein kleiner Tipp von einem leicht übermüdeten Anwalt: Man kann die Batterien auch einfach regelmäßig tauschen, schon bevor die Dinger piepen.

REISSVERSCHLUSS

Die Vorhaut im Zipper

Ist das eigentlich eine Frage der inneren Haltung, des Stils oder nur der Mode? Knöpfe oder Reißverschluss? Bevor der Reißverschluss seinen Siegeszug um den Globus antrat, hatten die Menschen ja zunächst mit Häkchen und Nestelbändern herumexperimentiert. Ab 1851 begann dann die Revolution – natürlich in den Vereinigten Staaten von Amerika, wo auch sonst. Ganz vorn dabei war Mr. Whitcomb Judson aus Chicago, der seine praktische Idee unter dem Namen *clasp locker* als Patent anmeldete. Aber es ist immer das Gleiche mit technischen Segnungen – in ihrem tiefsten Inneren bergen sie einen Fluch. Das gilt für die Gewinnung von Energie durch Kernspaltung genauso wie für die Verbindung zweier Hälften einer Sache mittels Reißverschluss.

Da stand zum Beispiel ein Pkw-Fahrer vor dem Oberlandesgericht München. Er war auf der linken Fahrspur unterwegs gewesen, als diese plötzlich zu enden begann. Er musste sich also nach rechts einfädeln und da dachte er spontan an Whitcomb Judson aus Chicago und wollte gern »Reißverschluss« mit den anderen Autofahrern spielen. Dummerweise spielte der Lkw zu seiner Rechten nicht mit und es gab dieses typische Geräusch, das kaputte Reißverschlüsse immer von sich geben. Das Landgericht sah die Haftung noch bei 50 : 50. Das Oberlandesgericht München aber verwies darauf, dass man auch beim Reißverschlussverfahren nach § 7 Abs. 5 StVO andere Verkehrsteilnehmer beim Spurwechsel nicht gefährden dürfe, und sprach dem Spurwechsler die volle Haftung zu (Az. 10 U 4565/16).

Wenn man sich dieses Urteil zu Herzen nimmt, kann es natürlich passieren, dass man am Ende zu spät dran ist und einen wichtigen Termin verpasst. Einen Gerichtstermin zum Beispiel. Wir alle wissen ja, dass mit dem Zuspätkommen oft alles anfängt und sich an dieses Problem ein neues anschließt und wieder ein neues, und die greifen dann wie die Zacken eines Reißverschlusses ineinander. So manch moderner Reißverschluss hat ja gar nicht den Zweck, ein Kleidungsstück zu verschließen. Oft handelt es sich um ein rein ästhetisches Accessoire, und wenn es um Mode geht, da ist die Eitelkeit nicht fern. Vor dem Oberlandesgericht München stritt ein Textilfabrikant mit einem Konkurrenten darüber, ob dieser die revolutionäre Idee einiger unnütz-hübscher Reißverschlüsse auf einer schwarzen Jacke abgekupfert haben könnte. »Lauterkeitsrechtlicher Nachahmungsschutz« wurde konkret begehrt. Die Richter verglichen im Sitzungssaal höchstpersönlich das todschicke Original mit der billigen Kopie, zippten die Reißverschlüsse sachkundig auf und wieder zu, zupften an den daran befestigten neckischen Lederbändchen und verkündeten sodann im Namen des Volkes: Diese Jacken ähneln sich doch gar nicht. Die Klage wurde weitgehend zurückgewiesen, wobei es sich das Gericht nicht verkneifen konnte, dezent darauf hinzuweisen, dass man in den verhandelten modischen Fragen durchaus auch den eigenen Geschmack mit eingebracht habe (Az. 29 U 3490/17).

Einen dramatischen Reißverschlussunfall hatte das Oberlandesgericht Nürnberg zu verarzten. Ein Teenager hatte, stockbetrunken, beschlossen, in freier Wildbahn zu urinieren. Als er fertig war, vergaß er, »die Rute wieder einzuholen« und – zipp – klemmte die Vorhaut im Reißverschluss der Hose fest. Wie unfassbar weh das vermutlich tat? Wie die Mami reagiert hat, als das Krankenhaus mitten in der Nacht anrief, um ihr mitzuteilen, dass die Vorhaut des volltrunkenen Filius mittels einer Notoperation amputiert werden muss? All das ist mir nicht bekannt. Was ich weiß: Die Klage auf Schadenersatz gegen den Wirt, der dem Jugendlichen Alkohol ausgeschenkt hat, ging in die Hose. Das sei kein typischer Alkoholunfall, urteilten die Richter. Echt jetzt (Az. 6 U 2507/03)? Ich möchte ungeachtet dessen ergänzen: Mit Häkchen wäre das nicht passiert!

SALAT

Beatmen, behusten und berühren

Ich weiß ja nicht, wie Sie es mit ihren guten Vorsätzen für das neue Jahr jeweils halten, alle Jahre wieder? Ich für meinen Teil bin da durchaus konsequent und hart gegen mich selbst. Ich malträtiere mein Wohlbefinden hartnäckig mit gesunder Ernährung – und davon wenig. Eine Alternative wäre mehr Sport, aber ich will es nun auch nicht gleich übertreiben mit den guten Vorsätzen. Der König unter den gesunden Speisen ist ja vermutlich der Salat.

Das hatte sich ein Ehepaar aus Burgwedel möglicherweise auch gedacht, als es sich in einem französischen Feinschmeckerlokal einen ebensolchen nach französischer Machart bestellte – gefolgt von einer Vielzahl köstlicher weiterer Gänge. Theoretisch jedenfalls. In praktischer Hinsicht waren die beiden nämlich schon nach dem Salat so etwas Ähnliches wie satt. Jedenfalls hatten sie keinen Appetit mehr und sie verließen auch sofort das Restaurant – und zwar absichtlich, ohne zu bezahlen. Als der Gastronom die Zeche vor dem Amtsgericht Burgwedel einforderte, offenbarte sich allerdings ein Geheimnis des umstrittenen Salates, das die Speisekarte so nicht preisgegeben hatte. Das gesunde Grünzeug nämlich verbarg eine überraschende Fleischeinlage in Form einer lebendigen, fetten Schnecke unter den Blättern. Nun gilt dergleichen in der französischen Küche ja bisweilen durchaus als Delikatesse. Wenn man allerdings kein schleimiges Kriechtier bestellt hat, muss man auch nicht dafür bezahlen und man darf sogar dankend auf die restlichen Gänge genauso wie auf die Rechnung verzichten, befand das Gericht (Az. 22 C 669/85).

Ein Kläger vor dem Amtsgericht Köln wäre vermutlich froh gewesen, wenn er in seinem Salat nur ein Weichtier zerbissen hätte. Leider aber war das, worauf sein Kiefer beim Zerkauen der Blätter gestoßen war, weitaus robuster. So hart in der Tat, dass der Mann sich zum »Nachtisch« einer sofortigen zahnmedizinischen Notoperation hatte unterziehen müssen. Auch nach gerichtlicher Konsultation diverser Zeugen konnte aber einfach nicht geklärt werden, was genau die gefährliche Zutat des Salates gewesen sein mochte. Immerhin erwuchsen dem Geschädigten daraus 500 Euro Schmerzensgeld. Ob er die nach der traumatischen Salaterfahrung lieber in Obst investiert hat, ist mir nicht bekannt (Az. 122 C 208/05).

Salat hat ja zwischenzeitlich längst auch einen nicht zu unterschätzenden Lifestyle-Faktor. Trendgemäß konsumiert man ihn idealerweise an einer Salatbar. Dort findet man, der allerletzte Schrei, heutzutage bisweilen auch fermentiertes Gemüse, das in besonderem Maße die Langlebigkeit fördern soll, heißt es jedenfalls. Aber in Wahrheit sind weder Salatbars noch fermentiertes Gemüse eine echte Novität. Vor dem Verwaltungsgericht Berlin wurde über die »Urform« des beschriebenen Trends gestritten. Da hatte ein Lebensmittelhändler Holzfässer mit Essig- und Salzlösung aufgestellt und die Kunden durften sich Gurken mit einer Zange herausfischen. Das missfiel der Lebensmittelaufsicht: Wie bei jeder »Salatbar« müsse auch hier ein Spuckschutz angebracht werden, weil des Risikos des »Beatmens, Behustens und Berührens« der Gurken durch die sich selbst bedienenden Kunden anders nicht Herr zu werden sei. Die Verwaltungsrichter allerdings schätzten das Risiko, dass eine Essiggurke im Fass versehentlich beatmet werden könnte, wohl als vertretbar ein. Zudem wirken Essig und Salz im Zweifel ja konservierend. Ein Spuckschutz vor den Gurkenfässern sei mithin überflüssig (Az. VG 14 A 56.98).

SALZ

Weggeschüttet und zertreten

Wie bibelfest sind Sie eigentlich? Man muss ja nicht zwingend tiefgläubig sein, um dem Buch etwas abzugewinnen. Abgesehen von seiner religiösen Bedeutung widerspiegelt es unbestreitbar ein gewaltiges Stück Kulturgeschichte der Menschheit und die Luther-Übersetzung hat unser Spracherbe auch nachhaltig geprägt. Kennen Sie die Stelle mit dem »Salz der Erde«? Bergpredigt, Matthäus 5,13. Da redet Jesus über seine Jünger und vergleicht sie mit Salz. Der alte Luther hat es für uns, die wir die Bibel weder hebräisch noch in der altgriechischen Variante oder wenigstens auf Latein lesen können, wie folgt übersetzt: »Ihr seid das Salz der Erde. Wenn nun das Salz nicht mehr salzt, womit soll man salzen? Es ist zu nichts mehr nütze, als dass man es wegschüttet und lässt es von den Leuten zertreten.«

Salz ist heutzutage so alltäglich, dass man die große Wertschätzung, die in diesen Worten liegt, nicht ohne Weiteres erkennt. Aber ohne Salz im Körper sind wir tatsächlich gar nicht lebensfähig. Und das Essen schmeckt wie kalte Füße. Die Sache mit dem »Wegschütten und von den Leuten zertreten« sollten wir uns trotzdem noch einmal genauer anschauen. Das Landgericht Oldenburg jedenfalls hat es getan. Da ging es um Salz, wie es uns in dieser Form vor allem in den Wintermonaten allerorten begegnet, besonders gern als weiße Schlieren auf der Windschutzscheibe. Streusalz meine ich. Konkret hatte das Gericht sich mit einem Gemisch aus Salz und Granulat zu befassen, das seitens der Heimatgemeinde des Klägers, über den wir hier sprechen, zur Bekämpfung von Eis- und Schneeglätte üppig auf Straßen und Gehwegen »weggeschüttet und zertreten« worden war, ganz im Luther'schen Wortsinne. Der Kläger trug vor Gericht vor, das salzige Gemisch sei für ihn ein extremes Ärgernis, denn es zerstöre die Sohlen seiner orthopädischen Spezialschuhe. Und dafür forderte er Schadenersatz. Die Ausbringung des Granulat-Salz-

Gemisches stelle sich aus seiner Sicht nämlich als Amtspflichtverletzung im Sinne des § 839 BGB dar und er habe deshalb ein verdammtes Recht auf neue Schuhe. Die Richter allerdings befanden, es obliege den Kommunen, effektiv gegen Glätte vorzugehen, und der gewählte Stoff sei hier ohne jeden Zweifel geeignet und bewährt. Dass die Schuhsohlen des Klägers davon in Mitleidenschaft gezogen würden, sei in der Tat bedauerlich, stelle sich allerdings als ein geradezu typischer Fall des sogenannten allgemeinen Lebensrisikos dar. Klage weggeschüttet, zertreten und abgewiesen (Az. 5 O 3480/04).

Auch das Landgericht Braunschweig tat sich kräftig Salz auf. Nicht das Salz der Erde, sondern in diesem Fall eher die Bergvariante. Genau genommen ging es um Himalaja-Salz. Wobei, das Problem war eigentlich, dass die verklagte Firma aus Norddeutschland ihr Salz zwar als »Himalaja-Salz« im Internet angepriesen hatte, in Wahrheit aber stammte es aus einer Region in Pakistan, die mindestens 200 Kilometer von den äußersten Ausläufern des Himalaja-Gebirges entfernt lag. Also dann doch eher Salz der Erde? Das Gericht entschied: Wenn Himalaja draufsteht, dann erwartet der Verbraucher, dass es vom Berg kommt und nicht nur aus entfernter Sichtweite des Gebirges. Die Bezeichnung »Himalaja-Salz« wurde der Firma entsprechend als irreführende Verbrauchertäuschung versalzen. Ob es anders schmeckt? Alberne Frage. Juristisch gesehen spielt das überhaupt keine Rolle (Az. 9 O 1286/09).

Außer gegen Glatteis und zum Würzen ist Salz auch ein bewährtes Hausmittel, wenn Sie von Unkraut geplagt werden, besonders wirksam ist es in Kombination mit Essig. Das Oberlandesgericht Oldenburg hat glücklicherweise klargestellt, dass diese uralte Rezeptur ausdrücklich kein verbotenes Pflanzenschutzmittel im Sinne des § 12 Abs. 2 PflSchG darstelle. Die behördlich verhängten 150 Euro Bußgeld, die wegen der Verwendung dieser Bracke gegen einen Mann aus Brake verhängt worden waren, durfte er entsprechend behalten (Az. 2 Ss OWi 70/17).

Sollte Ihnen also einmal die Salatsoße misslingen, können Sie damit zumindest in Oldenburg jederzeit den hartnäckigen Giersch in Ihrem Garten bekämpfen.

SCHEIDUNGEN

Sie schützen nicht vor Schicksalsschlägen

Ich meine, wir sind jetzt langsam reif für eines der heikelsten juristischen Kapitel überhaupt: Ich will die Scheidung! Also zumindest will ich Ihnen darüber erzählen, mit welchen Sorgen sich scheidende Eheleute vor Gericht so herumschlagen müssen, denn nicht umsonst warnt uns das Kinderlied: »Scheiden tut weh.« Da überlegt man es sich doch fast noch einmal, oder?

Wobei, dieser Mann vor dem Oberlandesgericht Hamm, dem konnte es gar nicht schnell genug gehen. Sie wissen sicher, dass man üblicherweise ein Jahr warten muss, wenn man getrennte Wege gehen will, bis dass der Tod uns … wieder zusammenbringt? Für manche vielleicht der schlimmste Albtraum, dieses Jahr meine ich, aber das ist ein anderes Thema. Also in dem Verfahren, von dem ich rede, da entschied das Gericht, dass ein besonderer Fall vorlag und ein ganzes weiteres Jahr dem Mann schlicht nicht mehr zuzumuten war. Nicht mal neun Monate. Seine Frau hatte ihn nicht etwa geschlagen, wenn Sie das vielleicht vermuten. Sie war vielmehr in anderen Umständen. Dummerweise war nicht der Ehegatte, sondern der Liebhaber der Erzeuger. Die Richter gaben dem Mann recht, als der verzweifelt anmerkte, dass nach Recht und Gesetz er ja nun offiziell der Vater würde, mit Unterhalt und Erbe und allem drum und dran, wenn er bei der Geburt aus der Ehenummer noch nicht raus wäre. Also bekam er die vorzeitige Entlassung noch vor Ablauf des Trennungsjahres, härtefallhalber (Az. 8 WF 106/14).

Scheidungen schützen übrigens nicht vor Schicksalsschlägen. Das musste auch eine gerade mitten im Rosenkrieg vor Gericht feststeckende Noch-Ehefrau lernen. Ihr starb der zu scheidende Gatte im laufenden Verfahren einfach weg. Genau wie es der Pfarrer vorausgesagt hatte. Der Spruch in der Kirche heißt eben nicht »bis dass der Amtsrichter euch scheidet«. Die Frau freute sich zunächst doppelt.

Erstens wollte sie den Kerl ja ohnehin loswerden und zweitens dachte sie, sie könnte ihn als Noch-Ehefrau vielleicht ja jetzt noch schnell beerben? Doch wie gesagt – ein Schicksalsschlag: Das Oberlandesgericht Köln vermieste ihr die Party. Schon im Zeitpunkt der Zustimmung zur Scheidung, so die Richter, würde auch das gesetzlich verankerte Ehegattenrecht ausgeschlossen (Az. 2 Wx 64/13). Wenn sie das gewusst hätte, hätte sie vielleicht noch ein bisschen länger gute Miene zum bösen Spiel gemacht? Schön und gut. Nun wissen wir also, was passiert, wenn der Ehegatte mitten im Scheidungsverfahren stirbt. Was aber, wenn er während des Prozesses vergisst, dass er sich eigentlich scheiden lassen wollte? Gerade Männer vergessen ja gerne mal zu den haarsträubendsten Zeitpunkten die unmöglichsten Dinge.

Das Oberlandesgericht Hamm hatte es mit so einem Fall zu tun. Der Kandidat wurde nämlich während des Scheidungsverfahrens dement und wusste bald gar nicht mehr so recht, was er eigentlich überhaupt wollte. Die Richter befanden jedoch gnädig, dass es genügt, wenn wenigstens am Anfang des Verfahrens der zukünftige Ex-Bräutigam noch ein klares »Nein, ich will nicht« zur Fortsetzung der Ehe gesprochen hat. Ob die Richter dem Kranken damit einen Gefallen getan haben, steht auf einem anderen Blatt. Der Ehefrau vielleicht schon, denn statistisch gesehen sterben verheiratete Frauen früher (Az. 3 UF 43/13).

Auch wenn wir nun über das Thema Ehe ein wenig geschmunzelt haben, will ich am Ende doch Mark Twain zitieren, der, entgegen seiner ansonsten eher spaßigen Natur, einmal anmerkte: »Um den vollen Wert des Glücks zu erfahren, brauchen wir jemanden, um es mit ihm zu teilen.«

SCHEINEHE

Die Zahnbürstenpolizei auf der Spur der wahren Liebe

Kennen Sie *Green Card* mit Andie MacDowell und Gérard Depardieu? 1990 kam der Film in die Kinos. Immer noch eine ulkige Story. Da kommt ein Franzose nach New York und würde gern bleiben. Dafür benötigt er die berühmte »Greencard«, die Arbeits- und Aufenthaltserlaubnis für die USA. Einer der Wege dazu: eine Amerikanerin heiraten, was Gérard Depardieu auch tut, nämlich die noch ganz junge Andie MacDowell. Also natürlich nur im Film. Die beiden sind wie Hund und Katze und bald findet die Einwanderungsbehörde auch heraus, warum der Film den deutschen Untertitel *Scheinehe mit Hindernissen* trägt. Witzigerweise verlieben die beiden sich dann aber doch noch ganz echt. Sie ahnen, wie es ausging.

Ganz so romantisch ging es vor dem Verwaltungsgericht Münster dann doch nicht zu. Eine Dame aus Montenegro wollte gern in Deutschland leben, was ihr jedoch behördlich verweigert wurde. Vielleicht hatte sie ja auch *Green Card* gesehen? Mit serbokroatischen Untertiteln? Jedenfalls heiratete sie daraufhin verblüffend schnell diesen 21 Jahre älteren Deutschen. Anstatt glücklicher Familie gab es jedoch Riesenärger. Nicht mit dem Gatten, sondern mit der Ausländerbehörde. Die waren aber auch so was von penetrant. Sie inspizierten die Wohnung des Paares, stellten seltsam intime Fragen, besuchten sogar die Nachbarn. Und die erzählten blöderweise, von einer Ehefrau wüssten sie ja gar nichts, nur von einem Dackel. Das Ende der Geschichte war nicht besonders happy: Die Frau bekam ihre Aufenthaltserlaubnis nicht verlängert und musste zurück nach Montenegro. Der Dackel durfte bleiben (Az. 5 L 338/06).

Vielleicht hätte es ja geklappt, wenn man sich besser auf die neugierigen Detektive von der Ausländerbehörde vorbereitet hätte? Andie MacDowell und Gérard Depardieu jedenfalls haben sich ganz penibel vorbereitet. Aber dazu müsste man natürlich auch genau wissen, wofür die vom Amt sich eigentlich im Detail interessieren. An sich dürfte das doch nicht so schwer sein, denn wie jede anständige deutsche Behörde haben die dafür natürlich extra Formulare. Der Verein »Humanistische Union« hat deshalb sogar einmal versucht, an so einen Scheinehen-Fragenkatalog heranzukommen. Ein Schelm, wer Böses dabei denkt. Man hatte die Ausländerbehörde vor dem Oberverwaltungsgericht Bremen zur Herausgabe des Dokuments zwingen wollen. Aber das Gericht sah dadurch die öffentliche Sicherheit gefährdet, denn die Kenntnis der Geheimfragen, die getrennt an beide Eheleute gestellt werden, würde ja der Aufenthaltserschleichung Tür und Tor öffnen. So wissen wir also bis heute nicht, wie man der wahren Liebe behördlich auf den Zahn fühlt (Az. 1 LB 17/17).

Bei der unerbittlichen Jagd auf arrangierte Ehen mit exotischen Partnern hat das Oberverwaltungsgericht Hamburg der dortigen Ausländerbehörde allerdings dann doch ein paar Grenzen aufgezeigt. Eine Frau aus Bosnien wurde aus heiterem Himmel verdächtigt, ihren deutschen Ehemann nicht so lieb zu haben, wie das behördlich erwartet wird. Um selbiges zu belegen, wurde von Amts wegen sogar ein Privatdetektiv angeheuert. Das Auto des Paares wurde mit einem GPS-Peilsender verwanzt, das Wohnhaus wurde mit Kameras überwacht. Das Ende dieses Spionagethrillers jedoch haben sich die Richter erst gar nicht anhören wollen. Das gehe nun wirklich zu weit und für solche stasimäßigen Eskapaden gibt es auch gar keine Rechtsgrundlage, gab das Gericht deutlich angewidert zu erkennen (Az. 3 Bs 396/05).

Noch einmal zurück zum Scheinehe-Fragenkatalog: Eine der dortigen Fragen könnte von Hermann Häring stammen. »Was ich mit meinem Mann gemeinsam habe? Wir haben am selben Tag geheiratet.«

SCHEISSE

Eine ganz eigene Marke

Zartbesaiteten möchte ich an dieser Stelle dazu anraten, einfach weiterzublättern. Hier geht es jetzt nämlich um Scheiße. Also nicht direkt. Nur um das Wort, das vermutlich schlechthin das beliebteste Fluch- und Schimpfwort im deutschsprachigen Raum sein dürfte. Da wundert es freilich wenig, dass auch Gerichte sich andauernd mit Scheiße beschäftigen müssen. Das würde Ihnen jeder Richter unabhängig davon höchstwahrscheinlich sowieso jederzeit blanko unterschreiben.

Zum Beispiel beim Landgericht Köln. Da musste man sich mit einem T-Shirt auseinandersetzen, auf dem geschrieben stand: »Scheiß RTL«. Erkennbar handelte es sich um das Logo des gleichnamigen Fernsehsenders und der fand dieses T-Shirt, nun, wie soll ich sagen, eben total scheiße. Also begehrten die Fernsehleute klagehalber die Unterlassung der Verbreitung dieses unappetitlichen Kleidungsstücks, wegen Verletzung ihrer Markenrechte. Die T-Shirt-Spaßvögel hielten dagegen, es könne die Marke RTL doch wohl schwerlich verletzen, wenn auf einem T-Shirt etwas ganz anderes draufsteht als RTL – nämlich »Scheiß-RTL«. Scheiß-RTL, so die Beklagten, das sei nämlich eine ganz eigene Marke. Die Richter hielten die Beklagten offenbar ebenfalls für eine ziemlich eigene Marke, allerdings keine schützenswerte. Da sei ja wohl ganz unzweideutig das RTL-Logo missbraucht worden, stellten sie fest. Und »Scheiß« sei kein eigener Markenbestandteil, sondern vielmehr eine ziemlich unmissverständliche Wertung in Bezug auf den Sender RTL. »Stimmt«, hielten die Beklagten dagegen. »Aber es ist halt unsere freie Meinung, RTL scheiße zu finden!« Und die Meinungsfreiheit wird vom Grundgesetz geschützt. Außerdem sei das auch Kunst. Und die ist frei! Doch auch das stimmte die Richter nicht um. Das sei doch keine Kunst, sondern einfach nur pauschale Schmähkritik und sonst nichts. Die

Herren mussten ihre T-Shirts am Ende also tatsächlich ausziehen und konnten sich damit höchstens noch den Hintern … (Az. 33 O 719/11)

»Ich mache die ganze Scheiße nicht mehr mit«, sagte wiederum andernorts ein Lkw-Fahrer zu seinem Chef, nachdem dieser ihn zwingen wollte, eine weitere Fuhre zu übernehmen, obwohl die erlaubte Lenkzeit längst überschritten war. Der Chef wollte ihn sofort fristlos feuern. Der Firmenanwalt begründete das vor dem Landesarbeitsgericht Rheinland-Pfalz wie folgt: »Egal ob die Argumente des Mannes nun zutreffen oder auch nicht – Scheiße darf man zu seinem Chef einfach nicht sagen!« Die Richter sahen es anders. »Scheiße«? Das habe ja gar nicht dem Chef persönlich gegolten, sondern habe lediglich einer besonders deftigen Charakterisierung der vorgefundenen Umstände gedient. In diesem Kontext sei »Scheiße« ausnahmsweise schon mal erlaubt (Az. 10 Sa 308/10).

Was für Lkw-Fahrer gilt, ist allerdings nicht ohne Weiteres auch auf Schüler übertragbar. Einem 16-jährigen Gymnasiasten aus Berlin wurde zum Beispiel die Teilnahme an einer Klassenfahrt nach Rom untersagt, weil er an der Unterrichtsgestaltung seiner Lehrer mit den Worten »Das ist doch scheiße hier!« destruktive Kritik geübt hatte. Er hat dann noch ein paar andere Sachen in vergleichbarem Wortlaut von sich gegeben und war wohl auch sonst ein winziges bisschen aufsässig gewesen. Das genügte in der Gesamtschau dem Verwaltungsgericht Berlin, den jungen Störer als undiszipliniert und unbelehrbar zu qualifizieren und dafür zu sorgen, dass zwar alle Wege, nicht jedoch der seine nach Rom führten (Az. VG 3 A 219.08).

Am Ende eine kleine Ermutigung: Wer bis zum Hals in der Scheiße steckt, der soll den Kopf nicht hängen lassen.

SCHERZ

Radikaljuristische Spaßausmerzung

Es gibt einen Erfolg versprechenden Weg, einen Witz zu verderben: Erklären Sie die Pointe. Es gibt allerdings auch eine todsichere Methode, einen Scherz wirklich nachhaltig und für alle Ewigkeit endgültig und bis in die letzte Faser zu vernichten: Lassen Sie ihn durch einen Juristen erklären. Wir Juristen nutzen für diese Form der radikalen Spaßausmerzung unser übliches Handwerkszeug, nämlich das Gesetz. Wie ein Scherz funktioniert, das wird in § 118 BGB in absolut unheiteren Worten semantisch seziert: »Eine nicht ernstlich gemeinte Willenserklärung, die in der Erwartung abgegeben wird, der Mangel der Ernstlichkeit werde nicht verkannt werden, ist nichtig.« Muss man zweimal lesen, um es zu verstehen. Wie ein schlechter Witz eben. Was uns der Paragraf eigentlich sagen will: Blödsinn darf man nicht ernst nehmen. Erstaunlich, dass man solch simple Wahrheiten legal kodifizieren muss, oder? Aber glauben Sie mir, wenn ein Spaß vor Gericht gezerrt wird, wird es vor lauter Ernsthaftigkeit richtig finster.

Auch den Richtern beim Oberlandesgericht Frankfurt blieb beim folgenden Fall das Lachen im Halse stecken: Da hatten zwei Männer über den Kauf eines Gebrauchtwagens verhandelt, aber irgendwie wurde wohl nichts draus. Der Verkäufer dachte sich am nächsten Tag, er könnte die Verhandlungen vielleicht etwas auflockern und schickte dem anderen eine flapsige SMS: »Also für fünfzehn kannste ihn haben« – ein Scherz natürlich, denn das Auto war das Hundertfache wert. Der Kläger antwortete: »Guten Tag, für 15 Euro nehme ich ihn.« Dem Verkäufer verging das Grinsen, als der Kläger gerichtlich das Auto ernsthaft gegen die Zahlung von 15 Euro herausverlangte. Den Zahn zogen ihm die Richter allerdings ganz schnell wieder. Der Beklagte habe die Antwort des Klägers doch wohl nicht als ernsthafte Annahme eines vermeintlichen Kaufvertragsangebots angesehen? Der Beklagte hätte die Reaktion seines Gegenübers vielmehr als ein »Sicheinlassen auf eine Scherzkonversation« verstehen müssen. Klage abgewiesen – so was passiert, wenn man keinen Spaß versteht (Az. 8 U 170/16).

Ein eher schlüpfrigen Scherz plagte das Landgericht München I. Ein, sagen wir mal, »Lebemann und Playboy« aus München hatte in den 90ern eine Frau fotografiert. Und zwar in ausgesprochen nackigem Zustand. Die beiden waren nach dem Shooting wohl in gelöster Stimmung. Man weiß zwar nicht, was im Detail sie getrieben oder konsumiert haben, jedenfalls hatte der Herr im Zuge dessen einen lustigen Text verfasst, der etwa so lautete: »Ich Gevatter tue kund, dass von jeder Mark, die ich aus den Bildern erloesen werd, ich zwanzig Pfennig an die Gevatterin (Name) auf Heller und – natuerlich – Pfennig abfuehren werd. Dies gelte bis zum dem Beginn des naechsten Jahrtausends.« So richtig spaßig wurde es aber erst, als die Fotos nach dem Tod des Fotografen bei einer Auktion in London auftauchten und einen Erlös von umgerechnet 204 691,72 Euro einbrachten. Die nackig auf den Fotos abgebildete Dame besann sich des witzigen Zettels, zog ihn vor dem Münchener Landgericht aus der Tasche und bekam tatsächlich 40 938,34 Euro zugesprochen. Nur weil es ulkig klang, war es halt noch lange kein Witz, befand das Gericht (Az. 21 O 22432/12).

Was also sagt Paragraf eins-eins-acht? Humor sei, wenn man trotzdem lacht.

SCHLAF

Schnarchende Richter sind besonders konzentriert

Kleine Kinder glauben, sie seien unsichtbar, wenn sie die Augen zumachen. Erwachsene behaupten, dass dieser Trick in Wahrheit nicht funktioniert. Wirklich nicht? Sie sollten mal mit einem Quantenphysiker darüber sprechen. Bedauerlicherweise hilft es trotzdem fast nie, wenn man die Augen vor etwas schließt (außer vielleicht bei einer Weinverkostung). Selbst wenn wir tief und fest schlafen, schwirren Paragrafen wie die Stechmücken um uns herum und saugen an unseren Rechten. Aber so einfach, wie Sie vielleicht glauben, ist das mit dem Schlafen ohnehin gar nicht. Das Bundesverwaltungsgericht musste dieser Frage ein komplettes Urteil widmen.

Begonnen hatte die Angelegenheit damit, dass eine Rechtsanwältin gegen eine gerichtliche Entscheidung vorgehen wollte, weil sie der Überzeugung war, der Richter hätte während der Verhandlung da oben auf seinem Richterpult tief und fest geschlummert. Konkret trug sie vor, der Vorsitzende sei nicht in der Lage gewesen, der Verhandlung zu folgen, weil er über einen längeren Zeitraum ununterbrochen die Augen geschlossen gehabt hätte. Auch seine Körperhaltung, der auf die Brust gesenkte Kopf, die verschränkten Arme und sein gelegentliches, kurzes Aufschrecken sowie der tiefe, ruhige Atem, all das hätte den Richter zweifelsfrei als Schnarchnase verraten. Wie will denn so einer ein gerechtes Urteil fällen? Doch das Bundesverwaltungsgericht war davon nicht überzeugt. Schließen der Augen über weite Strecken? Senken des Kopfes auf die Brust? Das beweise längst noch nicht, dass ein Richter schläft. Diese Haltung könnte ja auch durchaus zwecks besonderer Konzentration eingenommen werden. Weiter, so das Gericht, bedürfe es zur einwandfreien Feststellung schon noch zusätzlicher Anzeichen echten Schlafes, wie beispielsweise »lautes Schnarchen« (leises Schnarchen scheint also nicht zu genügen?). Zu alledem aber habe die Anwältin rein gar nichts vorgetragen. Der Richter muss also wach gewesen sein (Az. 5 B 105/00).

Auch das Landesarbeitsgericht Hessen hatte, hoffentlich nicht im Schlaf, jedenfalls aber darüber zu entscheiden. Einer Altenpflegerin waren während ihrer Nachtschicht die Äuglein nur mal ganz kurz zugefallen und sie hatte ein etwa 30-minütiges Nickerchen – neuhochdeutsch auch »Powernap« genannt – auf einem Fernsehsessel eingeschoben. Deshalb kassierte sie, ohne Wimpernzucken, eine fristlose Kündigung von ihrem Pflegedienst. Zu Unrecht, entschieden die Richter. Ein versehentliches Nickerchen, das sei natürlich schon ein klarer Verstoß gegen die arbeitsvertraglichen Pflichten. Eine Abmahnung hätte jedoch sicher völlig genügt, um sie wachzurütteln (Az. 12 Sa 652/11).

Auch das Amtsgericht Sinzig quälte sich mit dem Schlaf, genauer gesagt mit einem Schläfer. Dessen Frau hatte entnervt das gemeinsame Ehebett verlassen und es sich provisorisch auf der unbequemen Wohnzimmercouch eingerichtet, wo sich ihre Stimmung jedoch von Nacht zu Nacht weiter verschlechterte. Die einzige Rettung für das Eheglück sah der Schnarcher in getrennten Wohnungen und so kündigte er den Mietern seiner Zweitwohnung. Wegen Eigenbedarfs, damit er das dortige Schlafzimmer nutzen und seine Frau von der Couch retten könnte. Gar keine schlechte Idee, fand der Richter (vielleicht schlief dessen Frau ja ebenfalls auf dem Sofa) und bestätigte die Kündigung wegen Schnarchens (Az. 4 C 1096/97). Na dann, gute Nacht!

SCHLAPPHUT

Rocker, Zuhälter und Drogendealer wie Sie und ich

Heute tauchen wir in eine Welt ab, die wir eigentlich nur aus Thrillern kennen. Aber ich versichere Ihnen: Getarnte Polizisten, Spione und Lockspitzel, die gibt es wirklich – auch bei uns! Wir sehen sie nur nicht, weil diese Gestalten im wahren Leben fast nie richtige Schlapphüte tragen. Aber einen Ort gibt es, wo sie trotzdem regelmäßig enttarnt werden: bei Gericht. Ich möchte Ihnen die drei verbreitetsten Varianten von Schlapphüten gern einmal vorstellen. Aber pssst! Streng vertraulich!

Beginnen wir mit der »untersten Kategorie«, den V-Leuten. V steht dabei (völlig zu Unrecht) für »Vertrauen«. Das sind sozusagen Leute wie Sie und ich. Rocker also, Zuhälter, Drogendealer oder Mitglieder extremistischer Gruppen. Hin und wieder erweist sich einer von denen als besonders musikalisch. Ich meine damit: Er will pfeifen. Genauer gesagt – seine Komplizen verpfeifen. Dafür bekommt er von der Polizei Geld und dabei sieht man großzügig darüber hinweg, wenn er gewohnheitsmäßig weiter Straftaten begeht. Ganz sauber ist das natürlich nicht, findet jedenfalls das Verwaltungsgericht Freiburg. Dort hatte ein Mann aus dem linksextremistischen Umfeld geklagt, weil er gern ein bürgerliches Leben mit sauberer Akte führen wollte. Verschmutzt hatte seine weiße Weste ein von der Polizei geschmierter V-Mann, der sich mit dem Kläger angefreundet und allerlei unschöne Dinge über ihn gepetzt hatte. Das war nicht legal, entschieden die Verwaltungsrichter. Der Einsatz des V-Mannes wurde nicht ordnungsgemäß genehmigt und dokumentiert, die gesetzlichen Grundlagen waren bestenfalls fraglich. Somit war alles, was »die Ratte« über den Kläger herausgefunden hatte, rechtswidrig und musste gelöscht werden, so, als wäre es nie passiert (Az. 1 K 439/03).

Eine Stufe höher in der Jagdordnung stehen »verdeckte Ermittler«. Das sind die Polizeibeamten, die mit falscher Identität in Verbrecherkreisen »Freunde« suchen, um denen später dann Handschellen zu schenken. Der Bundesgerichtshof hatte über einen Mann zu befinden, der angab, zwei verdeckte Ermittler hätten ihn überredet, mal so richtig tief in den Drogenhandel einzusteigen. Ohne die beiden hätte er das nie gemacht. Als er dafür bestraft werden sollte, begehrte er auf und stritt sich durch alle Instanzen. Mit Erfolg. Der Bundesgerichtshof nämlich befand, dass hier eine rechtsstaatswidrige Tatprovokation durch Lockspitzel vorliege, die die Strafbarkeit entfallen lässt (Az. 2 StR 97/14).

Kann ja auch schlecht angehen, dass die Polizei hier ihre eigene Kundschaft ausbildet. Die Königsklasse der Schlapphüte sind natürlich die echten Spione. Und wie sehen die aus? Weiß man eben normalerweise nicht. Zum Beispiel wie ganz normale Bundeswehrsoldaten vielleicht? Aber ist das nicht streng verboten? Der Einsatz der Streitkräfte im Inneren? Das Bundesverwaltungsgericht hat es trotzdem erlaubt – soweit nur militärische Fragen ausgespäht werden. Und wer ist dann da der Vorgesetzte? Kein Offizier, befanden die Richter, auch nicht die Verteidigungsministerin, sondern der oberste Oberschlapphut – der Präsident des Bundesnachrichtendienstes (Az. 2 A 9.07).

Wie sagte einst Johann Nepomuk Nestroy: »Spionieren ist eine schöne Sache. Man verschafft sich die Genüsse des Diebes und bleibt dabei ein ehrlicher Mann.«

SCHLITTEN

Intuitive Benutzeroberfläche inklusive

Schnee haben wir ja nur selten so richtig dauerhaft. Aber vielleicht können wir ja trotzdem den Spieltrieb des Winters wecken? Reden wir doch einfach einmal über das urigste Wintersportgerät überhaupt. Nein, nicht über die Schneeschaufel. Den Schlitten meine ich. Illustrationen aus dem Tempelbezirk von Uruk zeigen, dass Schlitten schon vor 3500 Jahren im alten Mesopotamien bekannt waren. Die dort dokumentierte jahrtausendealte Menschheitserfahrung mit Schlitten mag das Landgericht Traunstein dazu bewogen haben, die Klage eines Mannes auf Schmerzensgeld nach einem Rodelunfall abzuweisen. Was war geschehen? Er hatte gleich bei der Jungfernfahrt die Kontrolle verloren und war gegen einen Baumstumpf gerutscht. Nun suchte er einen Schuldigen und das konnte ja wohl kaum er selbst gewesen sein. Der Baumstumpf schwieg hartnäckig, also schoss sich der Anwalt des Rodlers auf den Schlittenhersteller ein. Dieses lebensgefährliche Vehikel hatte nämlich überhaupt keine Gebrauchsanweisung dabei. Doch das Gericht erkannte darin keinen »Instruktionsfehler« im Sinne von § 3 des Produkthaftungsgesetzes. Vielmehr waren die Juristen der Ansicht: Schlitten sind selbsterklärend, intuitive Benutzeroberfläche quasi – aber Rodeln ist für Anfänger eben gefährlich und wer es nicht kann, der soll es halt bleiben lassen (Az. O 1173/05).

Natürlich haben sich die Schlitten seit den Tagen der alten Mesopotamier technisch weiterentwickelt. Heute muss man nicht mehr zwingend selbst ziehen, auch Schlitten sind auf den Hund gekommen. Sie wissen schon, vorn dran die kläffende Meute, hinten drauf der entspannte Lenker. Und wo fährt man am besten mit dem Hundeschlitten hin? In den Wald, das wäre doch romantisch? Das dachte sich auch ein geschäftstüchtiger Unternehmer aus Baden-Württemberg und bot Hundeschlittentouren unter verschneiten Bäumen an. Aber das Verwaltungsgericht Baden-Württemberg ließ ausrichten, dass so was nur mit besonderer Genehmigung geht. Zwar dürfe jeder die Waldwege als Naherholungsraum betreten – aber nicht befahren. Nur bei Krankenfahrstühlen und Fahrrädern werde ausnahmsweise mal ein Auge zugedrückt. Aber bei gewerblichen Hundeschlitten rutscht ohne Genehmigung gar nichts durch den Wald (Az. 5 S 2398/07).

Nachdem wir mit Rodelschlitten und Hundeschlitten kein Glück hatten, schauen wir uns doch einmal die ganz modernen Vertreter des Genres an: Motorschlitten. Aber auch dort verderben die Juristen einem gleich wieder den Spaß. Wissen Sie, wie das Oberlandesgericht München Motorschlitten auf der Skipiste nennt? »Heimtückische Objekte« und »atypische Gefahr«! Zu diesen richterlichen Beschimpfungen kam es, nachdem ein Skifahrer mit einem Motorschlitten zusammengerumpelt war. Die Richter befanden, dass man mit derlei Gerätschaften als Skifahrer am Hang nun wirklich nicht rechnen müsse, und deshalb bekam der Schlittenraser zwei Drittel der Schuld am Unfall zugesprochen. Und zwar einfach nur deshalb, weil er da war, mit seinem Objekt, dem heimtückischen, dem damischen. Soll er damit doch nach Mesapo…, Mosopo…, ach, soll er damit doch hin, wo die verdammten Schlitten herkommen (Az. 7 U 4714/01).

SCHWARZARBEIT

Bauleiter auf dem Todesstern

Manchmal wundert man sich ja, wie unser Gehirn so funktioniert. Ich wollte gerade etwas zum Thema Schwarzarbeit erzählen, da schlich sich ein eigentümliches Bild in meinen Kopf: Darth Vader! Sie kennen ihn sicher, den schwarz glänzenden Erzbösewicht mit dem roten Laserleuchtmesser aus *Star Wars*? Was der allerdings, abgesehen von seiner Farbe, mit Schwarzarbeit zu tun haben soll …? Andererseits – sicher weiß man es nicht! Oder ist Ihnen etwa der Inhalt von Darth Vaders Arbeitsvertrag bekannt? Werden seine Sozialversicherungsbeiträge auch ordnungsgemäß ans Imperium abgeführt? Oder arbeitet er etwa auf Rechnung? Scheinselbstständig! Wie wir wissen, war er ja Bauleiter auf einer Großbaustelle, dem sogenannten Todesstern. Bei solchen Projekten ist Schwarzarbeit und Sozialversicherungsbetrug angeblich an der Tagesordnung. Wobei die damit angepeilten Einsparungen oft teuer bezahlt werden müssen.

Das Schleswig-Holstein'sche Oberlandesgericht hatte es mit einem solchen Fall zu tun. Nun ja, es war jetzt nicht direkt ein Todesstern, sondern eher ein gepflasterter Hof. Aber die Pflasterarbeiten wurden mindestens so schwarz wie Darth Vaders Helm durchgeführt und der Auftraggeber ärgerte sich danach auch ziemlich tödlich. Krumm und schief war alles geworden. Also forderte er vor Gericht Schadenersatz von dem Schwarzarbeiter. Doch die Richter befanden: Ist vereinbart, dass Handwerkerleistungen ohne Rechnung erbracht werden, kann der Auftraggeber keine Gewährleistung vor Gericht geltend machen. Der Verstoß gegen das Schwarzarbeitsgesetz führt zur Nichtigkeit des gesamten Werkvertrags (Az. 1 U 105/11).

Darth Vader hätte den Stümper vermutlich mental gewürgt oder mit dem Lichtschwert verprügelt. Das wäre allerdings auch das Einzige, was hilft. Hätte er nämlich zum Beispiel das Schwarzgeld zurückverlangt, weil die Arbeit nichts wert war, wäre er am Bundesgerichtshof gescheitert. Der orakelte dazu wie folgt: Es stimmt zwar, dass ein mattschwarz glänzender Werkvertrag null und nichtig ist. Das heißt aber noch lange nicht, dass man sein Geld zurückkriegt. Die Zahlung an den Schwarzarbeiter, so der Bundesgerichtshof, sei eine Handlung, die gegen ein gesetzliches Verbot verstößt, nämlich das Verbot der Schwarzarbeit. Und gemäß § 817 BGB muss man »verbotene Zahlungen« nicht zurückerstatten (Az. VII ZR 216/14).

Diese Botschaft sollten die Richter am Bundesgerichtshof Darth Vader wohl lieber selbst überbringen – wir alle wissen ja, wie cholerisch er auf schlechte Nachrichten reagiert. Wobei … auch der Bundesgerichtshof hat sich bisweilen schon der dunklen Seite der Macht hingegeben. Die Richter entschieden zum Beispiel: Ein Unternehmer, der gegen das Schwarzarbeitsbekämpfungsgesetz verstoßen hat, kann keine Bezahlung für seine Werkleistung verlangen (Az. VII ZR 241/13). Man darf halt nur nicht so blöd sein, Vorkasse zu leisten. Aber mal ganz ehrlich: Haben Sie gesehen, wie leicht der Todesstern am Ende kaputtzukriegen war? Ich hätte Darth Vader empfohlen, die Sache einen Handwerker vom Fach machen zu lassen. Kostet auf den ersten Blick vielleicht ein bisschen mehr – aber vielleicht hätte das Imperium dann wesentlich länger gehalten. Mir bleibt am Ende nur zu wünschen: Möge die Macht mit Ihnen sein (stellen Sie sich jetzt bitte angemessene Trompetenklänge vor).

SCHWARZFAHREN

Kann man in einem stehenden Zug »schwarzfahren«?

Vor einiger Zeit brachte ich eine Dame zum Zug. Ihr Koffer war wahnsinnig schwer. Als Gentleman fragt man natürlich nicht, was drin ist. Vielmehr habe ich ihr den Koffer tapfer und, ohne eine Miene zu verziehen, in den Zug hineingeschleppt, bis zu ihrem Sitzplatz. Dann habe ich mich höflich verabschiedet, denn ich musste dringend weiter zu einem Termin und ... zack, ging die verdammte Schiebetür zu und sie ging auch nicht mehr auf, so oft ich den Knopf auch drückte! Scheiße! Nach wenigen Sekunden schon zog langsam der Bahnsteig an mir vorbei und bald schon sah ich Wiesen und Wälder. Meine Begleiterin lachte herzhaft, doch als Jurist schoss mir natürlich sofort § 265a StGB durch den Kopf: »Leistungserschleichung«.

Das Oberlandesgericht Frankfurt hat es damit einmal sehr genau genommen. Da war ein Mann viermal nacheinander in unterschiedlichen Straßenbahnen schwarzgefahren und landete deshalb vor dem Landgericht. Gegen seine Verurteilung wegen Beförderungserschleichung legte sein Anwalt Berufung zum Oberlandesgericht ein. Dort wurde das Urteil überraschend aufgehoben. Die Begründung: Es sei nicht geklärt, ob der Mann tatsächlich »befördert« wurde oder vielleicht nur eingestiegen war und prompt kontrolliert wurde, bevor die Bahn überhaupt losfuhr. Vollendet sei die Tat aber erst, wenn tatsächlich eine kostenlose »Fahrt« in Anspruch genommen wird (Az. 1 Ss 336/08).

Das half mir freilich nicht wirklich weiter, denn ich und mein Zug, wir bewegten uns ganz sicher. Kilometer für Kilometer wurde ich durch die verdammte Landschaft befördert. Immer weiter weg von meinem Termin. Auch das Kammergericht Berlin hatte es mit einem Schwarzfahrer zu tun. Ein Schüler. Ohne Ticket. In der U-Bahn. Sein Einwand, er hätte seine Monatskarte daheim vergessen, bewahrte ihn nicht vor einer Jugendstrafe von 20 Stunden Freizeitarbeit durch das Amtsgericht Berlin-Tiergarten. Das Kammergericht urteilte in der Revision jedoch anders: Eine Leistungserschleichung sei hier nicht zu erkennen, denn die Verkehrsbetriebe hatten ja keinen Vermögensschaden. Der Bengel hatte nämlich tatsächlich seine Monatskarte brav bezahlt und wirklich einfach daheim vergessen (Az. 121 Ss 113/12).

Ich hingegen hatte keine Monatskarte! Ich hatte überhaupt keine Fahrkarte. Und mein Zug, der gar nicht meiner war, fuhr trotzdem mit mir einem ungewollten fernen Ziel entgegen. Insbesondere ein

Urteil des Oberlandesgericht Frankfurt machte mir ernsthafte Sorgen. Am dortigen Hauptbahnhof hatte die Bundespolizei einen Schwarzfahrer erwischt. Einen echten. Einen wie mich eben. Der Bursche riss sich allerdings los, als man ihn bei der Kontrolle festhalten wollte, und rannte davon. Ein beherzter Bürger beobachtete die Situation und stellte sich ihm in den Weg. Prompt wurde er umgerannt. Dank dieses heroischen Einsatzes wurde der Straftäter zwar gefasst, der Held trug jedoch etliche Blessuren davon. Das Oberlandesgericht Frankfurt entschied, dass der Schwarzfahrer ihm dafür Schmerzensgeld zahlen musste – allerdings weit weniger als erhofft: Wer so leichtsinnig sei, der müsse sich nämlich ein Mitverschulden anrechnen lassen. Ich halte dieses Urteil übrigens für einen herben Schlag gegen die Zivilcourage (Az. 10 U 173/15).

Nach 20 Minuten tauchte bei meiner Zugfahrt ein Kontrolleur auf und ich bekam weiche Knie. Als ich ihm jedoch meine Geschichte erzählte – und meine Begleiterin ihm dazu noch freundlich zulächelte, lobte er mich ausdrücklich für meine Gentlemanhaftigkeit und suchte mir sogar noch einen Zug nach Hause aus, in den ich am nächsten Bahnhof umsteigen konnte. Ob meine Fahrt nun strafbar war, weiß ich bis heute nicht. Aber am nächsten Tag leuchtete meine damals noch aktive Corona-App rot: »Begegnung mit erhöhtem Risiko.«

SCHWEINE

Das Schleimschwein schleimt schweinisch im Schleim

Heute werde ich Ihnen mal ein paar echte Schweinereien kredenzen. Aber keine Sorge, es bleibt alles jugendfrei, denn es geht tatsächlich um Borstenviecher, die pummeligen Tiere mit der Steckdosennase.

Schweine genießen ja nicht unbedingt den besten Ruf. Anders als bei Rindern ist mir zum Beispiel nicht bekannt, dass sie irgendwo als heilig verehrt würden – außer beim heimischen Schnitzelwirt und seiner Kundschaft und dort auch nur paniert, mit Zitrone und begleitet von Kartoffelsalat. Es mag daran liegen, dass Schweine bisweilen einen strengen Eigengeruch verbreiten, und so kam das Thema letztlich auch zum Verwaltungsgericht Osnabrück.

Die Stadt Osnabrück nämlich hatte es mit einem Landwirt zu tun, der zu seinem Schwein »Oskar, drück!« gesagt hatte (verzeihen Sie mir den Kalauer), und dann hat das Schwein ordentlich gepupst. Aber so lustig war es in Wahrheit gar nicht. Der Bauer hatte nämlich gar nicht nur ein Schwein, sondern unheimlich viele davon. Und an die hat er Zwiebeln verfüttert. Entsprechend haben die gefurzt, dass es die Sau graut, weshalb dem Bauern ein Zwangsgeld wegen illegaler Verwendung geruchsintensiver Futtermittel angedroht worden war. Der Landwirt zog vor das Osnabrücker Verwaltungsgericht und erntete dort eine Entscheidung, die für die betroffenen Anwohner zum Himmel stank: Die Richter befanden nämlich, dass die Stadt das Zwangsgeld zu Unrecht angedroht hatte, weil sie nicht beweisen konnten, dass Zwiebeln geruchsintensiv seien. Das bestätigte sogar ein Geruchssachverständiger (Az. 2 B 15/11)!

Ganz andere Sorgen hatte ein Speditionsunternehmer aus Berlin, der einen sehr speziellen Auftrag angenommen hatte: den Transport eines russischen Zirkusschweins. Wenn es ja nur gestunken hätte! Aber die blöde Sau hatte ein paar ganz besondere Kunststücke auf Lager: Das Tier war nämlich dermaßen gefräßig, dass es während der Fahrt den kompletten Holzboden des Transportfahrzeugs verputzte. Der Spediteur verlangte Schadenersatz vom Zirkus, doch diese Clowns konnten vor Gericht beweisen, dass sie den Frachtführer ausdrücklich davor gewarnt hatten, dass ihr schweinischer Kollege bisweilen besondere kulinarische Interessen verfolgt. Hätte er die Warnung ernst genommen, wäre es sicher nicht so weit gekommen – Klage abgewiesen (Az. 18 U 156/93).

Auch in München wurde ein Schweinderl auffällig, das dort heimlich in einer Wohnung gehalten wurde. Als es eines Tages ausrastete und einen Nachbarn verletzte, brachte die Hausverwaltung das Vieh vor Gericht und dort kam heraus, dass das Biest auch schon einmal den Wasserwart der Kleingartenanlage des Anwesens angegriffen hatte. Weder der Hinweis der Halterin, es handle sich doch nur um ein »schwarzes Minischwein«, noch die Behauptung, das Tier sei lediglich vorübergehend in ihrer Wohnung zu Besuch, hielt das Amtsgericht davon ab, sie zur sofortigen Entfernung des kleinen Teufels zu verurteilen (Az. 413 C 12648/04).

Zum Schluss noch eine versaute Sprachübung – versuchen Sie's dreimal fehlerfrei: »Das Schleimschwein schleimt schweinisch im Schleim. Im Schleim schleimt schweinisch das Schleimschwein.«

SELBSTJUSTIZ

Den Liebhaber ein bisschen verprügeln

»Selbstjustiz« können deutsche Gerichte überhaupt nicht leiden. Vermutlich haben unsere Richter einfach Angst um ihren Job, wenn plötzlich Krethi und Plethi ihre Streitereien persönlich regeln? Wir Rechtsanwälte sind da deutlich entspannter, obgleich es ein Kollege aus Köln dann doch zu weit getrieben hat.

Er war von einer Schülerin mandatiert worden. Ein Mitschüler hatte ihr bei einem Streit in den Bauch getreten. Die Staatsanwaltschaft stellte das Verfahren gelangweilt ein und verwies auf die »jugendliche Unreife« des Täters. Wie bitte? Das war's? Der Anwalt hatte großes Verständnis für die Verärgerung der jungen Dame und schrieb ihr einen Brief: »Warten Sie in Deutschland (...) nicht auf Polizei und Staatsanwaltschaft. Die unternehmen gegen die Täter nur wenig (...) Beauftragen Sie stattdessen jemanden, der – gemäß der biblischen Weisheit Auge um Auge, Zahn um Zahn – selbst ein ›robustes‹ Gespräch mit dem Täter führt.« Das war nichts anderes als die unverblümte Empfehlung, nächstes Mal doch einen Berufsschläger zu engagieren. Selbstjustiz der übelsten Sorte also – und das auf Empfehlung eines Rechtsanwaltes, immerhin »vereidigtes Organ der Rechtspflege«! Das Anwaltsgericht in Köln erteilte dem Kollegen einen Verweis und 500 Euro Geldstrafe wegen Verstoßes gegen das »anwaltliche Sachlichkeitsgebot«. Der Anwalt habe zur Gewalt aufgerufen und das Vertrauen seiner Mandantin in den Rechtsstaat erschüttert. Was, wenn sie am Ende gar seinen Rat befolgt hätte (Az. 10 EV 113/12)?

Die Motive für Selbstjustiz können übrigens höchst verschieden sein: An der Hochschule für Technik und Wirtschaft im Saarland war eine neue Studierendenvertretung gewählt worden. Die »Alten« wollte aber einfach das Büro nicht räumen und so tauschte einer der »Neuen« einfach das Schloss aus und besetzte die Räume. Das fand die Hochschulverwaltung allerdings nicht nur albern, sondern auch kriminell und erteilte dem Studenten zwei Jahre Hausverbot wegen verbotener Selbstjustiz, die vom Verwaltungsgericht Saarlouis auch bestätigt wurden (Az. 1 L 636/12).

Freilich gibt es ganz selten auch einmal Fälle, in denen ein Richter die Sache mit der Selbstjustiz ausnahmsweise absegnet: Ein Mann aus Paderborn kam gegen drei Uhr nachts vom Schichtdienst heim und stellte fest, dass sein Schlafzimmer abgesperrt war. Nachdem er die Tür aufgebrochen hatte, fand er seine Frau im Bett – und zwar nicht allein. Der gehörnte Gatte verprügelte daraufhin den Liebhaber seiner Gattin so heftig, dass der anschließend eine weitere Woche im Bett verbrachte – im Krankenhaus. Als er wieder herauskam, verklagte er den Wüterich auf Schmerzensgeld. Doch sowohl das Amtsgericht als auch in zweiter Instanz das Landgericht Paderborn hatten Mitleid - und zwar nicht mit dem Verletzten. Der habe immerhin die Stirn gehabt, nicht nur mit der Ehefrau des Beklagten fremdzugehen, sondern auch noch in sein »Allerheiligstes« einzudringen. Der Zorn des Beklagten sei daher völlig verständlich gewesen, befand der Amtsrichter. Der Landrichter ergänzte: Es mache schon einen erheblichen Unterschied, ob man den Ehebruch an irgendeinem anderen Ort oder mitten im Schlafzimmer der Ehewohnung vollziehe (Az. 1 S 197/89).

Mein Rat: Nehmen Sie sich dieses Urteil nicht zum Vorbild. Lassen Sie lieber Ihren Anwalt die Prügel für Selbstjustiz einstecken.

SEX IN DER MIETWOHNUNG

Lustvolles Stöhnen bitte nur in Zimmerlautstärke

Also gleich eines vorneweg – ich will Ihnen hier keine Angst machen: Sex in einer Mietwohnung ist in Deutschland ausdrücklich erlaubt. Wäre ja noch schöner, wenn man sich dazu erst ein Haus kaufen müsste, bei den Immobilienpreisen. Dennoch ist Mieter-Sex rein juristisch gesehen ein klein wenig komplizierter als Eigentümer-Sex, um es einmal auf den Punkt zu bringen.

Zu dieser traurigen Erkenntnis trägt beispielsweise ein Urteil des Amtsgerichts Warendorf bei. Selbiges führte zu dem Thema unter anderem aus: »Ein Wohnungsmieter kann von seinem Nachbarn verlangen, dass dieser auch tagsüber lautes Stöhnen sowie ›Yippie‹-Rufe beim Sexualverkehr auf Zimmerlautstärke hält.« Yippie-Rufe beim Geschlechtsverkehr auf Zimmerlautstärke? Wie stellen diese realitätsfernen Juristen sich das denn bitte vor? Zur Begründung erläuterte das lustfeindliche Gericht: »Weil das Recht auf freie Entfaltung der Persönlichkeit seine Grenze in den Rechten anderer Mitmieter findet, ist ein grenzenloses Sexualleben nicht vom Grundgesetz gedeckt. Sofern ein Haus nur über unzulänglichen Schallschutz verfügen sollte, muss der Verursacher von Geräuschen ganz besondere Rücksicht nehmen« (Az. 5 C 414/97).

Ähnlich fortpflanzungshemmend trat das Amtsgericht Rendsburg auf. Einem jungen Mieterpaar wurde unter Androhung eines Ordnungsgeldes in Höhe von bis zu 250 000 Euro verboten, zwischen 22 Uhr und 6 Uhr laut zu … na ja, Sie wissen schon. Insbesondere durch lärmendes Gestöhne, Geschreie und Gerede dürfe der Schlaf der Mitmieter im Haus während dieser Zeit nicht gestört werden (Az. 18(11) C 766/94).

Selbst im doch angeblich so mondänen München sind die Gerichte offensichtlich eher konservativ, was die sexuellen Freiheiten von Menschen in Mietwohnungen anbelangt. Da war dieses Pärchen mit der Schaukel. Nun, es war wohl keine ganz normale Schaukel, sondern so eine Spezialanfertigung mit Ketten, auf der die beiden nachts nicht nur schaukelten. Vermutlich hätten sie sich eine Menge Ärger erspart, wenn sie einfach ein bisschen Öl benutzt hätten? Für die Schaukel, meine ich. Die hat nämlich infernalisch gequietscht, wenn die beiden so richtig in Schwung gekommen sind. Und vor allem das hat die Nachbarn gestört. Dem Pärchen wurde deshalb allen Ernstes der Mietvertrag gekündigt und das Amtsgericht bestätigte die Kündigung auch noch mit folgendem Hinweis: Nächtliche Lärmbelästigungen durch »sexuelle, sportliche und quietschende Geräusche« entsprächen weder dem normalen Mietgebrauch, noch seien sie sozialadäquat. Sie müssten weder von den anderen Mietern noch von der Vermieterin hingenommen werden (Az. 417 C 17705/13).

Dabei können die Liebenden froh sein, dass sie in München verurteilt wurden und nicht in Birmingham. Gegen fünf Uhr morgens soll dort eine gewisse Gemma W. etwa zehn Minuten lang so laut beim Liebesspiel geschrien haben, dass sie alle Nachbarn geweckt hat. Ein Gericht verurteilte sie deshalb zu zwei Wochen Gefängnis! Vielleicht sollten Sie mit Ihrer Bank doch einmal über ein günstiges Baudarlehen für die eigenen vier Wände verhandeln?

SEXSPIELZEUG

In dubio contra Schmuddelkram

Schlangenförmige Gummidinger, peitschenartige Teile und Kugeln: Die Berliner Polizei hat eine Diebesbande geschnappt und deren Beute beschlagnahmt. Die genannten Gegenstände würden die Berliner Behörden gern den rechtmäßigen Eigentümern zurückgeben.

Das Diebesgut stammt aus Kellereinbrüchen im Bereich des Abschnitts 41 in Schöneberg und des Abschnitts 34 in Moabit. Weil sich bisher niemand gemeldet hat, veröffentlichte die Polizei auch Fotos der Sexspielzeuge. Komischerweise hat sich bisher keiner gemeldet. Natürlich liegt es daran, dass solcherlei Utensilien etwas anrüchig erscheinen. Deshalb werden auch die wenigsten Sexspielzeuge einfach so im Laden gekauft. Es gibt ja das Internet. Aber der Erwerb solcher Artikel im Netz hat seine Tücken. Wenn Sie sich ein Paar Schuhe kaufen und die sind zu eng, dann schicken Sie die halt einfach zurück. Aber was ist, wenn Sie sich … na ja, so ein Teil kaufen und das ist … zu eng? Passt halt irgendwie nicht, da, wo es soll.

Genau mit solchen Sorgen musste sich das Oberlandesgericht Hamm herumschlagen. Ein Online-Erotikshop hatte diesbezüglich in den Verkaufsbedingungen eine klare Devise ausgegeben: Wenn das »Hygienesiegel« entfernt wurde, wird das Spielzeug nicht zurückgenommen. Im Klartext: Kostenlos probieren und dann einfach zurückgeben ist nicht. Nun ist der Erotikmarkt nicht nur heiß, sondern vor allem scharf … umkämpft. (Dieses Bonmot müssen Sie mir jetzt einfach durchgehen lassen.) Die Konkurrenz bekam Wind von dem »Hygienesiegel« und verklagte die »Saubermänner« auf Unterlassung: Der Vertrieb derartiger Artikel unter Ausschluss des bei Fernabsatzverträgen gesetzlich vorgesehenen Widerrufsrechts sei wettbewerbswidrig. Verständlicher formuliert: Die Konkurrenz muss ja auch die Ekelpakete mit den benutzten Dildos wieder zurücknehmen. Die Richter beim Oberlandesgericht schalteten vermutlich das Kopfkino ein und entschieden sodann tatsächlich in dubio contra Schmuddelkram: Das Widerrufsrecht eines Verbrauchers beim Onlinehandel darf bei Erotikartikeln aus Gründen des Gesundheitsschutzes gemäß § 312g Abs. 2 Nr. 3 BGB ausnahmsweise ausgeschlossen werden. Wenn diese Art von »Schuh« also drückt – Pech gehabt (Az. 4 U 65/15).

Anderer Fall: Vor dem Niedersächsischen Oberverwaltungsgericht war die lokale Apothekerkammer verklagt worden. Es hatte ebenfalls wieder mit dem Internet zu tun. Eine Onlineapotheke hatte nämlich neben Ringelblumensalbe und Aspirin sogenannte

Joysticks angeboten. Gurkenförmige Teile aus Gummi, mit denen man … Ach, lesen Sie es selbst im Internet nach. Die Onlineapotheke argumentierte, das diene der Entspannung und sei daher ein Medizinprodukt. Die Apothekerkammer hingegen fand, die Stücke seien beim besten Willen keine apothekentypischen Produkte, und wollte den Verkauf unterbinden lassen. Die Richter fuchsten sich tief in die Sache rein und gaben schließlich der Apothekerkammer recht: Es fehle hier der unmittelbare Gesundheitsbezug. Jedenfalls stehe der bei solchen Apparaturen eher nicht im Vordergrund. Also Schluss mit »Joysticks« aus der Apotheke (Az. 6 A 121/14).

SMS

»Krankes Arschloch« ist eine zulässige Meinungsäußerung

Es war der 03.12. anno 1992, als ein Softwareentwickler von Vodafone einen Weihnachtsgruß verschickte, der die Kommunikationswelt nachhaltig revolutionieren sollte: »Merry Christmas« lautete die kurze Botschaft. Es war die erste SMS der Menschheitsgeschichte. Ich erinnere mich lebhaft, wie ich in den 90ern die zirkusreife Fähigkeit entwickelt hatte, eine SMS blind, nur mit dem rechten Daumen, auf die zwölf Knöpfe meines Siemens S10 zu tackern und mir dabei gleichzeitig mit links eine Zigarette zu drehen. Dass ich dabei Auto gefahren sein soll, ist eine böswillige Unterstellung – außerdem sind meine Jugendsünden längst verjährt. Im Jahr 2012 wurden fast 60 Milliarden SMS rund um den Planeten gedaddelt, doch dann begann auch schon der Niedergang und die SMS wurde durch WhatsApp und Konsorten verdrängt. Nicht jedoch, ohne vorher noch für jede Menge Ärger zu sorgen!

Da war beispielsweise eine beisitzende Richterin am Landgericht Frankfurt, die über die Bestrafung zweier Messerstecher mitzubefinden hatte. Weil die Verhandlung sich hinzog, schickte die Juristin unter der Richterbank zwei SMS an ihren Babysitter. Ein gefundenes Fressen für die Verteidiger, die sofort einen Befangenheitsantrag abfeuerten. Wer Zeit hat, SMS zu schreiben, der scheint sich für die Sache wohl nicht sonderlich zu interessieren? Das Landgericht nahm den Vorwurf nicht ernst und verhandelte einfach weiter. Doch der in der Revision angerufene Bundesgerichtshof kassierte das Urteil knallhart. Als »unfassbar« bezeichnete der Vorsitzende Richter am Bundesgerichtshof es, dass ein Richter auf der Richterbank per SMS die Betreuung seiner Kinder organisiere. Man hätte die Verhandlung hierfür ohne Weiteres fünf Minuten unterbrechen können (Az. 2 StR 228/14).

Größeres Glück hatte ein Oberarzt aus Rheinland-Pfalz, der seiner Operationsassistentin mehr vertraute, als es im ärztlichen Karrierehaifischbecken eines Krankenhauses gesund ist. Er bezweifelte offensichtlich die Kompetenz seines Chefarztes und schrieb der Dame deshalb eine SMS folgenden Inhalts: »... er ist u bleibt ein autistisches krankes Arschl...« Diese Diagnose übermittelte das umtriebige Fräulein jedoch auf schnellst-intrigantem Wege (per SMS) direkt dem Chef, der seinen Oberarzt postwendend feuerte. Doch der geschasste Doktor rief das Arbeitsgericht an und bekam recht: Entscheidend war dabei, dass der Oberarzt und die Operationsassistentin noch kurze Zeit zuvor regelmäßig intime Dienstbesprechungen (»Tupfer, Klemme, absaugen bitte ...«) im Bett veranstaltet hatten und der Kläger deshalb eigentlich darauf vertrauen durfte, dass private Äußerungen ihr gegenüber auch privat bleiben. Es ist nämlich hierzulande grundsätzlich durchaus nicht verboten, seinen Boss für ein »krankes Arschl...« zu halten. Die Kündigung war damit unwirksam (Az. 3 Sa 571/14).

Ein Rat noch an alle Nutzer eines historischen Zwölftastenhandys, die noch immer nostalgische Weihnachtsgrüße von ihren Liebsten »gesimst« bekommen: Das Oberlandesgericht Hamm urteilte, dass das Lesen einer SMS beim Autofahren eine Ordnungswidrigkeit darstellt

(Az. 2 Ss OWi 177/05). Die Antwort kann man ja ganz modern per Spracherkennung als MMS, mit Signal oder über WhatsApp versenden. Mit dem Rauchen habe ich übrigens 2004 aufgehört.

SPERMA

Ein juristisches Schmankerl

Es gibt ja Männer, die behaupten, ihr »bestes Stück« führe so eine Art Eigenleben, weshalb man sie nicht für dessen Verfehlungen verantwortlich machen dürfe. Was diese Männer allerdings in ihren verwegensten Träumen nicht für möglich halten würden, ist, dass nicht nur der »kleine Freund« selbst, sondern auch dessen Hinterlassenschaften bisweilen ein quasi ganz »eigenes Leben« führen. Biologisch – und juristisch! Ja, ganz richtig, wir reden hier über »Samenrecht«.

Fangen wir am besten gleich beim Höhepunkt an. Also juristisch, meine ich jetzt. Beim Bundesgerichtshof. Oder dachten Sie etwa, die wären sich zu fein für so was? Mitnichten – Sperma ist ein regelrechtes juristisches Schmankerl! Auch wenn die roten Robenträger es natürlich etwas vornehmer formulieren – wie beispielsweise unter dem Aktenzeichen XII ZR 201/13: Der Bundesgerichtshof hatte in diesem Fall entschieden, dass ein Kind, das durch künstliche heterologe Insemination gezeugt wurde, von der Reproduktionsklinik Auskunft über die Identität des anonymen Spenders verlangen könne. In grausame Alltagssprache übertragen bedeutete dieses Urteil damals: Irgendeinem armseligen Würstchen, das vor Jahren mal knapp bei Kasse war und für den damals die Samenbank das einzige Kreditinstitut war, bei dem er sich (gegen Handarbeit) noch einen Hunderter rausleiern konnte, schickt der Bundesgerichtshof plötzlich Jahre später irgendwelche wildfremden Kinder direkt an die Haustür. Und wenn die klingelten, konnte es verflucht ungemütlich werden. Falls diese Kinder nämlich keinen gesetzlichen Papa hatten, also einen guten Kerl, der zwar nicht der biologische Erzeuger war, aber trotzdem freiwillig den Job mit dem Windeln-Wechseln übernommen und immer den Kühlschrank vollgemacht hatte, dann konnte der Samenspender nicht nur unterhaltspflichtig sein, sondern es bestand sogar ein Erbanspruch. Für alle Samenbankinvestoren gibt es insoweit inzwischen Entwarnung: Der im Juli 2018 in Kraft getretene § 1600d BGB schließt derlei Ansprüche gegen Spender jetzt aus. Sonst würde ja keiner mehr … Sie wissen schon.

Allerdings ist das noch lange kein wirksamer Schutz gegen »Zombie-Samen«! Was das ist? Na, wie würden Sie denn eine Samenspende an Ihre Ex-Freundin nennen, von der Sie sich vor Ewigkeiten getrennt haben und die den guten Schluck fünf Jahre später dann doch noch aufbraucht – und prompt Zwillinge entbindet? Dieser vor dem Oberlandesgericht Hamm verhandelte Fall wurde zu Recht berühmt als der »Samenraub-Prozess«. Das Landgericht Dortmund verurteilte zunächst in erster Instanz die verantwortlichen Ärzte zu Kindesunterhalt, weil sie den gefrorenen Glibber gar nicht so lange aufheben hätten dürfen. Das Oberlandesgericht entschied letztlich dann aber, dass doch der Samenspender die ganze Zeche zahlen muss (Az. I-22 U 108–12).

Sehr frustrierend übrigens war auch eine Bundesgerichtshof-Entscheidung für eine Frau, die früher einmal ein Mann gewesen war und als solcher Samen gespendet hatte. Dabei ging es ihr gar nicht darum, dass sie nicht die Verantwortung für das resultierende Kind tragen wollte. Sie wollte nur eben jetzt als seine »Mutter« bezeichnet werden und nicht als »Vater«. Doch die Richter waren da gedanklich noch nicht ganz in der Moderne angekommen und urteilten konservativ: Mutter, das sei einzig die Person, die das Kind geboren habe (Az. XII ZB 459/16).

Einen unanständigen Spruch möchte ich Ihnen zum Schluss schon noch zumuten: »Sperma ist wie Ketchup: Erst schüttelst du es ewig und plötzlich kommt alles auf einmal.«

STÖCKELSCHUHE

Mit High Heels im Whirlpool

Im Jahr 1691 hatte Monsieur Philippe es satt. Immer wieder war der Bruder von König Louis XIV. von seiner Ehefrau wegen seiner Körpergröße ausgelacht worden, deshalb bestellte er sich nun einen Schuhmacher und schmiedete einen verwegenen Plan: ein Paar eleganter Schuhe mit einem hohen Stöckel an der Ferse. Man mag sich das Raunen vorstellen, als Philippe mit den neuen Schuhen durch die königlichen Hallen seines Bruders stolzierte: »klack-klack-klack«. Stöckelschuhe bei Männern sind heutzutage eher selten geworden. In meiner Größe gibt es sie vermutlich ohnehin nur als Spezialanfertigung. Allerdings würde ich mich ehrlich gesagt auch nicht trauen, High Heels zu tragen – aus Angst, mir das Genick zu brechen. Und dann dieses »Klack-klack-klack«!

In Hamburg führte der prägnante Klang der Stöckelschuhe direkt vor Gericht. Geklagt hatte eine Frau, die in ihrer Mietwohnung unter der Wohnung einiger anderer Damen lebte. Selbige hatten weniger Angst vor dem Genickbruch als ich. Geschickt bewegten sie sich bei Tag und Nacht über den Laminat ihres Apartments. Tag und Nacht hörte die Frau in der Wohnung darunter das »Klack-klack-klack«. Irgendwann ging es ihr wie Monsieur Philippe: Sie hatte es satt. Und das Landgericht Hamburg gab ihr recht. Gerade in einem Altbau sei das typische Geräusch von »Hackenschuhen« auf Dauer unzumutbar und unterfalle auch keinesfalls dem »vertragsgemäßen Gebrauch der Mietsache«. Es sei hingegen durchaus zumutbar, dass die Damen aus der oberen Wohnung ihre Schuhe an der Haustür auszögen. Gegen Löcher in den Nylonstrümpfen helfen übrigens Filzpantoffeln – oder Zweikomponentenkleber (Az. 316 S 14/09).

Auch vor dem Landgericht Coburg fand ein kurioser Streit über Stöckelschuhe bereits in zweiter Instanz statt. Der Betreiber eines

»Etablissements« hatte einen Whirlpool bestellt. Darin vergnügten sich zu nächtlicher Stunde für Geld Damen mit ihren männlichen Besuchern. Aber bald schon war der Whirlpool kaputt: Eine Seitenblende hatte sich abgelöst. Der »Gastronom« monierte das beim Handwerker, doch der weigerte sich, den Schaden zu beheben. Sein Argument: Es sei ja wohl kein Wunder, dass der Whirlpool sich in seine Einzelteile auflöse, wenn die Nutzerinnen darin andauernd mit Stilettos herumstocherten. Der Bordellbetreiber ließ den Schaden daraufhin von einem anderen Handwerker beseitigen und klagte die Kosten von 1500 Euro gegenüber ersterem ein. Und er bekam sein Geld. Das Gericht nämlich vernahm zahlreiche »Nutzerinnen« des Whirlpools im Zeugenstand und gelangte schließlich zu dem Schluss: Das Teil war einfach von Anfang an Schrott. Mit den Stöckelschuhen der Damen hatte das absolut nichts zu tun (Az. 33 S 52/05).

Besonders in den Modemetropolen der Welt wird natürlich über High Heels heiß diskutiert. Der Designer Louboutin wollte in New York seinem Konkurrenten Yves Saint Laurent gerichtlich untersagen lassen, schwarze Stöckelschuhe mit roten Sohlen auf den Laufsteg zu schicken. Das nämlich sei exklusiv sein Design. Ein Richter schwärmte: Von rot lackierten Schuhsohlen an schwarzen High Heels ginge eine glamouröse Botschaft aus, die sofort ins Auge sticht – die rote Sohle könne aber keinen Markenschutz in Anspruch nehmen. In der Modeindustrie habe Farbe »schmückende und ästhetische Funktionen«, die für einen gesunden Wettbewerb von großer Bedeutung seien (Urteil vom 10.08.2011). Ich frage mich ja, welches Schuhwerk der Richter in seiner Freizeit trägt – ob er auch so schüchtern ist wie ich?

STURZ

Bekanntlich eine der schnellsten Methoden, um von oben nach unten zu kommen

Je höher man hinaufsteigt, umso tiefer kann der Sturz werden. Diese Erkenntnis ist auf fast alle Lebensbereiche übertragbar, vom Bergsteigen bis in die Politik. Die Frau mit der Beckenprellung, die vor dem Oberlandesgericht Karlsruhe einen Hausmeisterservice auf 6000 Euro Schmerzensgeld verklagt hatte, wähnte sich insoweit wohl in Sicherheit. Immerhin war sie gar nicht besonders hoch hinauf, sondern vielmehr tief hinab gestiegen. Oder besser gesagt: gefahren. Aber trotzdem kam ein tiefer Fall, sozusagen – sie war nämlich in einer Tiefgarage gestürzt. Dabei hatte sie ihr Ehemann sogar kurz zuvor noch durch panischen Zuruf gewarnt, als die Dame gerade ins Auto einsteigen wollte: »Achtung, da ist eine riesige schwarze Spinne!«, hatte er ihr zugerufen. Tatsächlich war der beachtliche Arachnoide gerade in diesem Augenblick dabei, sich an einem dünnen, langen Faden im neonbeleuchteten Halbdunkel des Betonbunkers von der Decke abzuseilen, und schwebte nun in voller Pracht vor dem Gesicht der Klägerin. Als sie das unheimliche Wesen erblickte, wurde sie von nackter Todesangst gepackt, sprang hektisch zurück – und fiel hin. Neben dem Becken wurde auch ihr Gesicht geprellt und sie brach sich zudem noch das Handgelenk. Dem für die Tiefgarage verantwortlichen Hausmeisterservice warf die Klägerin nun erbost vor, seiner Reinigungspflicht nicht ordnungsgemäß nachgekommen zu sein. Nur so sei es ja wohl zu erklären, dass riesige Spinnen in der Garage ungestört herumturnen. Doch das Gericht wusste: Spinnen sind äußerst reinliche Lebewesen. Abgesehen davon gehören sie in unserer Welt einfach dazu. Begegnungen mit den Achtbeinern seien entsprechend Teil des »allgemeinen Lebensrisikos«. Klage abgewiesen (Az. 7 U 58/09).

Und die Richter haben ja recht – das Leben steckt in der Tat voll allgemeiner Risiken. Dazu gehört es auch, dass man sich ganz schnell einmal einen Halswirbel brechen kann, wenn man zusammen mit seiner Lebensgefährtin auf einer Art Wippe sitzt, genau genommen ein einfaches Holzbrett, und mit wattegefüllten Säcken aufeinander einprügelt, bis einer von beiden herunterfällt. So was macht doch keiner, denken Sie? Von wegen. Auf dem historischen »Kivelingsfest« in Lingen ist der sogenannte Prügelbalken die Attraktion schlechthin – nicht nur für Menschen, die bei der konventionellen Paartherapie nicht ausreichend auf ihre Kosten gekommen sind. Eigentlich sollen Strohballen den eineinhalb Meter tiefen Sturz absichern, aber der Kläger hatte von seiner Partnerin offensichtlich einen so heftigen Sack-Schlag abbekommen, dass selbst das nicht genügte. Dennoch wies das Landgericht Osnabrück die Schmerzensgeldklage gegen den Festveranstalter ab, gemäß der Devise: Wer sich in Gefahr begibt, stürzt darin um (Az. 3 O 2331/11).

Wenig überraschend ist insoweit ein ähnlich vernichtendes Urteil des Oberlandesgericht Hamm. Eine Frau hatte auf dem »Oktoberfest Hafenarena« in Münster die Einladung ihres Sitznachbarn angenommen, auf einer Bierbank zu tanzen. Es kam, wie es kommen musste: Die Bierbank kippte um und die Frau gleich mit. Ergebnis: Riss der Supraspinatussehne. Sie verklagte daraufhin ihren Tanzpartner auf 7500 Euro Schmerzensgeld. Doch die Richter sahen auch hier eine eigenverantwortliche Selbstgefährdung und wiesen die Klage ab (Az. 9 U 142/14).

Aber wie sagte doch Friedrich Schiller so weise: »Das Alte stürzt, es ändert sich die Zeit. Und neues Leben blüht aus den Ruinen.«

TANKSTELLE

Die allgemeine Nichtschädigungspflicht

Meditieren Sie? Oder machen Sie vielleicht Yoga? Das soll einen mental nicht nur total runterbringen, sondern auch körperlich enorm gesundheitsfördernd sein. Ich finde leider nur selten die Ruhe dazu. Der Alltag halt. Aber wir alle kennen ja diese anderen kleinen Inseln der Ruhe. An der Ampel, an der Supermarktkasse – oder beim Tanken. Da steht man eine gute Minute einfach herum und wartet. Wäre das nicht ein idealer Zeitpunkt, ein wenig zu meditieren, in sich zu gehen, still zu werden und … vielleicht sogar zu gesunden? So ganzheitlich, meine ich? Sie haben schon recht. Gesunden an der Tankstelle, das klingt doch eher verstörend. Zu den ungesunden Dämpfen kommen noch die erschreckenden Zahlen dazu, die neben dem Eurozeichen an der Zapfsäule durchrattern. So betrachtet ist eine Tankstelle vermutlich ein Ort, an dem wir uns besonders schlecht entspannen können. Und wenn dann auch noch so ein tankstellentypisches Unglück passiert …

Das Oberlandesgericht Hamm hatte es mit einem Kunden zu tun, der in seinen Diesel versehentlich Benzin getankt hatte. Vielleicht wollte er dem »Dieselskandal« ein Schnippchen schlagen? Wir wissen es nicht. Früher wäre das kein Problem gewesen. Da hat man sogar absichtlich im Winter dem Diesel einen Schuss Super beigefügt, quasi als Frostschutzmittel. Aber die modernen Hightech-Selbstzünder vertragen so was überhaupt nicht. Kaum war der Kunde also losgefahren, da war er auch schon ein Fall für die Gelben Engel. Und für das Oberlandesgericht Hamm. Er hat nämlich die Tankstelle verklagt, weil dort die Zapfsäulen nach seiner Meinung »irritierend angeordnet« waren. Die Richter schmunzelten vermutlich und verwiesen darauf, dass auf der Zapfsäule groß und fett »Superbleifrei« stand – und eben nicht »Diesel«. Was ist daran irritierend? Für die eigene Blö…, Verzeihung, die Richter nannten es »Unachtsamkeit«, müsse schon jeder selbst am Ende geradestehen (Az. 2 U 155/08).

Da hatte die Tankstelle Glück! Anders als in dem Fall, den das Amtsgericht München vorgelegt bekam. Da hatte sich einer ein Auto geliehen, fuhr zur Tanke, machte voll und fuhr wieder weg. Merken Sie es? Da fehlt doch was! Genau: bezahlen. Der Tankstellenpächter hat es zwar auch gemerkt, aber der Fahrer blieb ein Mysterium. Also wollte man vom Halter des Pkw Auskunft, wer der Spritdieb gewesen sei, dem er sein Auto geliehen hatte. Der weigerte sich jedoch, Auskunft zu erteilen. Das Gericht befand schließlich: Es gibt keine Rechtsverbindung zwischen Tankstelle und Fahrzeughalter und deshalb auch keinen Auskunftsanspruch. Pech gehabt (Az. 144 C 16208/08).

Auch in einem anderen Fall zeigte das Amtsgericht München kein Herz für Tankstellenpächter. Es war aber auch wirklich saublöd gelaufen: Da fuhr ein Auto an einer Zapfsäule vorbei, und wie von Geisterhand löste sich der Zapfhahn und zerkratzte den Kotflügel. Das Gericht verwendet ein schönes Wort in seinem Urteil: Der Tankstellenbetreiber habe eine allgemeine »Nichtschädigungspflicht« und müsse entsprechend für Schäden seiner Kunden haften (Az. 272 C 24950/06).

Über diesen maximal Frieden stiftenden Begriff sollten wir alle einmal eine Minute lang meditieren, wenn wir nächstes Mal den Zapfhahn in unseren Tank hängen.

TEPPICH

Versehentlich den teuersten Läufer der Welt verschenkt

Schon die frühen Menschen haben sich zur Dekoration und gegen Wind und Kälte teppichartige Geflechte in ihre Hütten gehängt. Der älteste bekannte Nachweis eines Teppichs, wie wir ihn uns vorstellen, stammt allerdings aus einem kalten Grab in Südsibirien und ist vermutlich um 500 v. Chr. im typischen Stil der »Orientteppiche« geknüpft worden. Um 330 v. Chr. brachte Alexander der Große so ein teures Stück als Souvenir von seinen Asienfeldzügen mit ins Abendland, und seitdem ist die weiche Matte aus unserer Kultur nicht mehr wegzudenken.

Ganz so alt war der Teppich in einer Berliner Mietwohnung zwar nicht, mit dem sich das dortige Landgericht zu befassen hatte, aber bei Einzug der Mieterin hatte der Bodenbelag immerhin schon gute 18 Jahre auf dem Buckel und führte ein recht diverses mikrobiologisches Eigenleben. Die Frau verlangte deshalb von ihrem Vermieter den Austausch, und als der nicht reagierte, ließ sie einfach auf eigene Kosten einen neuen Teppich verlegen. Ist ja auch wirklich irgendwann eklig, so ein alter Fetzen. Die Kosten für den neuen klagte sie zunächst einmal beim Amtsgericht ein. Dort bekam sie auch recht: Pfui Teufel! Alle zehn Jahre müsse ein Teppich in einer Mietwohnung in der Regel ausgetauscht werden. Aber bei Teppichen wird ja gern verhandelt und so ging die Sache noch in Berufung. Auch die Juristen beim Landgericht fanden den neuen Teppich jedoch wunderbar weich und pflegeleicht und verdammten den Vermieter schließlich endgültig zur Übernahme seiner Kosten (Az. 64 S 184/17).

Ein Teppich kann übrigens auch mal richtig teuer werden. Eine Frau aus Augsburg hatte genau darauf gesetzt, als sie einen uralten Orientteppich bei einem Auktionshaus versteigern ließ. Immerhin 19500 Euro kamen heraus. Allerdings wechselte der Teppich bald schon wieder den Eigentümer. In London wurde er erneut versteigert: diesmal für 6,2 Millionen Pfund. Im Katalog fand sich zu dem verblüffend kostspieligen Bodenbelag folgende Beschreibung: »Einer der ersten Vasenteppiche aus dem Kirman und zwar derjenige, der in dem Werk des Historikers Pope ›A Survey of Persian Art‹ aus dem Jahr 1939 abgebildet ist, aus der Mitte des 17. Jahrhunderts stammt und sich in der Sammlung der Comtesse de Béhague befunden haben soll.« Aus der Sammlung der Comtesse … Wie bitte? Die Münchnerin fiel aus allen Wolken und verklagte sofort ihr Augsburger Auktionshaus auf Schadenersatz, weil die ihre als »teuersten Teppich der Welt« betitelte Edelmatte für ein gefühltes Taschengeld verramscht hatten. Doch das Oberlandesgericht München holte sie, bereits in zweiter Instanz, zurück auf den Teppich: Das Auktionshaus, das sie da ausgewählt hatte, war eben kein Spezialist für Teppiche. Man hatte das gute Stück ausreichend mit der »Sorgfalt eines ordentlichen Kaufmanns« untersucht und es sei durchaus nicht ohne Weiteres feststellbar gewesen, dass es sich bei dem Webstoff um eine solche Berühmtheit handelte. Aus der Traum vom großen Reichtum (Az. 14 U 764/12).

Gerade so ein alter Teppich ist natürlich auch eine ausgesprochen staubige Angelegenheit. In Kassel gab es deshalb Streit, weil die Bewohnerin eines Mehrfamilienhauses ihre Teppiche regelmäßig sorgfältig am Balkon ausklopfte und durchschüttelte. Der Nachbar war genervt von der täglichen Staub- und Flusenwolke und ging vor Gericht. Der Amtsrichter jedoch befand, so schlimm könne das schon nicht sein. Teppichklopfen sei zwar in der Epoche des Staubsaugers nicht mehr wirklich zeitgemäß, grundsätzlich aber erlaubt – solange in der Hausordnung nichts Gegenteiliges steht (Az. 432 C 1145/94).

Kennen Sie den? »Ich bin wie ein Rotweinfleck: nicht beliebt, aber auf dem Teppich geblieben.«

TESTAMENT

Des Führers falsches Testament

Haben Sie eigentlich Ihre Angelegenheiten geregelt? Für alle Fälle, meine ich? Man kann ja nie wissen. Vorsorgevollmacht, Patientenverfügung, Testament? Apropos Testament – so schwierig, wie man glaubt, ist das gar nicht. Freilich kann man dafür zum Notar gehen, und je mehr Immobilien, Unternehmensanteile, Wertpapierdepots, Kunstwerke, Schmuck und Geld man sein Eigen nennt, umso sinnvoller könnte professionelle Hilfe bei der Nachlassregelung sein. § 2247 BGB erlaubt es allerdings auch, seinen letzten Willen einfach handschriftlich auf einem Zettel zu hinterlassen. Name, Ort und Zeit dürfen gern noch mit draufstehen und es sollte deutlich werden, dass es wirklich der verbindlich letzte Wille ist, nicht etwa der vorletzte oder der vorübergehend vorläufige.

Obwohl es so einfach ist, tat sich der allbesserwissende und unfehlbar unrühmliche Führer und Reichskanzler Adolf Hitler schwer damit. Er hinterließ 1938 ein eigenhändig handschriftliches Testament auf dem Briefkopf der Reichskanzlei. Ort und Datum allerdings waren mit Maschine getippt. Irgendeiner der ihn beratenden Juristen gestand ihm daraufhin (todesmutig), dass dieses Testament leider gemäß der damaligen Fassung des Bürgerlichen Gesetzbuchs unwirksam sei: entweder Notar oder komplett handschriftlich. Staudingers Kommentar zum Bürgerlichen Gesetzbuch berichtet, Hitler habe daraufhin sofort seinen Justizminister Gürtner antanzen lassen und ihm mitgeteilt, er halte das Ganze für einen »Rechtsschwindel«, und der Minister spurte sine tempore und ließ das Gesetz ändern. Seit 31.07.1938 ist deshalb die handschriftliche Angabe von Ort und Zeit in § 2247 BGB nur noch eine »Sollvorschrift« und somit kann nun auch ein faschistischer Diktator idiotensicher seinen Nachlass ganz allein regeln.

Ein paar Ideen möchte ich Ihnen dennoch für alle Fälle mit auf den Weg geben. Zunächst einmal ist es nach wie vor unzulässig, das Testament – auch nur teilweise – mit Computer oder Schreibmaschine zu tippen oder zu ergänzen. Es muss komplett handgeschrieben sein (Az. 15 W 414/05).

Weiter rate ich davon ab, Ihr Vermögen an Ihren Hund oder ein anderes Haustier zu vererben. Weder Dobermänner noch Koikarpfen sind rechtsfähige Personen. Sie können daher nicht als Erben eingesetzt werden (Az. 16 T 22604/03).

Experimentieren Sie bitte auch nicht mit der Schreibunterlage herum, nehmen Sie einfach einen Bogen sauberes Papier. Das Hanseatische Oberlandesgericht kassierte ein Testament, das aus zwei Aufklebern bestand, versehen mit den Worten »V. ist meine Haupterbin« auf dem einen und »D. L. 10.1.2011« auf dem anderen. Ungewöhnliches Schreibmaterial stehe zwar der Wirksamkeit grundsätzlich nicht zwingend entgegen, so die Richter. Es sei aber zu berücksichtigen gewesen, dass das Testament keine Überschrift wie etwa »Testament«, »Letzter Wille« oder »Letztwillige Verfügung« aufwies. Zudem wurde lediglich ein Vorname genannt. Des Weiteren sei das »Testament« formunwirksam gewesen, da es an der erforderlichen eigenhändigen Unterschrift fehlte (Az. 2 W 80/13).

Kein Problem stellt es übrigens dar, wenn vom handschriftlichen Testament nur noch eine Kopie existiert. (Wenn Sie aber wirklich auf Nummer sicher gehen wollen, dann ein guter Tipp von mir zum Schluss: Notare beißen nicht!)

ÜBERWACHUNGSKAMERA

Jeden Tag im Fernsehen

Waren Sie schon mal im Fernsehen? Vielleicht sind Sie ja ein prominenter Leser meiner Texte – da fühle ich mich sehr geehrt – oder ein sehr berühmter Zeitgenosse? Dann schmunzeln Sie vermutlich über meine Frage. Vielleicht aber hätten Sie es zwar durchaus verdient, so prominent zu sein, wurden aber bislang einfach noch nicht entdeckt? So geht es ja den meisten von uns. Es mag übrigens trotzdem sein, dass Sie schon mal im Fernsehen waren, ohne davon überhaupt etwas zu wissen. Im dümmsten Fall mit verwuschelten Haaren, nasebohrend und in Gedanken versunken, weil Sie sich gerade unbeobachtet gefühlt hatten.

So ging es auch einem Mann in Köln, der regelmäßig über den Ebertplatz schlenderte, als er eines Tages eine Überwachungskamera der Polizei entdeckte, die ihn dort filmte. Es ist ein komisches Gefühl, einfach so gefilmt zu werden. Deshalb klagte der Mann vor dem Verwaltungsgericht Köln auf Entfernung der Kamera. Das Gericht musste nun eine Abwägung zwischen den Persönlichkeitsrechten des Bürgers und der öffentlichen Sicherheit vornehmen und kam zu folgendem Schluss: Beim Ebertplatz handle es sich um einen »Brennpunkt der Straßenkriminalität«. Dort sei es bereits zu zwei Tötungsdelikten gekommen, außerdem seien 907 weitere Straftaten festgestellt worden. Die vielen Zugänge zur U-Bahn als Fluchtmöglichkeit begünstigen dies erheblich. Also, wenn das so ein gefährliches Pflaster ist – da durfte die Kamera natürlich bleiben, der Kläger hingegen ist vermutlich danach lieber weggeblieben, nachdem ihm vor Gericht die wahre Natur des Ebertplatzes offenbart worden war (Az. 20 L 2343/20). Besonders unschön ist so eine heimliche Videokamera innerhalb der eigenen Wohnung. In München kündigte der Mieter einer Wohngemeinschaft, nachdem er feststellen musste, dass sich im WG-Flur eine Kamera befand. Sein Vermieter berief sich darauf, er sei berechtigt gewesen, die Kamera anzubringen: Immerhin galt es, die strengen Pflichten seiner Mitbewohner zu überwachen. So sehe die Mitbewohner-Rahmenvereinbarung ein Verbot von Krümeln und Kaffeeflecken vor, weibliche Übernachtungsgäste dürften die Anzahl von zwei nicht übersteigen – und diese zwei sind vorher anzukündigen. Bündnisse von WG-Bewohnern gegen andere WG-Bewohner sind zu unterlassen. Außerdem stehe im Vertrag ja ausdrücklich drin: Die Haustür wird videoüberwacht. Sollte der Richter am Amtsgericht München die Fernsehserie *The Big Bang Theorie* gekannt haben, dürfte er beim Verfassen seines Urteils wohl gelegentlich geschmunzelt und »Bazinga« geflüstert haben. Jedenfalls hielt das Gericht die Mitbewohner-Rahmenvereinbarung für keinen ausreichen Grund zur Videoüberwachung. Dr. Cooper musste sich einen neuen Mitbewohner suchen (Az. 432 C 2881/19).

Irritierend ist ein Urteil des Arbeitsgerichts Frankfurt am Main. Dort zeigte eine versteckte Videoüberwachungsaufnahme, wie eine Mitarbeiterin 500 Euro aus einem Firmentresor »entnahm«. Der Chef hatte bereits einen Verdacht gehegt und genau deshalb die Kamera heimlich installiert. Dennoch bekam er weder das Geld zurück, noch wurde er die Dame los, denn das Video durfte nicht als Beweis verwendet werden. Es hätte mildere Mittel als eine heimliche Videoüberwachung gegeben – zum Beispiel hätte man der Frau den Tresorschlüssel einfach abnehmen können. Für eine Überwachungsmaßnahme reiche ein »vager Verdacht« jedenfalls nicht aus – selbst wenn er sich dann voll bestätigt (Az. 6 Ca 4195/15).

UNKRAUT

Essig – ein wahrer Zaubertrank für fanatische Beikrauthasser

Naturliebhabern geht ja beim Wort »Unkraut« die Heckenschere in der Tasche auf. »Beikraut« nennen sie die ungebetenen Gewächse liebevoll, die sich in ihrem Garten ausbreiten. In der Tat wirft es gravierende ethische Fragen auf, wer als Richter zum Urteil geeignet ist, was »Kraut« sei und was »Un-Kraut«?

Qualifiziert dafür sahen sich offensichtlich die Richter beim Oberlandesgericht Schleswig. Sie hatten zu entscheiden, ob ein Nachbar es erdulden muss, wenn die grüne Anarchie durch den Grenzzaun herüberwuchert und Samen auf dem Nagelschere-gepflegten englischen Rasen verschleudert. Wenn Juristen Zeit gewinnen wollen, haben sie einen Satz parat, den man ihnen schon im ersten Semester Jura regelrecht ins Gehirn tätowiert: »Es kommt darauf an …« Das orakelten die Richter in Schleswig auch erst einmal und gelangten nach ausgiebigem Grübeln sodann zu folgender Weisheit: Unkraut ist alltäglich und man muss damit wohl oder übel leben. Wenn aber ausnahmsweise der Nachbar die Sache allzu sehr »ins Kraut schießen lässt« und wenn zudem alle anderen Grundstücke im Umfeld wie geleckt aussehen und man erst von Nahem erkennt, dass es kein grün gestrichener Beton, sondern kurz gemähter Rasen ist … ja dann muss der grüne Anarchist seine Wucherungen unter Kontrolle bringen (Az. 3 U 205/91).

Aber was ist mit dem Gehsteig? Dessen haben sich die Beikrautexperten beim Verwaltungsgerichtshof München angenommen. Da hatte eine fränkische Kommune ihre Bürger verpflichtet, die Gehwege vor den Grundstücken unkrautfrei zu halten. Ja sind wir denn hier bei der schwäbischen Kehrwoche? So in der Art begründeten einige betroffene Bürger ihre Klage dagegen. Die Richter waren nicht faul und statteten dem Tatort einen Haus- und Trottoirbesuch ab. Das war den Klägern dann wohl peinlich, denn sie entkrauteten den Gehsteig vorher lieber doch schnell noch – wie stünde man denn sonst vor dem Herrn Richter da? Aber das, so das Gericht, löste die Grundsatzfrage natürlich nicht: Müssen die das? Das Gericht befand schlussendlich, nicht der Gehsteig sei schlampig, sondern vielmehr die Satzung der Gemeinde, die zu dessen Säuberung verpflichtet. Derlei fehlerhafte Satzungen seien quasi juristisches Unkraut, das herausgerupft gehört. Wenn die Gemeinde neue, saubere Paragrafen in ihre Satzungen gepflanzt hat, dann kann sie ihre Bürger ja gern noch einmal fragen, ob sie jetzt endlich den Spitzwegerich aus den Gehsteigfugen kratzen möchten (Az. 8 B 15.2552).

Ein Trost am Schluss für alle Unkrauthasser: Der Einsatz von Essig und Salz als bewährtes Hausmittel gegen Unkraut, Beikraut, verdammtes Mistkraut oder wie auch immer man die aufdringlichen Gewächse neben den Stiefmütterchen und zwischen Zwiebeln und Karotten auch nennen mag, die einem beim Herauspulen die Fingernägel schmutzig und kaputt machen, stellt keinen Verstoß gegen das Pflanzenschutzgesetz dar, weil diese Mittel nicht als Pflanzenschutzmittel zu qualifizieren seien. Das meint das Oberlandesgericht Oldenburg (Az. 2 Ss OWi 70/17). Da sag ich nur: Essig und Salz, Gott erhalt's!

UNNÜTZES HIN- UND HERFAHREN

Völlig nutzlos, überflüssig, vermeidbar und entbehrlich

Nufringen ist eine selbstständige Gemeinde in Baden-Württemberg und gehört zum Landkreis Böblingen, Regierungsbezirk Stuttgart. Gemeinsam mit der Stadt Herrenberg und der Gemeinde Deckenpfronn bildet es die Vereinbarte Verwaltungsgemeinschaft »Herrenberg-Deckenpfronn-Nufringen«. Sie meinen, irgendwelche verschlafenen Nester in Schwaben mit ulkigen Namen interessieren Sie nicht? Dann erzähle ich Ihnen mal, was in Nufringen so los ist.

Ein Gemeinderatsmitglied wurde dort im Mai 2015 vom Oberlandesgericht Stuttgart wegen »vorsätzlicher Behinderung durch unnützes Hin- und Herfahren« vom zuständigen Amtsgericht zu einem Bußgeld von 63,50 Euro verurteilt. Sie finden, die spinnen, die Schwaben? Dann hören Sie sich lieber mal an, was 2011 in Deggendorf passiert ist: »Achtmal ist die junge Frau mit ihrem Pkw an unserem Streifenwagen vorbeigefahren, da haben ihr meine Kollegen ein Verwarngeld von 20 Euro erteilt.« Diese Aussage stammt nicht von irgendeinem verwirrten Badenser, sondern von einem Polizeihauptkommissar der Bayerischen Polizei. Und wie kommt der auf eine derartig schwäbische Idee, jemanden wegen Herumfahrens zu bestrafen? Der Grund ist so simpel wie verblüffend: »Unnützes Hin- und Herfahren« ist in ganz Deutschland gemäß § 30 Abs. 1 StVO innerorts verboten. Sie meinen, dann fahren Sie halt einfach außerorts spazieren? Freuen Sie sich nicht zu früh, dass das Bayerische Oberste Landesgericht zwischendurch einmal abgeschafft worden war – denn es ist wieder da! Die hatten es im Jahr 2000 mit einem Motorradfahrer zu tun, der fleißig und lautstark – aber unnütz – seine Runden drehte. 150 Deutsche Mark und drei Punkte in Flensburg kassierte der arme Bursche damals, der doch nur seine Freundin beeindrucken wollte. Er dachte, er sei clever, und versuchte es mit der gleichen Idee wie Sie: Er hielt den Richtern nämlich entgegen, § 30 StVO gelte ja wohl nur innerorts, außerorts könne er unnütz herumfahren, so viel er wolle. Aber Richter hassen Schlaumeier und haben am Schluss immer noch einen Paragrafen im Ärmel. Deshalb knallten sie ihm § 1 Absatz 2 StVO hin. Und was verbietet der? Unnützes Atmen? Keine Sorge, so schlimm ist es auch wieder nicht. Dort findet sich vielmehr geregelt, dass sich jeder Verkehrsteilnehmer so zu verhalten habe, dass andere nicht mehr als unvermeidbar belästigt werden. »Cruisen« mit dem Motorrad gehöre nach Ansicht des Bayerischen Obersten Landesgerichts aber ausdrücklich in die Kategorie der unproblematisch vermeidbaren Belästigung (Az. 2 ObOWi 410/00).

Allerdings gibt es auch andere Richter, beispielsweise am Amtsgericht Cochem. Ein junger Kerl wollte seine Mutter von der Arbeit abholen, und weil vor ihrem Büro ein Halteverbot galt, drehte er einfach ein paar Runden. Dafür verpasste ihm ein Polizist einen Bußgeldbescheid – Sie ahnen es – wegen unnützen Herumfahrens. Der Amtsrichter jedoch befand, es sei völlig egal, zu welchem Zweck jemand eine öffentliche Straße befahre. Würden Deutschlands Polizisten tatsächlich den Zweck ermitteln wollen, warum einzelne Bürger gerade Auto fahren, so sei ein derartiges Unterfangen »völlig nutzlos, überflüssig, vermeidbar und entbehrlich«. Unnützes Hin- und Herverbieten quasi (Az. 109 JS (a) 71792/85). Dem ist nichts hinzuzufügen.

UNTERSCHRIFT

Mit wunderschöner Schlangenlinie hintendran

Kürzlich habe ich ein altes Dokument in die Finger bekommen. Ich hatte es vor Jahren, als frisch gebackener Junganwalt, unterschrieben. Eine tolle Unterschrift, wenn ich das mal ganz unbescheiden sagen darf. Man kann jedenfalls meinen Namen einwandfrei identifizieren. Viele Jahre und Zehntausende Dokumente später ist davon fast nichts übrig. Mit Unterschriften ist es wie mit Gebirgen: Sturm, Regen, Eis und Schnee, darüber hinaus viele Sommer und Winter nagen daran. Am Ende wird aus einem mächtigen, kantigen Felsmassiv ein kleiner, glatter Kiesel. Dieses Erosionsproblem bei Unterschriften ist bei Rechtsanwälten übrigens offenbar ziemlich verbreitet.

Da war ein Kollege, der hatte eine Berufung unterzeichnet. Das Gericht jedoch sagte, die Berufung sei wertlos, weil es an einer ordentlichen Unterschrift mangele. »Was soll das sein, ein schlampiges G?«, so in der Art reagierten die genervten Berufungsrichter. Die Sache ging zum Bundesgerichtshof. Dort hatte man mehr Verständnis für die gebirgsartigen Sorgen der Advokaten. An dem »G« sei doch erkennbar eine wunderschöne Schlangenlinie hintendran! Wenn das mal kein individuell gestalteter Namenszug sei? Wellen und Fäden seien ganz typisch für den »Abschleifprozess« von Unterschriften. Der gute Wille zähle, Buchstaben müsse man da nicht unbedingt erkennen können (Az. VIII ZB 105/04).

Ein bisschen zu viel guten Willen zeigte ein hessischer Sparkassenmitarbeiter, der beruflich fremdgehen wollte und dazu ein gutes Zeugnis benötigte. Der Mann zeigte vor allem Einfühlungsvermögen. Insoweit, als ihm klar war, dass sein Chef sich nicht gerade darüber freuen würde, wenn er sich abseilt. Er wollte ihm diese Last abnehmen, indem er die Unterschrift seines Chefs unter das selbst geschriebene Zeugnis »einfühlte«. Der Boss bekam den Schrieb allerdings zufällig in die Finger und sah gleich, dass das weder ein von ihm erstelltes Zeugnis noch seine Unterschrift war – Abschleifungsprozess hin oder her. Also feuerte er den Dokumentenfälscher. Doch das Arbeitsgericht Frankfurt entschied: Unterschrift fälschen, das ist natürlich schon irgendwie eine Straftat. Aber das heißt ja gerade nicht, dass der Mann ein schlechter Bankmitarbeiter sei. Möglicherweise haben Arbeitsrichter in der Bankenmetropole Frankfurt eine sehr eigene Vorstellung davon, wann ein Bänker »gut« ist? Skrupellose Straftaten sind bei den Geldvermehrern vielleicht geradezu der Beweis für besonderes Engagement? Jedenfalls wurde die Kündigung für unwirksam erklärt (Az. 7 Ca 263/10).

Sollte der Bursche als Bänker doch einmal versagen, beispielsweise, weil er versehentlich zu wenig Risikobereitschaft beim Investieren fremden Geldes in dubiose Spekulationsblasen zeigt, dann ist eines unerlässlich wichtig, wenn sein Chef ihm wieder kündigen will: eine richtige Unterschrift auf Papier! Mit Tinte am besten. Die heute überall sonst gültige »Computerunterschrift« genügt den Formerfordernissen des Arbeitsrechts bei einer Kündigung nämlich nicht, entschied das Hessische Landesarbeitsgericht (Az. 10 Sa 961/06). Aber die Unterschrift vom Chef kann der Mann ja, wie wir wissen, schon ganz gut. Wäre sein Chef Anwalt, wäre es sogar noch einfacher: Ein G mit Schlangenlinien kann ja wohl so schwer nicht sein?

VEGETARIER

Pflanzenkäse ist keine Ausscheidung lebender Tiere

In einer gerechten Gesellschaft, da sollte es genügend (qualitativ) gutes Essen für alle geben und es sollte am besten auch noch schmecken, finden Sie nicht? Aber wir leben in keiner gerechten Welt. Ich möchte die ethische Dimension dieses Themas einmal außen vor lassen, denn man kann nicht humorig darüber schreiben, dass es eine Welt gibt, in der viele Millionen von Menschen mangelernährt sind. Wenn überhaupt, kann man darüber schmunzeln, dass es direkt daneben eine Welt gibt, in der darüber leidenschaftlich gestritten wird, wann falscher Käse kein echter Käse ist. Ich spreche von einer Welt, in der streng unterschieden wird zwischen Frutariern, Veganern, Ovo-Lacto-Vegetariern und Menschen, die in Erwägung ziehen, Barrikaden aus brennenden Autoreifen zu errichten, weil eine politische Partei im Wahlkampf einen fleischfreien Tag pro Woche vorschlägt, um das Klima zu retten – das unseres Planeten wohlgemerkt, nicht das politische. Peinlicherweise spreche ich von der Welt, in der Sie und ich leben. Und einkaufen. Von Europa.

Der Europäische Gerichtshof hat sich deshalb dieser Materie bereits mehrfach angenommen und ist zum Beispiel im Juni 2017 zu folgendem Urteil gelangt: Dinge, die nicht aus den Ausscheidungen lebender Tiere gefertigt werden, dürfen keinesfalls als Milch, Käse oder Quark bezeichnet werden. Stein des Anstoßes war ein unverschämter Hersteller rein pflanzlicher Nahrungsmittel gewesen, der seinen Gemüsekram in irreführender Weise als »Pflanzenkäse« oder »Tofubutter« bezeichnet hatte. Die Europäischen Gesetzeshüter betonten, dass die Bezeichnung »Milch« ausschließlich Produkten vorbehalten sei, die aus der »normalen Eutersekretion« von Tieren gewonnen werden. Gleiches gelte für weiterverarbeitete Produkte wie

»Rahm«, »Sahne«, »Butter«, »Käse« oder »Joghurt«. Die Sorge, die den Europäischen Gerichtshof wohl umtreibt, besteht scheinbar darin, dass er befürchtet, der europäische Durchschnittsverbraucher könne so dämlich sein, dass er versehentlich etwas Gesundes aus dem Supermarktregal greift, obwohl er sich doch eigentlich totes Fleisch und Eutersekrete einverleiben wollte? Diese Gefahr ist nun gebannt! Unbesorgt waren die Richter übrigens bei Kokosmilch. Obwohl die ja eigentlich das Eutersekret einer Nuss und nicht eines Rindes ist, darf sie trotzdem so heißen (Az. C-422/16).

Aber niemand soll jetzt sagen, die Schnitzellobby halte Brüssel, Straßburg und Luxemburg fest im Griff ihrer fettigen Wurstfinger. Ein Strafgefangener aus Polen beklagte sich durch seine Gitterstäbe hindurch, dass er sich in seinen Menschenrechten verletzt fühle, weil es im polnischen Knast tagein, tagaus nur Fleisch gibt. Er aber sei Vegetarier. Die Richter des Europäischen Gerichtshofs für Menschenrechte konsultierten ein vegetarisches Kochbuch und belehrten die polnischen Gefängnisköche sodann dahingehend, dass es überhaupt keinen Mehraufwand bedeute, neben den täglichen Buletten noch ein paar Mohrrübchen zu dünsten. Außerdem sprachen sie dem Mann 3000 Euro Schmerzensgeld zu (Az. 18429/06). Davon konnte er sich tonnenweise Dinkelbockwürste kaufen. Wie werden die Dinger eigentlich jetzt genannt?

VERGESSEN

Das einzig Gute am Vergessen ist, dass man nichts davon weiß

Manchmal möchte man die Pandemiejahre am liebsten einfach komplett vergessen. Einfach in die Tonne treten. Aber nur weil man etwas vergisst, ist es ja nicht einfach weg. Das mit dem Vergessen ist nämlich so eine Sache. Eine ältere Dame aus München hatte zum Beispiel ihre Brille vergessen.

Aber fangen wir ganz vorn an: Erst einmal hatte die Dame Rückenprobleme gehabt. Da hilft eine Brille freilich wenig. Was aber hilft, das ist Sport, und wie es der Zufall wollte, fand sie im Briefkasten einen Flyer für ein Fitnessstudio. Zwei Wochen für 20 Euro. Die Dame war knapp bei Kasse und freute sich über diese glückliche Fügung. Alsbald also begab sie sich in die besagte Muckibude, um dort den Zwei-Wochen-Sparvertrag zu unterschreiben. Und da war es auch, wo sie feststellte, dass sie ihre Brille vergessen hatte. Kein Wort von dem, was im Vertrag stand, konnte sie lesen. »Macht nix«, sagte der nette Trainer am Tresen. »Da steht genau dasselbe drin wie in dem Flyer.« Und so unterschrieb die Dame also, trotz vergessener Brille, in blindem Vertrauen auf den netten Trainer. Tatsächlich hatte sie sich nun aber, ganz anders, als der Flyer es versprochen hatte, für ein 64-wöchiges Basispaket zu fast 16 Euro pro Woche und einem Startpaket zu 49 Euro verpflichtet. »Könnt ihr vergessen!«, sagte sie und zog vor Gericht. Der Amtsrichter seinerseits hatte eine schon etwas ältere Rechtsprechung des Bundesgerichtshofs nicht vergessen: 1994 wurde dort entschieden, dass jemand, der ein Schriftstück ungelesen unterschrieben hat, den Vertrag anfechten kann, wenn er sich von dessen Inhalt unverschuldet eine unrichtige Vorstellung gemacht hat. Und das kam der Frau nun zugute (Az. 271 C 30721/13).

Manchmal wird es einem, wenn man etwas vergessen hat, ja heiß und kalt, wenn es einem dann plötzlich wieder einfällt. Bei einem Mann aus Düsseldorf war es allerdings nur heiß geworden, nicht kalt. Er hatte nämlich vergessen, die Kerzen auf seinem Adventskranz auszupusten. Das halbe Wohnzimmer fackelte in weihnachtlichem Glanze. Als er den Schaden von seiner Brandversicherung ersetzt verlangte, wollte die wissen, wo er denn gewesen sei? Im Schlafzimmer. Und zwar ziemlich lange, weil seine Lebensgefährtin noch heißer als die Kerzen gewesen sei, teilte er in seiner Schadensmeldung mit. »Grob fahrlässig«, antwortete die Versicherung und verweigerte prompt die Zahlung. Doch das Oberlandesgericht Düsseldorf befand, der Lustrausch des Mannes sei nicht in einem solchen Ausmaß schuldhaft gewesen, dass man es als unverzeihlich und damit als vorwerfbar grob fahrlässig erachten müsse. In so einer Lage, in der er sich befand, dürfe man die Adventskerzen schon einmal vergessen. Die Versicherung musste zahlen (Az. 4 U 182/98).

Was Sie übrigens nie vergessen dürfen, das sind Geschwindigkeitsbegrenzungen. Ein Mann hatte in einer Tempo-30-Zone einen Parkplatz aufgesucht. Als er wieder eingestiegen war, setzte er die Fahrt mit 52 Stundenkilometern fort. Er hatte die 30 einfach vergessen. Und ein neues 30-Schild stand an der Parkplatzausfahrt leider auch nicht. Die Richter vom Oberlandesgericht Oldenburg jedoch wiesen dem Temposünder nach, dass er auf dem Rückweg zum Auto an dem 30-Schild zumindest vorbeigelaufen war. Da hätte er sich doch erinnern müssen. Pech gehabt (Az. 2 SsRs 214/11).

Wie sagte doch Theodor Heuss: »Vergessen ist Gefahr und Gnade zugleich.«

VERSCHWÖRUNGSTHEORIEN

Die Story ist wahr und das darf ungestraft gesagt werden

Man staunt nicht schlecht, wie die Coronakrise die Fantasie der Menschen angestachelt hat. Ich rede von Verschwörungstheorien. Allerdings muss ich gestehen, dass mich als Anwalt die meisten davon wenig beeindrucken. Das liegt daran, dass erfundene Verschwörungen meistens viel langweiliger sind als die echten.

Der Bundesgerichtshof hatte beispielsweise über eine Klage zu entscheiden, die reichlich Stoff für einen Thriller bietet. Es ging darin um einen Virus und eine Verschwörung. Kommt Ihnen bekannt vor? Es hatte allerdings nichts mit Covid-19 zu tun und auch Bill Gates spielte dabei keine Rolle. Zwei Wissenschaftler hatten vielmehr in akribischer Recherche eine Studie darüber herausgebracht, dass der frühere sowjetische Geheimdienst KGB in Kooperation mit der DDR-Staatssicherheit und bulgarischen Desinformationsspezialisten in der Bundesrepublik eine gezielte Fake-News-Kampagne über den Ursprung des HIV-Virus (der AIDS-Erreger) durchgeführt und dabei unter anderem Einfluss auf einen Dokumentarfilm genommen hatten. Als die Studie veröffentlicht werden sollte, war das dem Filmemacher denkbar peinlich und er versuchte, die Publikation zu verhindern. Der Bundesgerichtshof allerdings gab das heiße Papier unter dem Aktenzeichen VI ZR 494/17 frei, denn die Story ist wirklich wahr und das Besondere an einem demokratischen Rechtsstaat ist, dass man die Wahrheit hier weitgehend ungestraft sagen darf, auch wenn die Gegner der Republik sich hitzig das Gegenteil zusammenfantasieren. Das Problem an Verschwörungstheorien ist, dass diese bisweilen einer seltsamen Eskalationsspirale unterliegen. Erst sind sie ulkig, dann komisch und am Ende manchmal regelrecht gefährlich.

So beispielsweise die Geschichte von der BRD-GmbH, die in der Reichsbürgerszene verbreitet ist. Da geht es darum, dass die Bundesrepublik angeblich nur das verschwörerische Konstrukt einer Politiker-Mafia sei, ein Staat ohne Rechtsgrundlage, denn eigentlich seien wir alle weiterhin Bürger des Deutschen Reiches. An sich ein harmloses Hirngespinst. Jeder soll glauben dürfen, was er will. Wenn allerdings, wie geschehen, der frühere »Mister Germany« aus dem Jahr 1998 nicht nur die Bundesrepublik als Staat ablehnt, sondern diese Einstellung mit Schüssen auf Polizeibeamte bekräftigt, hört ganz sicher jeder Spaß auf. Sieben Jahre Haft wegen versuchten Mordes brachte dem Schönheitskönig die Aktion vor dem Landgericht Halle ein (Az. 1 Ks 3/17).

Ob es das nachfolgende Urteil wirklich gibt? Ich würde mich nicht darauf verlassen. Es wurde nämlich vom Landgericht Bielefeld gesprochen. Vor Gericht stand die Stadt Bielefeld selbst, die es für einen lustigen Marketing-Gag gehalten hatte, zum 25-jährigen Jubiläum der »Bielefeld-Verschwörung« (die auf der Behauptung fußt, die Stadt Bielefeld gäbe es in Wahrheit gar nicht) ein Preisgeld von einer Million Euro für denjenigen auszuloben, der den Beweis erbringt, dass es Bielefeld wirklich nicht gibt. Der Kläger nahm das todernst und erbrachte den scheinbaren Beweis mittels eines sogenannten Axioms. So nennt man eine Aussage innerhalb einer Theorie, die mit den eigenen Mitteln der Theorie nicht beweisbar ist, also so etwas Ähnliches wie Unsinn – nur wissenschaftlich verklausuliert. Dafür wollte er nun das Preisgeld, doch er ging leer aus. Das Gericht, dessen Nichtexistenz er gerade bewiesen hatte, erklärte ihm, das Gewinnspiel sei nur Unsinn gewesen, und so sei das Geld auch nur ein Axiom. Wobei das nicht ganz stimmte: Die Gerichts- und Anwaltskosten im fünfstelligen Bereich musste er mit echtem, realen Geld bezahlen (Az. 1 O 181/22).

Der satirische Science-Fiction-Autor Douglas Adams sagte zum Thema Verschwörungstheorien einmal: »Es gibt eine Theorie, nach der, wenn jemals jemand herausfindet, wozu das Universum da ist, es sofort verschwindet und durch etwas Bizarres, Unbegreifliches ersetzt wird. Es gibt eine andere Theorie, wonach das sogar schon passiert sein soll.«

VERSPÄTUNG

Wer fünf Abmahnungen erteilt, ist ein Papiertiger

Überall Baustellen! Es ist eine wahre Kunst, nicht zu spät zu einem Termin zu kommen. Andererseits sind Baustellen eine super Ausrede. Wobei gerade Chefs da bisweilen verblüffend wenig Mitleid zeigen.

Das Arbeitsgericht Leipzig hatte es mit einem besonders pingeligen Boss und einer extrem präzisen Uhr zu tun. Diese Uhr schlug 13. Also genau genommen zeigte sie an, dass eine Angestellte 13 Minuten zu spät zur Arbeit erschienen war. Nun handelte es sich bei der Frau keinesfalls um eine von jenen, bei denen man getrost die Uhr gleich auf 13 nach stellen kann, weil sie in ihrem regelmäßigen Zuspätkommen fast schon wieder pünktlich sind. Nein, die Dame war vorher noch nie zu spät gekommen. Vielleicht hatte der Chef einfach einen extrem miesen Tag? Jedenfalls hagelte es sofort eine Abmahnung. Zack, zack! Sie finden das übertrieben? So ging es den Leipziger Arbeitsrichtern auch. Klar, zu spät ist einfach nicht das Gleiche wie pünktlich. Und pünktlich ist arbeitsvertraglich eben geschuldet. Aber wenn es das erste Mal war und nur ein paar Minütchen und auch noch plausibel entschuldigt, da ist eine Abmahnung … Sie wissen schon, Kanonen und Spatzen. Also musste der Chef die Abmahnung wegen Unverhältnismäßigkeit wieder aus der Personalakte entfernen (Az. 8 Ca 532/15).

Aber wie man es macht als Vorgesetzter, es ist immer falsch. Das Landesarbeitsgericht Rheinland-Pfalz wurde von einem Straßenreiniger angerufen, dem sein Arbeitgeber gekündigt hatte. Er hatte mit schöner Regelmäßigkeit morgens verpennt und war permanent zu spät zur Arbeit erschienen. Fünf Abmahnungen gab es dafür. Aber dann hatte er die Engelsgeduld seines Chefs endgültig überstrapaziert und er flog hochkant raus. Das sollte er jedenfalls, es kam aber anders. Das Arbeitsgericht befand nämlich, dass diese fünf Abmahnungen einfach nicht genug waren. Wie bitte, sagen Sie? Tja. Ich zeige Ihnen jetzt mal, wie Juristen denken: Wer so geduldig ist, dass er fünf Abmahnungen erteilt, ehe er kündigt, der ist ein Papiertiger, mutmaßte das Arbeitsgericht. Einer, der nur bellt und nicht beißt. Spätestens bei Nummer fünf, so die Richter, hätte also sicherheitshalber drinstehen müssen: »Aller-aller-letzte Warnung! Nächstes Mal scheppert's – und zwar dieses Mal wirklich!« Woher sollte der Langschläfer denn sonst wissen, dass sein Boss es ausnahmsweise ernst meinte (Az. 10 Sa 52/09)?

Mit dem nächsten Urteil komme ich jetzt vielleicht ein bisschen unpünktlich daher. Es stammt aus dem Jahr 1987 – aber spannend ist es trotzdem. Das Bundesarbeitsgericht hatte es auch hier mit einem notorischen Zuspätkommer zu tun, der nach etlichen Abmahnungen gefeuert worden war. Im Kündigungsschutzprozess begann er nun plötzlich, an seinen uralten Abmahnungen herumzumäkeln. Denn wenn die keinen Bestand haben, hält auch die Kündigung nicht. Der Arbeitgeber wandte ein, dass der faule Kerl die Warnschüsse doch auch gleich hätte erwidern können, jetzt sei es wirklich zu spät. Die Bundesarbeitsrichter jedoch stellten klar, dass Arbeitnehmer zwar das Recht, nicht aber die Pflicht hätten, einer Abmahnung sofort zu widersprechen. Es reiche vollkommen aus, dieses Fass erst bei der Kündigung aufzumachen, auch wenn die erst viel später kommt (Az. 7 AZR 601/85). Ganz schön clever – noch cleverer wäre es freilich gewesen, sich morgens den Wecker zu stellen.

WILDPIESELN

Frei gepieselter Mittelstrahl im Spülsaum der Ostsee

In den ganz südlichen Breitengraden nennt man es liebevoll »Wildbieseln«, gen Franken taucht mitunter der eher rüde Begriff des »Wildbrunzens« auf, um sodann Richtung Norden langsam ins vornehm preußische »Wildpinkeln« zu changieren. Es läuft in der Sache aber immer auf dasselbe hinaus: Menschen, die es unter freiem Himmel tun, anstatt eine Toilette aufzusuchen. Diesem maximalen Ausdruck von Freiheitsliebe und Naturverbundenheit hat sich der Gesetzgeber in § 118 im Ordnungswidrigkeitengesetz gewidmet und es versachlichend umschrieben mit »grob ungehörige Handlung, die geeignet ist, die Allgemeinheit zu belästigen«. Mancherorts zahlt man dafür bis zu 5000 Euro Bußgeld!

Aber sicher nicht in Travemünde. An einem lauen Sommerabend im Juli 2022 hatten sich dort einige junge Menschen am Ostseestrand zusammengefunden und miteinander getrunken. In der Natur der Dinge liegend hatte dies bei einem der Freunde zu erhöhtem Blasendruck geführt, weshalb er, behördlich sauber protokolliert, exakt um

0:36 Uhr mitteleuropäischer Sommerzeit einen gesunden Mittelstrahl in den Spülsaum der Ostsee absetzte. Erstaunlicherweise waren gleich drei lokale Behördenmitarbeiter zu dieser für den Amtsschimmel doch ungewöhnlich späten Stunde zugegen und fertigten einen Bußgeldbescheid über 60 Euro aus. Der Seepinkler zog vor Gericht und argumentierte dort, es sei dunkel gewesen – die hätten ihn doch gar nicht sehen können? Der Richter am Amtsgericht Lübeck sprach den jungen Burschen frei. Neben der Düsternis fand er dafür noch weitere bewegende Argumente: Die Ostsee enthalte insgesamt eine Wassermenge von 21 631 Kubikkilometern Brackwasser. Selbst im »Wiederholungs- oder Nachahmungsfall« sei diese Menge so groß, dass man eine belästigende Verschmutzung oder Geruchsbeeinträchtigung ausschließen könne (Az. 83a OWi 739 Js 4140/23 jug).

Wir leben in hochtechnisierten Zeiten, deshalb musste sich das Oberlandesgericht Köln mit einem Fall des quasi »virtuellen Urinierens« beschäftigen. Der Deutsche Jagdschutz-Verband hatte geklagt, weil im Internet ein digitales Männchen aufgetaucht war, das seine Hosen herunterließ und frech auf das Logo der besagten Jägerorganisation pieselte. Damit drückten die Schöpfer des Männleins im Walde offenbar ihre kritische Position zum Thema »Jagd« aus. Das Landgericht verurteilte sie jedenfalls erst einmal zur Unterlassung dieser Verunglimpfung. Wer macht denn so was? Das Oberlandesgericht aber sah hier das Recht der freien Meinungsäußerung zum Thema Tierschutz in »pointierter Form« tangiert, hob die Vorinstanz auf und urteilte: Wasser marsch (Az. 6 U 152/99)!

Ist es eigentlich noch »Wildpieseln«, wenn man es im eigenen Garten tut? Diese Frage stellt sich erst gar nicht, wenn es nicht der eigene Garten ist, sondern man ihn nur gemietet hat. Erst recht, wenn man dabei regelmäßig unangenehm starken Geruch verbreitet, über den sich die Nachbarn beschweren. Das Amtsgericht Köln bestätigte deshalb eine fristlose Kündigung. Der Mieter habe durch sein Verhalten den Hausfrieden nachhaltig gestört und seine mietvertraglichen Pflichten grob verletzt (Az. 210 C 398/09).

Der ganz oben zitierte Richter vom Amtsgericht Lübeck hätte vielleicht anders entschieden? In seinem Meerespinkler-Urteil hielt er jedenfalls fest: »Der Mensch hat unter den Weiten des Himmelszeltes nicht mindere Rechte als das Reh im Wald, der Hase auf dem Feld oder die Robbe im Spülsaum der Ostsee.«

WILDUNFALL

Vorsicht bei Kollisionen mit Nacktmullen

Diesmal geht es um ein pelziges Thema und das kann sogar im Einzelfall zu Haarspaltereien führen. Ich spreche von Wildunfällen – und stelle die Frage, wann Versicherungen dafür eigentlich zahlen müssen? Zunächst einmal sind Schäden am eigenen Fahrzeug, die durch eine Kollision mit »Haarwild« verursacht werden, üblicherweise durch die Teilkaskoversicherung abgedeckt. Da wird also schon eingegrenzt. Nur wenn das Tier zottelig genug ist, zahlt die Assekuranz die Reparatur. Wenn Sie hingegen bei abendlichem Nebel mit einem Leguan, einem Nilpferd oder einem Schwarm Nacktmulle zusammenstoßen, wird es versicherungstechnisch schon heikel. Weil diese Biester einfach zu kahl daherkommen. Aber mal so unter uns Tierfreunden: Bevor wir auf die harte Tour herausfinden, wie pelzig unser Unfallgegner genau ist, probieren wir es doch vielleicht lieber einmal mit einer defensiven Strategie? Bremsen zum Beispiel oder ausweichen. Das kann natürlich ebenfalls zu Problemen mit der Teilkasko führen, insbesondere, wenn das Manöver im Graben endet.

Das Landgericht Trier zum Beispiel befand, ein riskantes Ausweichmanöver für einen Fuchs sei »grob fahrlässig« (Az. 4 O 241/09).

Das Oberlandesgericht Nürnberg wiederum hielt dagegen, dass eine Vollbremsung bei 70 Stundenkilometern zur Rettung eines Fuchses völlig in Ordnung sei (Az. 8 U 1477/99).

Wenn ich ein Fuchs wäre, ich würde bei dieser Rechtsprechungsübersicht ja dann doch lieber in Nürnberg leben wollen als in Trier. Aber es geht auch anders. Was ist rot und doch kein Fuchs? Ein Hase.

Das jedenfalls behauptete ein Autofahrer mit einem 6000-Euro-Schaden im Streit mit seiner Versicherung vor dem Landgericht Coburg. »Nie im Leben war das ein Hase«, hielt die Versicherung dagegen und so wurde eine DNA-Sequenzanalyse durchgeführt, bei der man die am Auto klebenden Tierhaare genau untersuchte. Echte Haarspalterei eben. Und was war's am Ende? Ein verdammtes Eichhörnchen! Und damit versicherungsrechtlich kein Wild (Az. 23 O 256/09). Was natürlich nicht bedeutet, dass so eine genetische Tierfellfeststellung für die Versicherung immer der Königstigerweg ist.

Vor dem Oberlandesgericht München hatte ein Unfallfahrer seine Versicherung verklagt, weil die erst die Haare des Unfallwildes einkassiert hatten, dann behaupteten, es sei angeblich gar kein Wild gewesen, und sich vor Gericht schließlich einfach weigerten, die Haare für ein Gutachten wieder rauszurücken. Die wussten vermutlich genau, dass es diesmal kein Oachkatzl gewesen war, wie man so was in München nennt. Die Richter entschieden: Das ist Beweisvereitelung! Und zur Strafe hat es die Versicherung dazu verurteilt, den Schaden zu begleichen, ganz egal, was für ein Viech ihn nun verursacht hatte (Az. 10 U 3566/14). Was es nun wirklich war, werden wir wohl nie erfahren. Jedenfalls wissen Sie jetzt, was Sie beim nächsten Eichhörnchen besser tun und was Sie lieber unterlassen. Zahlt die Versicherung eigentlich bei einem nackt rasierten Fuchs?

WINTERGARTEN

Nur im Sommer zu genießen

Gerade in der aprilmäßigen Übergangszeit des Jahres, in der es am Vormittag gern mal schneit, während nach kurzem Starkregen nachmittags die Sonne mit 20 Grad vom Himmel brennen kann, da gibt es doch keinen entspannenderen Luxus als einen Wintergarten. Man hat das authentische Draußen-Gefühl und das zu Drinnen-Bedingungen.

Natürlich sind wir bei so einem »Semi-Outdoor-Erlebnis« bereit dazu, in gewissem Umfang Abstriche vom echten Wohnzimmer-Komfort zu machen. Aber irgendwann ist dann doch eine Grenze erreicht.

Die Mieterin einer Altbauwohnung in Berlin zum Beispiel war ganz begeistert davon, dass ihre Wohnung einen Wintergarten mit dabeihatte. Die Begeisterung allerdings legte sich so rasch, wie im April das Hygrometer steigt, als sie bemerkte, dass es durch die Glaswände nicht nur zog wie Hechtsuppe, sondern bei Regen auch kräftig in den schönen Wintergarten hineintröpfelte. Da hätte sie ja auch gleich ganz draußen …!? Sie kürzte jedenfalls die Miete und ihr Vermieter zog deshalb sofort beleidigt vor Gericht. Das Amtsgericht Berlin-Charlottenburg klärte die Dame sodann erst einmal umfassend über den Wohnkomfort in Berliner Altbauwohnungen auf: Zugluft und Regenwasser wegen eines einfach verglasten Wintergartens stelle in einer Altbauwohnung doch wirklich keinen Mangel dar. Das sei ganz normal. Und es gelte umso mehr, als ein Wintergarten ja ohnehin nur in den Sommermonaten genutzt werde (sic!) und das auch vorrangig nur zur Aufzucht von Pflanzen (ernsthaft?) (Az. 226 C 211/18).

Eine erstaunliche und höchst eigenwillige Rechtsauffassung. In München werden Wintergärten anders genutzt als in Berlin. Jedenfalls galt das für einen Münchner, der gemütlich Kaffee trinkend in seinem Wintergarten verweilte, als er bemerkte, dass sein Nachbar eine Überwachungskamera installiert hatte. Es war ausgerechnet dieser eine Nachbar, mit dem er sowieso seit Jahren im Streit lag. Ob die Kamera ihn wirklich im Wintergarten filmte, war unklar – vom Einstellungswinkel her jedenfalls sah es ganz so aus, als würde sie den Wintergarten voll ins Visier nehmen. Dagegen klagte der Kaffeetrinker vor dem Amtsgericht München und trug vor, der resultierende »Überwachungsdruck« raube ihm ganz und gar den Wintergartenfrieden. Doch das Gericht stellte fest, dass die betreffende Kamera tatsächlich nur den eigenen Garten des Nachbarn filmte. Dass dabei ein schlechtes Gefühl im Wintergarten entstehe, sei bedauerlich, aber nicht zu ändern. Nebenbei stellte das Gericht auch noch fest, dass der Wintergartenfreund ebenfalls Kameras aufgehängt hatte, die rechtswidrigerweise den Gehsteig vor dem Haus filmten (Az. 213 C 15498/18).

Gleichermaßen in der Wintergartenintimität gestört fühlten sich einige Prostituierte in einem Bordell in der Domstadt Speyer. Das Ordnungsamt hatte dem Etablissement nämlich einen (dienstlichen) Hausbesuch abgestattet und dabei nicht nur die Arbeitsräume, sondern auch den Privatbereich der Mitarbeiterinnen besichtigt. Darunter deren Mittagspause-Wintergarten. Das ging den Frauen zu weit, sie betrachteten die Inspektion des Wintergartens als Verletzung ihres Grundrechts auf Unverletzlichkeit der Wohnung gemäß Art. 13 GG. Doch das Verwaltungsgericht Neustadt an der Weinstraße sah es anders: Auch wenn in dem Wintergarten keine kommerziellen Dienstleistungen angeboten würden, handle es sich doch um Geschäftsräume, und weder das Prostituiertenschutzgesetz noch die Gewerbeordnung sähen hier einen besonderen Unterschied bei Kontrollen vor (Az. 4 K 602/22.NW).

ZÄUNE

Kein Schmerzensgeld für Zaunpinkelverletzungen

Lassen Sie uns über Zäune reden. Zäune zieren, Zäune trennen, Zäune schützen. Klingt gut, oder? Das ist mir jetzt gerade einfach so eingefallen. Vielleicht sollte ich das einem Zaunhersteller als Werbeslogan anbieten? Wenn es bei Gericht um Zäune geht, klingt das übrigens nicht immer ganz so werbetauglich. Sie denken an Nachbarschaftsstreitigkeiten? Pah, sag ich da nur. Das ist Kleinkram. Die Zaungeschichten, die ich Ihnen heute herausgesucht habe, sind aus der Oberliga.

Fangen wir mit dem Amtsgericht Berlin-Köpenick an. Üblicherweise verdonnern Gerichte den bösen Nachbarn ja dazu, Zäune zu versetzen, zu entfernen oder zu kürzen. Aber hier wurde der Eigentümer eines Mehrparteienhauses ausdrücklich dazu verurteilt, einen Zaun zu bauen. Und zwar einen ordentlichen. Um seine Mieter zu schützen. Vor wem, fragen Sie? Etwa doch ein streitlustiger Nachbar? Nun, so ähnlich. Und wenn man zu diesem Nachbarn »Wildsau« sagen würde, dann wäre das nicht einmal eine Beleidigung. Mehrfach war der besagte »Nachbar« auf die Grundstücke der Mieter gekommen und hatte sogar seine Familie mitgebracht. Die Sippschaft verwüstete den Rasen und durchwühlte die Gemüsegärten. Eine Schweinerei biblischen Ausmaßes! Und deshalb sagte der Richter ganz klar: Da muss ein ordentlicher Zaun hin, und zwar ein saustabiler. Wildschweinfest genau genommen, aus gutem Grund (Az. 15 C 25/12).

Mit Schweinen hat man an Zäunen tatsächlich immer wieder zu tun. So ging es auch dem Landgericht Gera. Verblüffenderweise war das Schwein dort sogar der Kläger selbst. Also genau genommen war Folgendes passiert: Der Kläger war zu Fuß unterwegs und das war auch besser so, denn er war stark angetrunken. Als er an einem Zaun vorbeikam, hatte er einen Geistesblitz: Er beschloss, sich dranzulehnen. Warum? Nun, das ist eine Frage, die man bei Betrunkenen nicht immer stellen darf. In seinem Fall aber gab es tatsächlich einen sehr guten Grund: Er wollte beim Pinkeln nicht umfallen. Und er erhoffte sich dabei von dem Zaun die notwendige Stabilisierung. Dummerweise aber fiel der Zaun um und purzelte samt Kläger einen Hang hinunter. Ob der Kläger währenddessen aufhörte zu pieseln, ist eine ganz schön eklige Frage, deren Antwort ich zum Glück nicht kenne. Sicher weiß ich nur: Der Stehpinkler bekam vor dem Landgericht Gera vom Zauneigentümer kein Schmerzensgeld für diese Aktion (Az. 4 O 1292/01).

Dafür musste vor dem Amtsgericht Pirna ein Zaunhersteller richtig tief in die Tasche greifen. Hinter der von ihm verkauften Absperrung lauerte ein Zuchtbulle. Der Zaun taugte aber nichts, er hielt dem tierischen Trieb nicht stand, das wilde Vieh brach einfach durch. Und was war der Schaden? Ja, wenn der Bulle doch nur ein paar Autos demoliert hätte, aber nein: Er besamte binnen kürzester Zeit alle Kühe der Umgebung, die bei drei nicht auf den Bäumen waren!

»Deckungsschaden« nennt man das in Landwirtskreisen. Das ist so ähnlich wie Unterhalt nach einem Seitensprung, nur eben für echte Rindviecher (Az. 12 C 162/13).

ZEBRASTREIFEN

Wer das gestreifte Pony liebt, der schiebt

Was sieht aus wie ein weißes Pony, hat aber schwarze Streifen? Wenn Sie jetzt vorschnell »Zebra« sagen, dann sind Sie vermutlich kein Jurist. Natürlich ist »Zebra« eine denkbare Option. Sie werden aber zugeben, dass es sich tatsächlich auch um ein weißes Pony mit schwarzen Streifen handeln könnte. Oder sogar um ein schwarzes Pony mit weißen Streifen. Nur weil etwas wahrscheinlich ein Zebra sein dürfte, kann man sich da noch lange nicht sicher sein. Und da wären wir auch schon beim Thema: Zebrastreifen sind nicht sicher! Verinnerlichen Sie das bitte unbedingt. Die nachfolgenden Urteile werden Ihnen zeigen, dass diese Erkenntnis dazu geeignet ist, Ihre Lebens- und vor allem Überlebensqualität erheblich zu steigern.

Nehmen wir zum Beispiel diesen Fall, den das Oberlandesgericht Hamm zu entscheiden hatte. Ein Autofahrer näherte sich einem Zebrastreifen mit halsbrecherischer Geschwindigkeit. So empfand es jedenfalls die Dame, die vor Gericht von besagtem Autofahrer Schmerzensgeld verlangte. Kein allzu abwegiger Gedanke, möchte man meinen, denn immerhin hatte dieser Rowdy sie dann auch glatt über den Haufen gefahren. Noch dazu mit einem Anhänger hintendran (wobei das für den Fall von eher untergeordneter Bedeutung war). Was gibt es da zu streiten, fragen Sie? Nun, zunächst einmal stellte sich bei Gericht heraus, dass der Pkw wohl nur mit allerhöchstens 30 Stundenkilometern unterwegs war, obwohl 50 erlaubt war. Und dann waren die Richter doch verblüfft darüber, wie die Dame den Zebrastreifen genutzt hatte: Bis kurz vor dem Eintreffen des

Autos stand sie nämlich eher desinteressiert am Straßenrand. Erst als der Unfallgegner wirklich schon ganz nah dran war, sprang sie völlig überraschend auf die Fahrbahn. Da halfen ihr die weißen Streifen natürlich auch nicht mehr. Weder physikalisch noch juristisch. Das Auto konnte nämlich unmöglich so schnell bremsen. Und - so die Richter - musste es auch nicht, denn der Fahrer konnte schlicht nicht damit rechnen, dass die Dame lebensmüde ist. Deshalb bekam sie auch kein Zebra, sondern nur ein gestreiftes Pony zugesprochen. Nein, das ist gelogen. Sie bekam gar nichts (Az. 6 U 39/03).

Gerichte sind mit Zebrastreifenrasern scheinbar nur in den unteren Instanzen gnädig. Da hatte im Dunkeln ein Soldat einen Zebrastreifen überquert und war prompt von einem Auto erfasst worden. Das Landgericht Ingolstadt gab ihm die hälftige Schuld (Az. 22 O 623/11). Der Fall ging in die Berufung und das Oberlandesgericht München sah ihn sogar zu 60 Prozent in der Verantwortung (Az. 10 U 750/13). Da wurde heftig diskutiert, dass der Soldat in seiner Tarnuniform ja praktisch unsichtbar war. »Plötzlich sprang er vor mir aus dem Nichts in den Scheinwerferkegel«, jammerte der Autofahrer vor Gericht. Doch der Bundesgerichtshof schüttelte irritiert den Kopf: Ja geht's noch? Immerhin reden wird hier über einen Fußgänger am Zebrastreifen und nicht über ein Reh! Hat mal jemand gefragt, wie schnell das Auto war? Und siehe da – tatsächlich hatte bei näherer Nachfrage am Unfallort der Unglücksfahrer seiner Beifahrerin zugeflüstert, dass er da wohl ein bisschen flott dran war. Der Bundesgerichtshof ließ den Fall komplett neu aufrollen (Az. VI ZR 208/13). Wie es am Ende ausging, ist unbekannt. Vermutlich haben sie sich verglichen.

Besonders schutzlos auf Zebrastreifen sind übrigens Radfahrer. Jedenfalls vor Gericht. Das Landgericht Frankenthal wies einem Radler, der von einem Auto vom Sattel geholt wurde, als er über den Zebrastreifen rollte, 50 Prozent eigene Schuld zu. Zebrastreifen seien für Fußgänger da – und wer das gestreifte Pony liebt, der schiebt. Nur dann bekommen die Autos die alleinige Schuld (Az. 2 S 193).

ZUCKER

Die maßlos süße Gier des Richters

Wenn Sie Kinder haben, braucht Ihnen keiner zu erklären, dass Zucker eine heikle Angelegenheit ist. So eine kleine Überdosis Zucker vor dem Schlafengehen kann ein Kind zum Zombie machen. Aber natürlich stecken die gesundheitlichen Risiken von Zucker noch weit tiefer: Übergewicht, Stoffwechselerkrankungen, Krebs – der Süßkram ist das reinste Teufelszeug. Nicht nur die Gesundheitspolitik, auch die Justiz langt deshalb kräftig hin, um den Bürgern den Zuckerbeelzebub aus dem Leib zu treiben. Zucker im Wein zum Beispiel? Geht gar nicht, sagt das Bundesverwaltungsgericht. Oder sagen wir mal: nicht ohne Weiteres.

Da hatte ein 2014er-Riesling nämlich eine mächtige Restsüße aufgezeigt und das sorgte für einige Skepsis bei den »Önologen«. So heißen die Leute mit den Reagenzgläsern und den weißen Kitteln auf Weingütern. Grundsätzlich darf Wein sehr wohl gezuckert werden – allerdings nur in der »Gärphase« und nur, um den Alkoholgehalt zu steigern. Allein darüber könnte man nun trefflich streiten, aber das ist ein anderes Thema. Tatsache ist, dass der Zucker in besagtem Fall nicht vollständig vergoren war, und so kam ein recht süßer Tropfen in die Flasche. »Restsüße« aber darf niemals von einer Nachzuckerung des Weines herrühren, sondern ausschließlich von der Traube selbst (Az. 3 C 6.18). Was der Winzer mit all dem süßen Wein anstellte, den er aus dem Verkehr ziehen musste, weiß ich nicht. Vielleicht heiß, mit Zimt, auf dem Christkindlesmarkt?

Die Nahrungsmittelindustrie macht es uns in Sachen Zucker aber auch wirklich nicht leicht! Klar, die wissen genau, dass wir ein Produkt lieber kaufen, wenn es süß ist. Der Produzent eines Erfrischungsgetränks hat mit einem perfiden Trick versucht, uns Verbraucher anzufixen. Auf dem Etikett stand nämlich deutlich: »ohne Kristallzucker«. Was denken wir dämlichen Verbraucher? Klar, dass überhaupt kein Zucker drin ist! Das dennoch klebrige Geheimnis des Saftes bezeichnete der Hersteller als »Traubensüße«, was nichts anderes als Fruchtzucker ist, und der glänzt nun leider auch nicht mit gesundheitsfördernden Eigenschaften. Das Verwaltungsgericht Lüneburg urteilte deshalb, dass es sich hier um eine Irreführung handelte, ein hinterfotziger Werbetrick, der die Verbraucher vera…, na ja, sagen wir verwirrt. Und das ist nicht erlaubt (Az. 6 A 62/11). Da sieht man mal, wie gut Richter sich mit Süßkram auskennen.

Ein besonders ausgewiesener Experte in diesem Metier, seines Zeichens selbst Richter, klagte in eigener Sache vor dem Oberlandesgericht Düsseldorf. Der Mann war an Diabetes mellitus Typ II b erkrankt und hatte deshalb einen großen Schokoriegelhersteller auf Schadenersatz und Schmerzensgeld in zweiter Instanz in Anspruch genommen. Tatsächlich wurde festgestellt, dass der Jurist große Mengen Mars und Snickers konsumiert hatte. Klar, so eine dicke Akte kann ganz schön ermüdend sein und da hält einen Naschen bei Laune. In einem Parallelverfahren hatte der Mann übrigens auch noch Coca-Cola verklagt. Schokoriegel machen nämlich durstig. Insgesamt hatte der Jurist pro Dienstjahr auf diesem Wege fast 40 Kilogramm Zucker zu sich genommen. Die Richter am Oberlandesgericht gaben insofern ihrem Kollegen sogar recht: Das ist eindeutig die Ursache der Krankheit. Dennoch wurde eine Haftung der Zuckerzeugfabrikanten abgelehnt. Das Problem sei nicht die Gefährlichkeit der Produkte an sich gewesen, sondern allein die maßlos süße Gier des Konsumenten (Az. 14 U 99/02).

Man sagt übrigens, die Hoffnung sei wie der Zucker im bitteren Kaffee: Selbst wenn sie klein ist, versüßt sie alles.

Danksagung

Ich danke allen Zeitungsleserinnen und Zeitungslesern, die seit vielen Jahren jeden Montag meine Kolumne »Paprottas Paragrafen« schmunzelnd begleiten, und ich gebe ehrlich zu: Ich fühle mich immer noch geschmeichelt, wenn ich beim Bäcker von Ihnen darauf angesprochen werde.

Außerdem danke ich allen Kolleginnen und Kollegen, die mit ihren schwarzen Roben meinem Berufsalltag erst richtig Farbe verleihen. Bis auf diesen einen – die Sache ist noch nicht vorbei, wir sehen uns in der Berufung!

Über den Autor

Geedo Hendrik Paprotta, Jahrgang 1975, studierte in München Rechtswissenschaften. Seit 2004 ist er als Rechtsanwalt tätig. Er führt eine Kanzlei in Neumarkt in der Oberpfalz und betreut von dort aus Mandate in ganz Deutschland. Seine Kolumne »Paprottas Paragrafen«, in der er über aus dem Leben gegriffene Gerichtsfälle schreibt, erscheint wöchentlich in den Zeitungen der Mediengruppe Bayern.